こんなとき
どうする？

減損会計の実務詳解 Q&A

新日本有限責任監査法人 ──編

中央経済社

刊行にあたって

　わが国の制度会計に固定資産の減損会計が導入されて10年以上が経過しました。減損会計が導入されて以降，わが国ではリーマンショックによる景気減速等の場面で固定資産の減損処理が求められた企業も多かったことから，減損会計の実務は現在では相当程度，定着しているものと考えられます。

　固定資産の減損会計の本質は，企業が保有する固定資産の収益性が低下し，その投資額について回収が見込めなくなった場合に，その事実を適切に財務諸表に反映させるために，一定の条件のもとで固定資産の帳簿価額を減額することです。減損処理を行うには，企業が置かれた経営環境の変化はもちろん，いわゆる会計上の見積りが大きく関係するため，経営者による適切な予測を反映することが必要になります。また，事業内容や業態により経済実態が異なる場合には，その実態に合った会計処理が必要となります。

　このように，企業が置かれた経営環境や事業内容などによって異なる実務が存在することをふまえ，固定資産の減損会計に関する実務上の論点を具体的にQ&A方式で紹介することにより，多くの場面で活用いただける解説書としました。

　本書で取り扱った論点については，典型的なケースに限らず，実際の事例を参考にしたケースについても検討しており，さまざまな場面で本書を活用いただけることと期待しています。

　また，減損会計が経済実態に即した判断を要するという点を踏まえつつ，実務に携わる多くの方のご参考になるように，本書では，固定資産の減損会計に関する多くの実務上の論点を紹介するとともに，基礎的な内容から応用的な内容まで幅広く解説を行っています。本書で取り扱った論点については，すべてのケースを網羅的に記載しているわけではなく，前提条件等が異なれば結論が異なる場合もありますが，できる限り実務で直面する諸問題の解決に応用できるように心がけました。

　会計実務に携わる多くの方々が本書をご利用いただき，本書が固定資産の減損会計の実務に携わる方々の指針となれば幸いです。

最後になりますが，本書の刊行にあたり終始ご高配を賜りました中央経済社の末永芳奈氏には心よりお礼を申し上げます。

　平成28年7月

新日本有限責任監査法人
執筆者一同

目　次

第1章
減損会計の概要　　　*1*

- Q1-1　固定資産に係る会計基準 …………………………………… *1*
- Q1-2　固定資産の減損会計の概要 ………………………………… *4*
- Q1-3　減損会計の対象資産 …………………………………………… *6*
- Q1-4　減損会計と減価償却方法との関係 ………………………… *8*
- Q1-5　IFRSの会計処理との主たる異同点 ……………………… *13*
- Q1-6　圧縮積立金や特別償却準備金が計上されている資産を減損した場合の取扱い ………………………………………… *15*
- Q1-7　J-SOX上の留意事項 ………………………………………… *18*

第2章
資産のグルーピングに関する実務論点　　　*21*

- Q2-1　グルーピングと減損会計の対象資産①
  【前払費用】……………………………………………………… *21*
- Q2-2　グルーピングと減損会計の対象資産②
  【市場販売目的ソフトウェア】………………………………… *22*
- Q2-3　資産グループの範囲①
  【資産グループの相互補完関係】……………………………… *25*
- Q2-4　資産グループの範囲②
  【グルーピングの一貫性】……………………………………… *32*
- Q2-5　資産グループの範囲③
  【物理的な1つの資産についてのグルーピングにおける資産の配分の可否】……………………………………………… *33*
- Q2-6　資産グループの範囲④
  【グルーピングの単位とセグメントの単位】………………… *35*

Q2-7　資産グループの範囲⑤
　　　　　【連結でグルーピングが見直される資産グループ】………… *37*
　　Q2-8　グルーピングの変更①【総論】………………………………… *39*
　　Q2-9　グルーピングの変更②
　　　　　【事業分離基準の「事業」と減損基準の「資産グループ」
　　　　　との関係】……………………………………………………… *45*
　　Q2-10　グルーピングの変更③
　　　　　【資産グループのうち一部の事業所（または店舗）を閉鎖
　　　　　する意思決定】………………………………………………… *47*
　　Q2-11　グルーピングの変更④
　　　　　【賃借が代替的な投資に該当するか】………………………… *51*
　　Q2-12　グルーピングの変更⑤
　　　　　【資産の処分の時期が異なる場合のグルーピングの変更
　　　　　の要否】…………………………………………………………… *52*

第3章
減損の兆候に関する実務論点　　　　　　　　　　　　　　　*55*

　　Q3-1　減損の兆候を示す事象や状況①……………………………… *55*
　　Q3-2　減損の兆候を示す事象や状況②……………………………… *57*
　　Q3-3　決算日後に発生した減損の兆候……………………………… *58*
　　Q3-4　土地価格の著しい下落………………………………………… *60*
　　Q3-5　子会社で発生した減損の兆候………………………………… *62*
　　Q3-6　市場価格の著しい下落を検討する際の市場価格…………… *63*
　　Q3-7　「営業活動から生ずる損益」と「営業活動から生ずる
　　　　　キャッシュ・フロー」………………………………………… *65*
　　Q3-8　営業活動から生ずる損益に含めるべき項目………………… *67*
　　Q3-9　減損の兆候と土地再評価差額金の関係……………………… *68*

第4章
減損損失の認識の要否に関する実務論点　　　　　　　71

- Q4-1　主要な資産の決定方法 ································· 71
- Q4-2　主要な資産の違いによる減損損失の認識の判定への影響
  ··· 75
- Q4-3　経済的残存使用年数の決定方法 ······················· 79
- Q4-4　減損処理後の資本的支出 ····························· 82
- Q4-5　将来キャッシュ・フローに含める収益の範囲 ·········· 85
- Q4-6　将来キャッシュ・フローに含める費用の範囲①
  【一般的な本社費用】 ······································· 87
- Q4-7　将来キャッシュ・フローに含める費用の範囲②
  【早期退職によるキャッシュ・アウト】 ······················ 89
- Q4-8　合理的な計画と将来キャッシュ・フロー ·············· 92

第5章
回収可能価額の算定に関する実務論点　　　　　　　　97

- Q5-1　割引率の決定 ·· 97
- Q5-2　減損損失の認識と測定の段階における将来キャッシュ・フローの取扱い ·· 102
- Q5-3　減損損失の認識の判定を経ずに減損損失の測定を行うことの可否 ·· 103
- Q5-4　土地および建物を一体として売却することを予定している場合の正味売却価額の考え方 ························ 105
- Q5-5　減損損失の認識等のタイミング ······················ 107
- Q5-6　減損損失の測定方法 ································· 108
- Q5-7　正味売却価額の算定 ································· 111
- Q5-8　不動産における資産または資産グループの合理的に算定された価額 ·· 114
- Q5-9　外貨建てのキャッシュ・フローの見積り ············· 116
- Q5-10　外貨建ての将来キャッシュ・フローの予測は変わらない

　　　　　が，為替レートの変動により，換算後の将来キャッシュ・
　　　　　フローが大幅に減少する場合の減損の要否 …………… *117*

第6章
共用資産の取扱いに関する実務論点　　　　　　　　　　*121*

　　Q6-1　共用資産に該当するかどうかの判断 ……………… *121*
　　Q6-2　共用資産となる資産の検討 ………………………… *126*
　　Q6-3　共用資産の減損の兆候 ……………………………… *128*
　　Q6-4　共用資産を含むより大きな単位についての減損の兆候
　　　　　………………………………………………………… *129*
　　Q6-5　共用資産の帳簿価額を関連する資産グループに配分する
　　　　　場合の取扱い ……………………………………… *131*

第7章
のれんの取扱いに関する実務論点　　　　　　　　　　　*137*

　　Q7-1　のれんの減損判定の手続 …………………………… *137*
　　Q7-2　のれんの減損の兆候 ………………………………… *143*
　　Q7-3　連結財務諸表上ののれんの減損の兆候の判断上，のれん
　　　　　償却費を加味するのか ……………………………… *145*
　　Q7-4　子会社買収により取得した孫会社に係る連結財務諸表上
　　　　　ののれんの分割 ……………………………………… *146*
　　Q7-5　のれんと共用資産の取扱いの相違点 ……………… *150*
　　Q7-6　連結財務諸表上ののれんの減損処理と子会社株式の減損
　　　　　処理 …………………………………………………… *151*
　　Q7-7　のれんの減損判定上の将来キャッシュ・フローの見積期
　　　　　間 ……………………………………………………… *153*
　　Q7-8　連結財務諸表上ののれんの減損処理と非支配株主持分の
　　　　　負担 …………………………………………………… *155*
　　Q7-9　持分法適用関連会社に係るのれんの減損判定 …… *163*
　　Q7-10　連結子会社株式を売却することが予定されている場合の

のれんの減損判定 ·· 167

第8章

減損損失の配分・減損処理後の会計処理に関する実務論点　*171*

Q8-1　減損処理後の減価償却費 ·································· *171*
Q8-2　主要な資産と他の構成資産の耐用年数 ················· *173*
Q8-3　帳簿価額が正味売却価額と一致する場合の減価償却···· *175*
Q8-4　減損損失の配分 ··· *177*
Q8-5　土地に含み益がある場合の減損損失の各構成資産への配分 ·· *180*
Q8-6　減損の原因に応じた減損損失の配分 ···················· *183*
Q8-7　時価を上回る減損処理後の帳簿価額 ···················· *186*
Q8-8　建設仮勘定への減損損失の配分 ·························· *188*
Q8-9　共用資産およびのれんへの減損損失の配分 ············ *190*
Q8-10　過去に減損処理した資産グループの損益が減損処理時の見込みを下回っている場合の取扱い ················ *193*
Q8-11　過去に減損処理した遊休土地の正味売却価額が低下した場合の取扱い ·· *195*
Q8-12　過去に遊休資産として減損処理した資産を事業供用した場合の取扱い ·· *197*
Q8-13　減損損失を計上するのではなく耐用年数を短縮させる事例 ··· *199*

第9章

関連する会計基準との関係　*201*

Q9-1　資産除去債務基準との関係①【減損処理の対象】········ *201*
Q9-2　資産除去債務基準との関係②【敷金】···················· *203*
Q9-3　資産除去債務基準との関係③【減損の兆候】············ *204*
Q9-4　資産除去債務基準との関係④
【減損会計に係る将来キャッシュ・フローの見積りと除

　　　　　　去費用】……………………………………………………… *206*
　　Q9-5　資産除去債務基準との関係⑤【資産除去債務に関する割
　　　　　　引前将来キャッシュ・フローの見積りの変更】………… *209*
　　Q9-6　資産除去債務基準との関係⑥
　　　　　　【資産除去債務の見直しと減損判定の検討順序】………… *211*
　　Q9-7　リース取引に関する会計基準との関係①
　　　　　　【主要な資産】……………………………………………… *215*
　　Q9-8　リース取引に関する会計基準との関係②
　　　　　　【将来キャッシュ・フローの見積りにおける支払リース
　　　　　　料の取扱い】………………………………………………… *218*
　　Q9-9　リース取引に関する会計基準との関係③
　　　　　　【減損処理済みのリース資産の売却時の処理】…………… *220*
　　Q9-10　リース取引に関する会計基準との関係④
　　　　　　【リース取引の注記】……………………………………… *222*
　　Q9-11　研究開発費およびソフトウェアの会計処理に関する実務
　　　　　　指針との関係①【市場販売目的のソフトウェア】……… *223*
　　Q9-12　研究開発費およびソフトウェアの会計処理に関する実務
　　　　　　指針との関係②【自社利用のソフトウェア】…………… *226*

第10章
連結財務諸表における論点　　　　　　　　　　　　　　　*229*

　　Q10-1　連結財務諸表上で支配獲得時に時価評価した固定資産
　　　　　　の減損会計適用上の取扱い ……………………………… *229*
　　Q10-2　未実現利益を消去している場合の減損会計適用上の取
　　　　　　扱い…………………………………………………………… *233*
　　Q10-3　連結財務諸表における資産のグルーピングの単位の見
　　　　　　直しの考え方……………………………………………… *235*
　　Q10-4　IFRS適用子会社が減損損失の戻入れを行った場合の連
　　　　　　結財務諸表上の会計処理 ………………………………… *238*
　　Q10-5　持分法適用会社における減損損失の取扱い …………… *241*
　　Q10-6　連結グループ内での資産の売却により損失が計上され

		る場合の処理 ································· *242*
	Q10-7	子会社株式の売買契約が締結され，個別財務諸表上で売却損見合いの評価損が計上された場合の連結財務諸表上の取扱い ································· *244*
	Q10-8	支配獲得時や持分法適用時に識別された無形資産の減損の取扱い ································· *247*
	Q10-9	連結財務諸表上で負ののれんが計上され，規則的償却を行っている場合の取扱い ································· *249*

第11章

税務上の論点と税効果会計　　　*251*

	Q11-1	減損損失の税務上の取扱い ································· *251*
	Q11-2	償却資産から生じた税効果に関する考え方 ············ *255*
	Q11-3	四半期においてスケジューリング可能となった場合の四半期特有の会計処理における税効果の計算 ············ *257*
	Q11-4	減損損失を計上した資産をグループ内で売却した場合の未実現利益に係る税効果 ································· *264*

第12章

開示上の論点　　　*269*

	Q12-1	売却の意思決定をした固定資産に係る損益計算書における表示 ································· *269*
	Q12-2	国際財務報告基準に準拠して財務諸表を作成している在外子会社が営業費用に計上した減損損失の連結財務諸表上の表示 ································· *272*
	Q12-3	土地再評価差額金を計上している土地を減損した場合の連結包括利益計算書における表示 ································· *275*
	Q12-4	減損損失を認識した資産または資産グループに係る注記 ································· *279*
	Q12-5	回収可能価額に係る注記 ································· *282*

| Q12－6 | 資産のグルーピングの方法の注記 | 290 |
| Q12－7 | のれんの減損損失に係る注記 | 292 |

第13章
四半期における論点　*301*

Q13－1	四半期における減損の取扱い	301
Q13－2	四半期で事業計画の未達が生じている場合の取扱い	304
Q13－3	期中に減損した資産の売却	305
Q13－4	期中に減損した資産の減損検討	307

【凡例】

略　称	正式名称
【会社法関係】	
会社法	会社法
会社法規則	会社法施行規則
計算規則	会社計算規則
【金融商品取引法関係】	
金融商品取引法	金融商品取引法
財表規則	財務諸表等の用語，様式及び作成方法に関する規則（財務諸表等規則）
連結財表規則	連結財務諸表の用語，様式及び作成方法に関する規則（連結財務諸表規則）
【法人税法関係】	
法法	法人税法
法令	法人税法施行令
法基通	法人税基本通達
【会計基準】企業会計審議会／企業会計基準委員会	
減損意見書	固定資産の減損に係る会計基準の設定に関する意見書
減損基準	固定資産の減損に係る会計基準
減損基準注解	固定資産の減損に係る会計基準注解
会計原則	企業会計原則
会計原則注解	企業会計原則注解
連続意見書第三	連続意見書第三　有形固定資産の減価償却について
研究開発費基準	研究開発費等に係る会計基準
研究開発費基準注解	研究開発費等に係る会計基準注解
事業分離基準	事業分離等に関する会計基準（企業会計基準第7号）
棚卸資産基準	棚卸資産の評価に関する会計基準（企業会計基準第9号）
金融商品基準	金融商品に関する会計基準（企業会計基準第10号）
四半期基準	四半期財務諸表に関する会計基準（企業会計基準第12号）
リース基準	リース取引に関する会計基準（企業会計基準第13号）
持分法基準	持分法に関する会計基準（企業会計基準第16号）
セグメント基準	セグメント情報等の開示に関する会計基準（企業会計基準第17号）
資産除去債務基準	資産除去債務に関する会計基準（企業会計基準第18号）
企業結合基準	企業結合に関する会計基準（企業会計基準第21号）
連結基準	連結財務諸表に関する会計基準（企業会計基準第22号）
過年度遡及基準	会計上の変更及び誤謬の訂正に関する会計基準（企業会計基準第24号）
包括利益基準	包括利益の表示に関する会計基準（企業会計基準第25号）
退職給付基準	退職給付に関する会計基準（企業会計基準第26号）

【適用指針・実務対応報告】企業会計基準委員会	
減損指針	固定資産の減損に係る会計基準の適用指針 (企業会計基準適用指針第 6 号)
結合分離指針	企業結合会計基準及び事業分離等会計基準に関する適用指針 (企業会計基準適用指針第 10 号)
四半期指針	四半期財務諸表に関する会計基準の適用指針 (企業会計基準適用指針第 14 号)
リース指針	リース取引に関する会計基準の適用指針 (企業会計基準適用指針第 16 号)
資産除去債務指針	資産除去債務に関する会計基準の適用指針 (企業会計基準適用指針第 21 号)
過年度遡及指針	会計上の変更及び誤謬の訂正に関する会計基準の適用指針 (企業会計基準適用指針第 24 号)
回収可能性指針	繰延税金資産の回収可能性に関する適用指針 (企業会計基準適用指針第 26 号)
在外子会社取扱	連結財務諸表作成における在外子会社の会計処理に関する当面の取扱い(実務対応報告第 18 号)
繰延資産取扱	繰延資産の会計処理に関する当面の取扱い (実務対応報告第 19 号)
【日本公認会計士協会関係】	
連結税効果指針	連結財務諸表における税効果会計に関する実務指針 (会計制度委員会報告第 6 号)
資本連結指針	連結財務諸表における資本連結手続に関する実務指針 (会計制度委員会報告第 7 号)
持分法指針	持分法会計に関する実務指針(会計制度委員会報告第 9 号)
中間税効果指針	中間財務諸表等における税効果会計に関する実務指針 (会計制度委員会報告第 11 号)
研究開発費指針	研究開発費及びソフトウェアの会計処理に関する実務指針 (会計制度委員会報告第 12 号)
金融商品指針	金融商品会計に関する実務指針(会計制度委員会報告第 14 号)
土地再評価差額金 Q&A	土地再評価差額金の会計処理に関する Q&A
繰延税金資産取扱	繰延税金資産の回収可能性の判断に関する監査上の取扱い (監査委員会報告第 66 号)
販売用不動産評価取扱	販売用不動産等の評価に関する監査上の取扱い (監査・保証実務委員会報告第 69 号)
評価差額・減損税効果取扱	その他有価証券の評価差額及び固定資産の減損損失に係る税効果会計の適用における監査上の取扱い (監査委員会報告第 70 号)
後発事象取扱	後発事象に関する監査上の取扱い (監査・保証実務委員会報告第 76 号)
追加情報取扱	追加情報の注記について (監査・保証実務委員会実務指針第 77 号)
減価償却取扱	減価償却に関する当面の監査上の取扱い(監査・保証実務委員会実務指針第 81 号)

第1章

減損会計の概要

Q1-1　固定資産に係る会計基準

わが国の会計基準において、固定資産の減損会計を含め、固定資産に関連する会計基準はどのような体系になっているのか。

A

わが国では、固定資産の会計処理に係る包括的な会計基準は設定されていない。

減損会計に関しては、企業会計審議会から公表された「固定資産の減損に係る会計基準」があり、その実務上の指針として、企業会計基準委員会（ASBJ）から公表された企業会計基準適用指針第6号「固定資産の減損に係る会計基準の適用指針」が設けられている。

解説

1　固定資産に関連する会計基準

（1）　わが国における会計基準の設定

わが国の会計基準は、現在の会計基準設定主体である企業会計基準委員会（ASBJ）が作成・公表したものと、ASBJへと設定権限が委譲される前に公的機関として会計基準の作成を担っていた企業会計審議会が作成・公表したものとがある。平成27年12月現在で、ASBJが公表した会計基準は全部で26本（う

ち，3本は廃止）あり，企業会計原則を含む企業会計審議会が公表した会計基準とともに，わが国の会計制度の中心をなしている。

（2） 固定資産に関する包括的な会計基準

「（1） わが国における会計基準の設定」に記載した会計基準の中で，固定資産に関連してその会計処理を包括的に定めたものは特にない。固定資産の基本的な会計処理としては，以下のようなものが考えられるが，これらを網羅的に定めた会計基準は，現状では存在していないことになる。

- 固定資産の定義，範囲
- 取得原価の算定，取得原価に含められる範囲
- 耐用年数，残存価額の設定
- 事後的な測定（減価償却，減損など）
- 消滅の認識（除却，売却）

固定資産の会計処理に関しては，企業会計原則（同注解を含む。）に以下の会計処理が定められているが，企業会計原則自体は固定資産を含むすべての項目に係る会計処理を網羅的，概括的に定めたものであり，固定資産に係る包括的な会計基準とは位置付けが異なる。

- 貸借対照表に記載する資産の価額は，原則として当該資産の取得原価を基礎とする（会計原則第三　五）。また，有形固定資産の取得原価には，原則として当該資産の引取費用等の付随費用を含める（会計原則第三　五　D）。
- 資産の取得原価は，資産の種類に応じた費用配分の原則により，各年度に配分される。有形固定資産は，当該資産の耐用期間にわたり，定額法，定率法等の一定の減価償却の方法によって，その取得原価を各年度に配分する。無形固定資産は，当該資産の有効期間にわたり，一定の減価償却の方法によって，その取得原価を各年度に配分する（会計原則第三　五，同注解【注20】）。

また，昭和35年に企業会計審議会から公表された「連続意見書第三　有形固定資産の減価償却について」においては，固定資産の基本的な会計処理に関する定めがあるが，包括的に会計処理を定めたものとまではいえないと思われる。

（3）　固定資産の減損に関する会計基準

前述のように，固定資産それ自体の会計処理を包括的に定めたものはないが，固定資産の減損会計については，企業会計審議会から「固定資産の減損に係る会計基準」が公表されている。この会計基準は平成14年に公表され，3月決算の会社では平成18年3月期から原則適用とされたが，平成10年ごろから続くいわゆる「会計ビッグバン」の流れの中で，会計基準の国際的調和を図ることなどを目的に策定されたものである。

また，当該会計基準の実務上の指針は，企業会計審議会から会計基準の設定権限を委譲された民間団体であるASBJが公表している。具体的には，企業会計基準適用指針第6号「固定資産の減損に係る会計基準の適用指針」として，すでに深く実務に定着している。

2　関連する会計基準

減損基準の適用に際しては，関連する会計基準等（図表1－1－1参照）の定めにも留意する必要がある。すなわち，減損基準の対象は固定資産であることから，固定資産の会計処理に関連する会計基準等の取扱いを把握して，両者の関係や他の会計基準等の影響を理解しておくことが求められる（「第9章　関連する会計基準との関係」参照）。

図表1－1－1　減損基準に関連する他の会計基準等
・企業会計基準第13号「リース取引に関する会計基準」および同適用指針 ・企業会計基準第18号「資産除去債務に関する会計基準」および同適用指針 ・「研究開発費等に係る会計基準」および同注解ならびに会計制度委員会報告第12号「研究開発費及びソフトウェアの会計処理に関する実務指針」 ・監査・保証実務委員会実務指針第81号「減価償却に関する当面の監査上の取扱い」　など

Q1-2 固定資産の減損会計の概要

固定資産の減損会計の概要を教えてほしい。

A

　固定資産の減損とは，固定資産の収益性が低下したことにより投資額の回収が見込めなくなった状態を指す。また，固定資産の減損処理とは，そのような状態になった場合，一定の条件の下で固定資産の回収可能性を反映させるように，取得原価主義の枠内で帳簿価額を減額する会計処理をいい，時価評価とは異なる概念の会計処理である。

解説

1 固定資産の減損会計の意義

　固定資産の減損とは，固定資産の収益性が低下したことにより投資額の回収が見込めなくなった状態を指し，固定資産の減損処理とは，そのような状態になった場合に，一定の条件の下で当該固定資産の回収可能性を反映させるように帳簿価額を減額する会計処理をいう（減損意見書三3）。

　有形固定資産のような固定資産は，企業の事業活動の中でその使用により資金を回収し，当初投資額を超えるリターンを目指して投資されるものである。しかし，その収益性の低下などに起因し，将来の回収可能性が認められなくなるような固定資産も存在する。そういった回収可能性が認められないような資産について，回収可能性を適切に帳簿価額に反映し，現在の帳簿価額との差額を直ちに損益に反映する処理が減損処理である。

　なお，当該処理は過大となっている帳簿価額を減額し，将来に損失を繰り延べないために行われるものである。したがって，金融商品の時価評価のような，資産価値の変動を反映した損益を測定するものではなく，あくまで取得原価主義の枠内で行われる会計処理である点を押さえておく必要がある（減損意見書三1参照）。

2 減損会計の全体像

わが国の会計制度における固定資産の減損会計の全体像を図表1－2－1に示している。

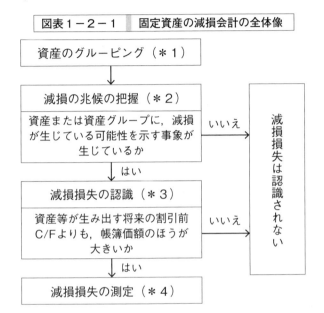

図表1－2－1　固定資産の減損会計の全体像

(＊1)　「資産のグルーピング」に係る論点の詳細は「第2章　資産のグルーピングに関する実務論点」参照。
(＊2)　「減損の兆候の把握」に係る論点の詳細は「第3章　減損の兆候に関する実務論点」参照。
(＊3)　「減損損失の認識」に係る論点の詳細は「第4章　減損損失の認識の要否に関する実務論点」参照。
(＊4)　「減損損失の測定」に係る論点の詳細は「第5章　回収可能価額の算定に関する実務論点」参照。

(1) 資産のグルーピング

減損会計の最初のステップは，資産のグルーピングである。減損会計は，他の資産または資産グループのキャッシュ・フローから概ね独立したキャッシュ・フローを生み出す資産ないし資産グループを最小単位として行われる。

(2) 減損の兆候の把握

次に，減損の兆候があるかどうか，という判断へと進んでいく。固定資産の減損会計は，対象となるすべての資産に関して詳細な検討を行うものではない。詳細な検討を行うかどうかの判断に際して，「減損の兆候」という概念が用いられ，この減損の兆候が認められる場合に限って，次のステップである「減損損失の認識」へと進んでいく。

(3) 減損損失の認識

「(2) 減損の兆候の把握」のステップで減損の兆候が認識されたとしても，直ちに，減損損失が計上されるわけではない。ここでは，資産または資産グループの帳簿価額と，当該資産等の生み出す将来のキャッシュ・フロー（割引前）を比較し，帳簿価額が上回っている場合に，減損損失が計上されることになる。ここで，割引「前」のキャッシュ・フローと比較することとされているのは，相当程度収益性が低下した資産等に限って減損損失を計上するものとしているためである。

(4) 減損損失の測定

「(3) 減損損失の認識」のステップで減損損失が認識されることとなった場合，資産等に係る回収可能価額を算定し，帳簿価額との差額を減損損失として計上する。

Q1-3　減損会計の対象資産

固定資産の減損会計の対象となる資産の範囲を教えてほしい。

A

固定資産の減損会計は，有形固定資産，無形固定資産および投資その他の資産のうち，他の会計基準に減損処理に関する定めがある資産以外のものに適用される。

解説

1 固定資産の減損会計の対象資産

　固定資産の減損会計は，収益性の低下した資産の帳簿価額を将来に繰り越すことなく損失計上するために適用される。そして，対象資産はその名のとおり，「固定資産」に限定されることになる。このため，有形固定資産，無形固定資産，投資その他の資産に対して適用されることになるが（減損基準一　本文，減損指針5項），他の会計基準に減損処理の定めがある資産については，適用範囲から除外されている（減損基準一　ただし書き）。

　したがって，具体的にその対象となる範囲に含まれる資産として，投資不動産，建設仮勘定，のれん，長期前払費用（ただし，後述する長期前払利息など財務活動から生ずる費用に関する経過勘定項目を除く。），自社利用のソフトウェアが明示されている（減損指針68項本文，69項なお書き）。また，このほか，貸借対照表に計上されていない所有権移転外ファイナンス・リース取引により使用している資産（借手が通常の賃貸借取引に係る方法に準じて会計処理を行っている場合）（リース指針34項，79項）も，固定資産の減損会計の対象となる点に留意が必要である（減損指針68項また書き）。

2 適用範囲から除外される資産

　前述のとおり，他の会計基準等に減損処理に係る定めがあるものについては，減損基準の適用範囲から除外されることになり，減損指針第6項では，具体的に以下の項目が挙げられている。

- 金融資産（投資有価証券，関係会社株式，売掛金・貸付金等の債権など）（金融商品基準に定めがあるため）
- 市場販売目的のソフトウェア（無形固定資産）（研究開発費基準に定めがあるため）
- 退職給付に係る資産（および個別財務諸表上の前払年金費用）（退職給付基準に定めがあるため）
- 長期前払利息など，財務活動から生ずる損益に関する経過勘定項目

なお，繰延資産（株式交付費，社債発行費等，創立費，開業費，開発費）については，固定資産ではないため減損基準の対象とはならないが，支出の効果が期待されなくなった場合には，一時に償却処理される点に留意する必要がある（減損指針68項なお書き，繰延資産取扱3(6)）。

Q1-4　減損会計と減価償却方法との関係

固定資産の減価償却は，定額法や定率法などの方法を用いて行われるが，これらの減価償却方法の相違により，減損会計にどのような影響を与えることになるのか，教えてほしい。

A

固定資産の減価償却の方法として，定額法と定率法（逓減償却法）を比較すると，使用期間の中途においては，定額法を採用した場合の帳簿価額のほうが定率法を採用した場合の帳簿価額よりも多額になる。また，減価償却の方法によって，固定資産の使用価値に変化は生じないと考えられることから，2つの方法を比較すると，定額法を採用しているケースのほうが減損損失が計上される可能性が高く，また，その額が多額になる可能性が高い。

解説

1　減損損失のメカニズム

固定資産の減損損失の認識および測定のメカニズムは，端的にいうと，現時点の固定資産（資産グループ）の帳簿価額と割引前将来キャッシュ・フローの比較，ないし現時点の固定資産（資産グループ）の帳簿価額と回収可能価額の比較により行われるというものである。ポイントとなるのは，認識，測定のいずれも「現時点の固定資産（資産グループ）の帳簿価額」が基準となっているという点であり，固定資産（資産グループ）の使用期間全体で投資が回収できているか，という判断が行われていない点が極めて重要である。

すなわち，単純化した事例で考えてみると，使用期間の初期に偏って収益を

生み出す固定資産を定額法で償却しているようなケースでは，固定資産のライフサイクル全体でみると投資が回収できているとしても，ある一定時点（図表1－4－1における3年間のライフサイクルのうち，1年経過後の時点）でみると，固定資産の帳簿価額が将来キャッシュ・フローで回収できない，という事態が生じうる。

図表1－4－1　固定資産使用期間全体のC/Fと将来C/F（定額法）

	1年目	2年目	3年目	合計	1年目末 （*）
減価償却費	180	180	180	540	360
営業C/F	360	120	120	600	240
差額				＋60	△120

（*）「減価償却費」の行では，1年目末の固定資産の残存簿価を示しており，「営業C/F」の行では，1年目末の時点における将来キャッシュ・フロー（C/F）（割引前）の額を示している。

図表1－4－1では，単純化のため割引計算を考慮していないが，1年目末に生じうる減損損失120の本質は，固定資産の帳簿価額の費用化不足（減価償却不足）ということができる。

2 | 減価償却方法と減損損失

「Q1－1　固定資産に係る会計基準」に記載のとおり，わが国の会計基準の体系の中では，固定資産に係る包括的な会計基準は設けられておらず，減価償却方法の設定に関する規準やガイダンスも特には定められていない。

会計原則注解【注20】では，固定資産の減価償却の方法として定額償却である定額法，逓減償却法である定率法および級数法，ならびに一定の要件を満たした場合にのみ適用できる生産高比例法が列挙されている。本来的には，資産評価および費用配分に係る原則であるため，恣意性が排除されることは当然として，資産価値の費消パターンに応じて費用計上することが求められるものと考えられる。ただし，前述のとおり，減価償却方法の設定（変更を含む。）に関する定めは特になく[1]，固定資産が生み出す収益に対応した償却が否定さ

れるものであるのかという点も,明らかにはされていない。

　図表1－4－1のケースを再度みてみると,キャッシュ・フローは資産の使用の初期に偏っている一方,費用化が定額で行われるようなときには,結果的に減損損失が生じることもある。ここで逓減償却法を選択した場合,図表1－4－1に記載した減損損失が生じず,固定資産の取得原価全額が減価償却費として費用化されるケースも考えられる(図表1－4－2参照)。

図表1－4－2	固定資産使用期間全体のC/Fと将来C/F（定率法）				
	1年目	2年目	3年目	合計	1年目末 （*2）
減価償却費 （*1）	360	120	60	540	180
営業C/F	360	120	120	600	240
差額				＋60	＋60

(*1) 200%定率法による減価償却費を示している。
(*2) 「減価償却費」の行では,1年目末の固定資産の残存簿価を示しており,「営業C/F」の行では,1年目末の時点における将来キャッシュ・フロー(C/F)(割引前)の額を示している。

　なお,ここまでの営業キャッシュ・フローは,その使用の初期に偏って生じることとしていたが,耐用年数にわたって定額のキャッシュ・フローが発生するものと仮定した場合,時間価値の割引を考慮した固定資産の使用価値の減少幅は,時の経過に応じて逓増していくことになる(図表1－4－3,図表1－4－4参照)。

1　なお,当然のことながら,従来採用していた減価償却方法を他の減価償却方法へと変更する場合には,会計方針の変更となり(過年度遡及基準4項(5),20項参照),正当な理由が求められることになる(過年度遡及基準5項(2),過年度遡及指針6項)。

| 図表1-4-3 | 使用価値の時系列による減少（イメージ） |

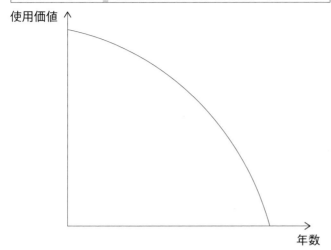

| 図表1-4-4 | 定額の将来C/Fと割引現在価値（使用価値）の関係（割引率10％） |

	取得時	1年目	2年目	3年目	合計
営業C/F	－	200	200	200	600
使用価値	497.4	347.1	181.8	0	－
変動幅	－	150.3	165.3	181.8	－

　減価償却方法として，この使用価値のカーブに合わせて逓増償却法を採用すれば，収益と費用が対応するともいえる。ただし，現行のわが国の会計基準において償却基金法[2]のような逓増償却法が認められているかどうかは明らかでなく[3]，また，実務での適用例はほとんどないのではないかと考えられる。

---

[2] 年ごとに減価償却費が増加していく「逓増型」の減価償却方法である。具体的には，毎期一定額の資金を償却基金として企業外部に投資し，そこから得られる利息も償却基金に繰り入れていくとともに，それらと同額の減価償却費を計上していく方法であるとされている（『財務会計論〔三訂版〕』飯野利夫著　同文舘出版）p.7-14）。

[3] 「税法と企業会計原則との調整に関する意見書（小委員会報告）」（昭和27年6月16日　企業会計審議会）においては，会計上認められる方法として示され，また，連続意見書第三においても，期間を配分基準とする減価償却方法として列挙されている。

3 収益性の低下

「2 減価償却方法と減損損失」では,減価償却方法と減損損失の関係を単純化したケースによってみてみたが,減損損失は本来的に当初想定した収益性が発揮されなかったことによって生じるものである。ここでは,図表1-4-1と図表1-4-2の費用化パターンを使って,収益性が低下した場合の減損損失の発生状況をみてみることとしたい(図表1-4-5参照)。

図表1-4-5　収益性の低下と減価償却方法

	1年目	2年目	3年目	合計	1年目末 (＊2)
減価償却費 (定額法)	180	180	180	540	360
減価償却費 (定率法)(＊1)	360	120	60	540	180
営業C/F (当初)	200	200	200	600	400
営業C/F (見直し後)	140	140	140	420	280

(＊1) 200%定率法による減価償却費を示している。
(＊2) 「減価償却費」の行では,1年目末の固定資産の残存簿価を示しており,「営業C/F」の行では,1年目末の時点における将来キャッシュ・フロー(C/F)(割引前)の額を示している。

　定率法は一般的な逓減償却法であり,固定資産の使用の初期により多くの減価償却費が計上される方法(帳簿価額が早く減額される方法)である。ここでは,単純化のため割引計算は考慮しないものとし,1年目末の残高およびキャッシュ・フロー(使用価値)で比較してみると,見直し後のキャッシュ・フローが280であるのに対し,定額法による帳簿価額が360であり,単純計算で80の減損損失が生じる。一方,逓減償却法である定率法による帳簿価額は180であり,見直し後のキャッシュ・フロー280との比較では減損損失が生じない。

　減価償却方法の相違によって固定資産の使用価値には特に変化が生じないと考えられることから,2つの方法を比較すると,定額法を採用しているケース

のほうが減損損失が計上される可能性が高く，また，その額が多額になる可能性が高いことがわかる。

Q1-5　IFRSの会計処理との主たる異同点

固定資産の減損会計について，日本基準と国際財務報告基準（IFRS）の会計処理の主たる異同点を教えてほしい。

A

一定の条件を満たした場合に，固定資産の帳簿価額を切り下げて費用（損失）計上する会計処理である点は両基準で同様である。また，減損の兆候の把握ならびに減損損失の認識および測定というステップで検討が行われる点，回収可能価額を帳簿価額が上回る場合の当該差額が減損損失として計上される点も同様である。

ただし，減損会計に関する両基準の考え方の違いから，いくつかの点で相違が生じており，重要な相違として1段階アプローチ（国際財務報告基準（IFRS））と2段階アプローチ（日本基準）という点，および減損損失の戻入れの有無という点が挙げられる。

解説

1　IFRSにおける減損損失の定め

国際財務報告基準（IFRS）では，固定資産の減損について，国際会計基準（IAS）第36号「資産の減損」において定めを設けている。

日本基準における減損基準との関係では，一定の条件を満たした場合に，固定資産の帳簿価額を切り下げて費用（損失）計上する会計処理を定めるものである点では共通している。

2 ┃ 日本基準とIFRSの共通点

「1　IFRSにおける減損損失の定め」に記載したように，基本的なコンセプトが同一であることを受け，以下の点で，減損会計に係る日本基準とIFRSの定めは同様のものとなっている。

- 減損の兆候の把握➡減損損失の認識➡減損損失の測定というステップで検討が行われる点
- 回収可能価額を帳簿価額が上回る場合の当該差額が減損損失として計上される点
- 回収可能価額の基本的な考え方（使用価値と処分費用控除後の公正価値（正味売却価額）のいずれか高いほうを回収可能価額とする考え方）

3 ┃ 日本基準とIFRSの相違点

　日本基準での減損会計の基本的な考え方は，収益性が低下した事実を帳簿価額に反映するというわが国の会計基準に共通する減損処理の考え方と平仄を合わせるものとなっている。このため，減損損失の測定へと進む前段階において，割引前将来キャッシュ・フローと帳簿価額を比較し，減損が相当程度確実な場合に限って損失計上が行われる定めとなっているとともに，減損損失の戻入れは禁止されている。

　一方，IFRSにおいては，回収可能価額を上回る金額での資産計上を行わないという考え方の下で資産の減損に係る定めが設けられている。これに伴い，日本基準のような「相当程度確実」かどうかというフィルターを通すことなく，すなわち，割引前将来キャッシュ・フローと帳簿価額との比較が行われることなく，回収可能価額と帳簿価額が直接比較されることになる。このため，日本基準に比べて相対的に早い段階で減損損失が計上されるとともに，状況の変化に応じて損失が戻し入れられる可能性がある点で，日本基準とは異なっている。

　これらを含め，日本基準とIFRSの主たる相違点を図表1－5－1にまとめている。

第1章 減損会計の概要　15

図表１－５－１	固定資産の減損会計に係る日本基準とIFRSの主たる相違点	

項　　目	日本基準	IFRS
減損判定プロセス	2段階アプローチ	1段階アプローチ
減損損失の戻入れ	禁止される	のれんを除き，戻入れの可能性がある
のれんの取扱い	各事業に分割した後は，原則として，資産グループより大きな単位で減損テストを行う	原則として各資産グループにのれんを配分する。また，減損の兆候の有無にかかわらず毎期減損テストを実施するとともに，非支配株主が存在する場合にグロスアップ調整[4]が行われる
減損の兆候	時価の下落について具体的な数値基準がある	外部的な要因（時価総額，利回りといった指標）が例示されている

Q1-6　圧縮積立金や特別償却準備金が計上されている資産を減損した場合の取扱い

　固定資産に関して，圧縮積立金や特別償却準備金などの任意積立金が計上されているときに当該資産を減損した場合，土地再評価差額金が計上されている資産を減損したときのように，当該積立金や準備金は取り崩すことになるのか。

A

　土地再評価差額金が計上されている土地について減損損失を計上した場合と異なり，圧縮積立金のような諸準備金等が計上されている資産について減損処理を行った場合，当該諸準備金は取り崩されないこととされている。

---

[4] のれんの算定方法として，親会社持分のみのれんを計上する購入のれんアプローチを適用している場合，のれんの額を全部のれんアプローチにより算定された額へと調整すること，すなわち非支配持分に対応するのれんも含めて減損テストを行うことを表している。

解説

1 積立金方式による圧縮記帳・特別償却

　固定資産の取得に際して受領した国庫補助金等につき，課税を繰り延べることができる圧縮記帳という制度が税務上認められている。この圧縮記帳制度を利用した場合，会計処理としては次のいずれかの方法を採用することになる。

> - 直接減額方式（国庫補助金等と同額を固定資産の取得原価から直接減額するとともに，固定資産圧縮損を損益に計上し，当該減額後の帳簿価額を固定資産の使用期間（耐用年数）にわたって費用処理する方法）
> - 積立金方式（税務上減算される国庫補助金相当額に対して繰延税金負債を計上し，国庫補助金相当額から当該繰延税金負債を控除した額を任意積立金として計上する方法）

　また，税務上認められる特別償却（普通償却を超えた償却を行い，実質的に課税の繰延効果が生じる税務上のみの加速償却）を行った場合，圧縮記帳における直接減額方式のように特別償却による償却費を会計上の償却費とすることはできない（減価償却取扱28項）。このとき，会計上の帳簿価額（普通償却反映後）と税務上の帳簿価額（特別償却反映後であり，会計上の帳簿価額よりも小さくなる）の差額に繰延税金負債を計上し，会計と税務の帳簿価額の差額から繰延税金負債を控除した金額を特別償却準備金として任意積立金に計上する。

2 圧縮積立金や特別償却準備金が計上されている資産を減損処理した場合

　ある固定資産について，圧縮積立金や特別償却準備金，その他租税特別措置法上の諸準備金が計上されている場合に，当該資産に関し減損損失を計上したときのこれら諸準備金等の取扱い，具体的には諸準備金等の取崩しの要否が論点となる。これについて，減損指針第147項では，これらの諸準備金は，会社法の規定に従いあくまで任意積立金として積み立てられたものであることから，一般的な任意積立金と同様の考え方に従って処理することとし，減価償却に応じた取崩しとは異なり，減損損失の計上においては取り崩さないものとされている。また，減価償却費の計上に伴う益金算入以外を理由とする益金算入によ

る積立金の取崩しが，一般的に目的取崩しではないことも根拠として示されている。この点，図表1－6－1のとおり，土地再評価差額金が計上されている土地を減損処理したときとは異なる処理となる点に留意が必要である。

図表1－6－1　減損処理における圧縮積立金等と土地再評価差額金の違い

計上される準備金等	対応する資産が減損処理された場合の取扱い
土地再評価差額金	取崩しが行われる（土地再評価差額金を利益剰余金へと直接振り替える）
圧縮積立金等	取崩しは行われない（税務上で損金算入された減価償却費の額に合わせて，取崩しを行っていく）

なお，積立金は取り崩されないが，対応する繰延税金負債については，減損損失に係る将来減算一時差異と当該積立金に係る将来加算一時差異が同一年度にスケジューリングされることで，実質的に取崩しの効果が生じる（減損損失に対応する繰延税金資産が計上される）点をご確認いただきたい。

3　圧縮記帳と直接減額で処理したときの減損損失との関係

税務上の圧縮記帳については，「1　積立金方式による圧縮記帳・特別償却」に記載したとおり，直接減額という方法も認められている。直接減額方式と積立金方式の主たる相違点を図表1－6－2にまとめている。

図表1－6－2　圧縮記帳における直接減額方式と積立金方式の相違点

	直接減額方式	積立金方式
固定資産の帳簿価額	積立金方式に比して，圧縮分小さくなる	圧縮していない場合と同額となる
減価償却費	同上	同上
税効果会計	適用されない	税務上の圧縮積立金（負債）が将来加算一時差異となり，税効果の対象となる
制限	特にない	交換や換地処分等の場合には適用できない

減損会計との関係では，直接減額方式を採用したほうが，積立金方式を採用したときに比べて固定資産の帳簿価額が小さくなるため，その分だけ減損損失が計上される可能性が低くなり，また，減損損失が計上されても，同額だけ減損損失の額が小さくなる。

Q1-7　J-SOX上の留意事項

内部統制報告制度（いわゆるJ-SOX）と固定資産の減損会計との関係について教えてほしい。

A

固定資産の減損会計に係る業務プロセスに重要性がある場合には，決算・財務報告プロセスのうち，財務報告への影響を勘案して個別に評価対象に追加するものとして，経営者による評価の対象プロセスとすることが考えられる。

解説
1　わが国の法制度上の内部統制

上場会社においては，毎決算期ごとに，内部統制報告書を有価証券報告書とともに提出しなければならない。この内部統制報告書は，金融商品取引法第24条の4の4の規定を根拠として，企業集団および当該会社に係る財務書類その他の情報の適正性を確保するために必要な体制を評価した報告書である。また，当該報告書は，監査法人または公認会計士による監査が必要とされる（金融商品取引法193条の2第2項）。

これに対して，会社法上の内部統制に係る規定は，大会社，指名委員会等設置会社，監査等委員会設置会社に対して，会社および企業集団の業務全般に係る内部統制として，業務の適正性を確保するための体制を整備・運用し，これらを事業報告において開示することを求めている（会社法362条など，会社法規則118条2号）。

2 内部統制報告制度と減損会計との関わり

　上場会社に義務付けられる金融商品取引法上の内部統制報告制度は、企業集団に含まれるすべての会社のすべての業務フローなどを対象にするのではなく、重要な会社、重要なプロセスに対象を絞って評価範囲とする。
　具体的には、大きく分けて、以下の3つの点から評価を行う。

> ①　全社的な内部統制の評価
> ②　業務プロセスに係る内部統制の評価
> ③　決算・財務報告プロセスに係る内部統制の評価

　これらのうち、③の「決算・財務報告プロセスに係る内部統制」は、大きく全社的な観点での決算・財務報告プロセスの内部統制と、個別の業務プロセスの内部統制に分けられる。
　②の「業務プロセス」には、一般的な製造業であれば売上・売掛金・棚卸資産（原価計算を含む。）などといった、本業に関連するプロセスが通常含まれる。一方、決算・財務報告プロセスの内部統制の評価に含まれる個別の「業務プロセス」には、たとえば、貸倒引当金の計上、期末時におけるその他有価証券の時価評価、投資有価証券の減損、退職給付、税効果会計などといった項目が含まれ、ここに固定資産の減損会計も含まれる。これらのプロセスはすべてを評価対象とするのではなく、財務報告を誤るリスクや見積りの重要度などを勘案して、評価対象とするプロセスを決定する必要がある。
　固定資産の減損会計が評価対象に含まれた場合、次にどの範囲の会社まで評価対象とするのかを検討することになる。ただし、固定資産の減損損失については、主要な業務プロセスである、いわゆる「主要3勘定」（売上・売掛金・棚卸資産）のように、毎期各社において経常的に計上されるケースばかりではないと考えられる。計画段階では、予算や前期実績に基づいて評価範囲を決定したとしても、実績ベースで重要性が乏しいとはいえない減損損失が計上された会社がある場合には、その会社を追加的に評価範囲に含めるかどうかを検討しなければならない。決算・財務報告プロセスにおいて個別の業務プロセスを評価するものの中でも、減損損失については、特に臨時的な計上がなされ、また、その際の金額も多額になる可能性があるため、まずは全社的な内部統制をしっかりと整備・運用し、そのうえで業務プロセスにおける内部統制も整えて、

期末に急遽,評価範囲に含まれたようなときにも対応できるようにしておく必要がある。

 社外の専門家の利用

　減損損失の認識・測定に係る一連の業務プロセスでは,以下のようないくつかの場面で社外の専門家の利用を検討するケースがある。
- 不動産の時価（減損の兆候の判定の際）または正味売却価額の算定（減損損失の認識の要否の判断および減損損失の測定の際）のために,不動産鑑定士の鑑定評価等を利用するケース
- 使用価値の算出（減損損失の測定の際）において用いる割引率の算定や,無形資産の正味売却価額の算定（減損損失の認識の要否の判断および減損損失の測定の際）などのために,社外の評価会社（コンサルティング会社）の評価等を利用するケース

社外の専門家は,これらの人材を利用したからといって,直ちに当該評価に関し財務諸表作成者としての責任が回避されるわけではなく,当該評価に誤りなどがあり,結果的に財務諸表の数値が誤っていることとなった場合には,会社（経営者）がその責任を一義的に負うことになる。このため,適正な財務報告という観点だけでなく,内部統制評価の観点からも,たとえば以下の点に留意して,専門家を利用する必要があると考えられる。
- 当該専門家の資格・能力を適切に評価する（会社が必要とする評価に関して,適切な能力と経験を持っているかどうかを確認する）
- 専門家が実施すべき業務の範囲を適切に定め,事前に十分な情報交換を行うとともに,提供する情報が正しいかどうかを社内でチェックする
- 評価過程において,会社が提供した以外の外部データが用いられている場合には,当該データが適切であることを確認する
- 最終的な報告書において,専門家の記名等が適切に行われていることを確かめるとともに,内容（評価額等）をそのまま受け入れるのではなく,ドラフトの段階より,評価過程が適切であるかどうかなどの評価を行う

第2章

資産のグルーピングに関する実務論点

Q2-1　グルーピングと減損会計の対象資産①【前払費用】

たとえば、工事負担金を長期前払費用として計上しており、そのうち、1年内に費用化される部分を前払費用（流動資産）として計上している場合、当該前払費用も減損会計の対象資産として資産グループに含まれるか。

A

長期前払費用から流動資産に振り替えられた前払費用も、減損会計の対象資産として資産グループに含まれると考えられる。

解説

1　減損会計の対象と資産の評価に関する基本的な考え方

減損基準および減損指針は、固定資産を対象に適用すると定められており、有形固定資産、無形固定資産および長期前払費用などの投資その他の資産がその対象に含まれる（減損基準一、減損指針5項、68項）。このように、減損基準および減損指針は、固定資産に分類される資産を適用対象としているが、長期前払費用から流動資産に振り替えられた前払費用についても、今日のわが国の会計の基本的な考え方として、収益性が低下した場合には、その帳簿価額を何らかの形で切り下げることになっていると考えられるため（「棚卸資産の評

価基準に関する論点の整理」20項），減損会計の対象資産として資産グループに含まれるかが問題となる。

2 流動資産に計上される前払費用

本ケースの流動資産に計上される前払費用は，もともと投資その他の資産として計上されている長期前払費用の一部であり，決算上ワンイヤールールで1年内に費用化される部分が流動資産に属するものとして振り替えられているにすぎず，その性質は固定資産であると考えられる。よって，長期前払費用が含まれる資産グループに減損の兆候が把握された場合には，流動資産に振り替える決算処理よりも先行して，資産グループに含めて減損判定を行うことに留意する必要がある。

本ケースのような工事負担金のほか，減損会計の対象となると考えられる前払費用には，長期前払利息など財務活動から生ずる損益に関する経過勘定項目は含まれないが（減損指針6項なお書き），建設協力金に係る長期前払家賃（金融商品指針133項参照）から振り替えられた前払費用も含まれるものと考えられる。

Q2-2 グルーピングと減損会計の対象資産② 【市場販売目的ソフトウェア】

市場販売目的のソフトウェアは減損基準等の適用対象から除かれているが，当該ソフトウェアおよびソフトウェア仮勘定と自社利用のソフトウェアについて同一の事業部で損益管理を行っている場合，自社利用のソフトウェアと同様に資産グループに含めることができるか。

A
市場販売目的のソフトウェアおよびソフトウェア仮勘定は，資産グループには含めることはできない。

1 市場販売目的のソフトウェア

　研究開発費基準において無形固定資産として計上されている市場販売目的のソフトウェアは，未償却残高が翌期以降の見込販売収益の額を上回った場合，当該超過額を一時の費用または損失として処理する（研究開発費指針20項）。このように，減損処理に類似した定めがあることから，市場販売目的のソフトウェアは減損基準の対象資産から除かれている（減損指針6項(3)，69項本文）。

　また，減損基準では，資産のグルーピングを行ったうえで，資産グループに減損の兆候が把握された場合に将来キャッシュ・フローを見積って減損判定が行われる。これに対して，研究開発費指針では，個々の市場販売目的ソフトウェアについて，見込販売収益を毎期必ず見積って回収可能性の判定が行われる。このように，減損処理に類似した会計処理ではあるものの，減損基準よりも厳しい判定が求められている。

　したがって，市場販売目的のソフトウェアの減損については，たとえ同一の管理会計上の区分で損益管理が行われているとしても，研究開発費指針に従って個々の資産ごとに回収可能性の判定を行う必要があり，減損基準の適用範囲の資産グループに含めて会計処理することは適当ではないと考えられる。

　なお，自社利用のソフトウェアについては，減損処理に類似した会計処理は研究開発費指針では定められていないため，減損の対象資産となると考えられる（減損指針69項なお書き）。ここで，管理会計上の区分および継続して収支の把握がなされている単位が各市場販売目的ソフトウェアである場合において，自社利用のソフトウェアが市場販売目的のソフトウェアの販売活動にのみ寄与する販売管理システムである場合には，自社利用のソフトウェアを市場販売目的のソフトウェアの将来キャッシュ・フローの生成に寄与する共用資産として扱う場合がある。この場合，市場販売目的のソフトウェアに関連する固定資産に当該共用資産を加えたより大きな単位で減損判定を行うことになると考えられる（図表2-2-1参照）。

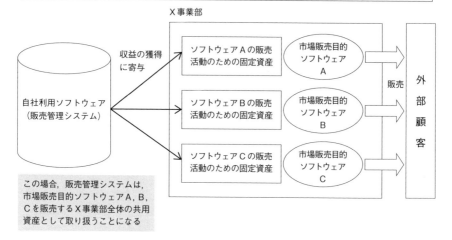

2 ソフトウェア仮勘定

　制作途中のソフトウェアの制作費については無形固定資産の仮勘定として計上するものと定められている（研究開発費基準注解（注4））。当該無形固定資産の仮勘定（ソフトウェア仮勘定）も有形固定資産に属する建設仮勘定と同様に減損会計の適用対象となると考えられるが（減損指針68項参照），市場販売目的のソフトウェアに振り替えられる予定のソフトウェア仮勘定が減損会計の適用対象となるかどうかについては，会計基準等において明確ではない。この点，ソフトウェア仮勘定について研究開発費指針第20項の減損処理に類似した会計処理が適用されるかは明示されていないが，計上されているのが本勘定か仮勘定かで投資額の回収方法に違いはないため，市場販売目的のソフトウェアの仮勘定についても研究開発費指針第20項が適用され，減損基準の適用対象の資産グループから除かれることになると考えられる。

　この場合，建設仮勘定における将来キャッシュ・フローの見積りの考え方（減損指針38項(4)）を参考にして，翌期以降の見込販売収益から完成までに生ずると見込まれる将来キャッシュ・アウト・フローを控除して，それをソフトウェア仮勘定残高が上回った場合に当該超過額を一時の損失として処理することになると考えられる。

Q2-3 資産グループの範囲①【資産グループの相互補完関係】

減損指針では資産グループは相互補完的であることが例示されているが，事業の継続や廃止が一体として行われるような相互依存関係まで求められるか。また，グルーピングに関する基本的な考え方を確認したい。

A

資産グループについて継続や廃止が一体として行われるような相互依存関係まで求められるものではないと考えられる。また，資産のグルーピングを行う際には，投資額の回収可能性を適切に判断できるかを考慮する必要がある。

解説

1 グルーピングの考え方

(1) 減損基準および減損指針の定め

減損基準および減損指針においては，資産のグルーピングの実務上の考え方が示されている（図表2－3－1参照）。

減損指針第7項で示されているグルーピングの手順（図表2－3－1のⅣ）は例示であるものの，多くの実務で適用されているものと考えられる。その適用にあたっても判断に迷う場合があると思われるが，その場合には減損基準の考え方に立ち返り，複数の資産をグルーピングすることで投資額の回収可能性を反映させることができるかについて，適切に判断する必要がある。

ここで，グルーピングの手順の例示を適用する場合，図表2－3－1のⅣ(2)の「相互補完的」の「相互」と「補完的」，「当該単位を切り離したとき」，および「キャッシュ・イン・フロー」がポイントとなるが，これらのキーワードについては以下のような解釈が考えられる。

| 図表２－３－１ | 資産のグルーピングの考え方 |

Ⅰ　減損基準の考え方（減損意見書三３，四２(6)）

- 固定資産の減損とは，資産の収益性の低下により投資額の回収が見込めなくなった場合に，将来に損失を繰り延べないために，回収可能性を反映させるように帳簿価額を減額する会計処理である。
- 複数の資産が一体となって独立したキャッシュ・フローを生み出す場合には，合理的な範囲で資産のグルーピングを行う必要がある。

Ⅱ　減損基準の定め（減損基準二６(1)）

他の資産または資産グループのキャッシュ・フローから概ね独立したキャッシュ・フローを生み出す最小の単位で行う。

Ⅲ　実務上のグルーピングの方法（減損意見書四２(6)）

管理会計上の区分や投資の意思決定（資産の処分や事業の廃止に関する意思決定を含む。）を行う際の単位等を考慮してグルーピングの方法を定める。

Ⅳ　グルーピングの手順の例示（減損指針７項）

(1) 店舗や工場などの資産と対応して継続的に収支の把握がなされている単位を識別し，グルーピングの単位を決定する基礎とする。
(2) グルーピングの単位を決定する基礎から生ずるキャッシュ・イン・フローが，他の単位から生ずるキャッシュ・イン・フローと次の関係にある場合には，当該他の単位とグルーピングを行う。
　① 製品やサービスの性質，市場などの類似性等によって，他の単位から生ずるキャッシュ・イン・フローと相互補完的であり，
　② 当該単位を切り離したときには他の単位から生ずるキャッシュ・イン・フローに大きな影響を及ぼすと考えられる場合

（２）「相互補完的」の「相互」の解釈（一方向の関係性が認められるか。）

　たとえば，資産と対応して継続的に収支の把握がなされている単位として単位Ａと単位Ｂがあって，単位Ａを処分した場合には単位Ｂのキャッシュ・イン・フローに大きな影響を及ぼすが，単位Ｂを処分した場合には単位Ａのキャッシュ・イン・フローに大きな影響を及ぼさない場合，それが相互補完的といえるかが問題となる。

例としては，B工場で製造するB製品がA工場で製造するA製品専用の付属品という関係において，B製品はA製品にとって数ある機能のうちの1つの性能を拡張するものにすぎず，B製品がなくてもA製品のキャッシュ・イン・フローに大きな影響を及ぼさない場合が該当する。この場合，A工場からすると，B工場を含めなくとも他の資産または資産グループのキャッシュ・フローから概ね独立したキャッシュ・フローを生み出すグルーピングを行うことは可能であり，B工場を含めない資産グループが最小の単位となる。また，B工場への投資額の回収可能性を判断するにあたってはA製品の存在を所与とすればよく，B工場がA製品に依存することはA工場とB工場を1つの資産グループとする理由にはならない。

このように，一方向の補完的関係の資産の単位については，減損指針のグルーピングの手順の例示における「相互」の関係には該当しないものと考えられる。

（3）「相互補完的」の「補完的」の解釈（依存関係が必要とされるか。）

投資の意思決定を行う際の単位等を考慮してグルーピングの方法を決定する場合，投資の意思決定には事業の廃止に関する意思決定を含むと定められているが，相互補完的であるかどうかの判断にあたって，事業の継続や廃止が一体として行われるような相互依存関係まで求められるかが問題となる。この点，図表2－3－1のⅣ(2)②の「当該単位を切り離したときには他の単位から生ずるキャッシュ・イン・フローに大きな影響を及ぼす」における「大きな影響」とは，ある単位を切り離したことで，他の単位からキャッシュ・イン・フローが生じなくなるほどの影響までは想定されていないと考えられる。

また，減損基準の考え方に「複数の資産が一体となって独立したキャッシュ・フローを生み出す」とある。ここでいう「独立したキャッシュ・フロー」は，投資額の回収可能性を反映させるという観点から，意図した目的で使用することにより投資の成果として回収しようとするキャッシュ・フローを意味するものと考えられる。このため，相互依存関係はないが相互補完関係がある複数の資産を組み合わせてキャッシュ・フローの最大化を図ることを意図して事業投資を行っているのであれば，それらの相互依存関係のない資産を1つの資産グループに含めることになると考えられる。

たとえば，相互依存関係のない資産群Aと資産群Bがあり，資産群A単独で生み出されるキャッシュ・フローが100，資産群B単独で生み出されるキャッ

シュ・フローが50であるとする。ここで，会社が保有する資産群Aと資産群Bを一体として使用することで，全体として200のキャッシュ・フローが生み出されるとき，相互依存関係がない資産群Aと資産群Bを一体で投資額の回収可能性を判断しているのであれば，独立した200というキャッシュ・フローを生み出す単位として，資産群Aと資産群Bを1つの資産グループとすることが考えられる。

(4) 「当該単位を切り離したとき」の解釈

減損指針第8項において「資産の処分や事業の廃止に関する意思決定を行い，その代替的な投資も予定されていないときなど，これらに係る資産を切り離しても他の資産又は資産グループの使用にほとんど影響を与えない場合がある」と記されていることを踏まえると，「当該単位を切り離したとき」とは「資産の処分や事業の廃止」を指すものと考えられる。よって，ある資産の単位について資産の処分や事業の廃止を行った場合に，他の資産の単位から生ずるキャッシュ・イン・フローに大きな影響を及ぼす関係（後述「2（1）② 中間原料Xの市場の厚みが十分ではない場合」のケース参照）があるのであれば，投資額の回収可能性の判断に大きな影響を及ぼすことになるため，当該他の資産の単位とグルーピングを行うことになる。

(5) 「キャッシュ・イン・フロー」の解釈

減損指針第7項におけるグルーピングの手順の例示では，「キャッシュ・フロー」ではなく「キャッシュ・イン・フロー」が判断の要素となっている。ここで，「キャッシュ・イン・フロー」は相互補完的ではないが「キャッシュ・アウト・フロー」が相互補完的である場合に1つの資産グループに該当するかが問題となる。通常は，キャッシュ・イン・フローとキャッシュ・アウト・フローは連動するが，キャッシュ・アウト・フローだけが相互補完的なケースも考えられる。

たとえば，複数の事業部の製品群について，いずれの製品についても販売単価が長期契約で固定されているが，各製品の製造で使用する同じ原料を一定数量以上購入することでボリュームディスカウントを受ける場合がある。この場合，それらの複数の事業部の製品群についてキャッシュ・イン・フローは相互補完的ではないが，キャッシュ・アウト・フローは相互補完的であると考えら

れる。そのようなケースであったとしても，減損会計は投資額の回収可能性を反映させるものであるため，「キャッシュ・アウト・フロー」ではなく「キャッシュ・イン・フロー」で相互補完関係を判断することになると考えられる。

2 グルーピングの手順の適用例

減損指針第7項の手順の例示に従ってグルーピングを行う場合，個々の企業ごとの販売・生産活動の実情に基づき，製品やサービスの性質，市場などの類似性等によって相互補完関係を判断してグルーピングを行うことになる。具体的には以下のような判断が考えられる。

(1) 中間原料と最終製品の関係がある場合

たとえば，管理会計上の区分および継続して収支の把握がなされている単位が工場である場合において，A工場で加工した中間原料XをもとにB工場で最終製品Yを製造し，外部に販売するケース（減損指針［設例1－1］参照）を図表2－3－2の3つのパターンで考える。

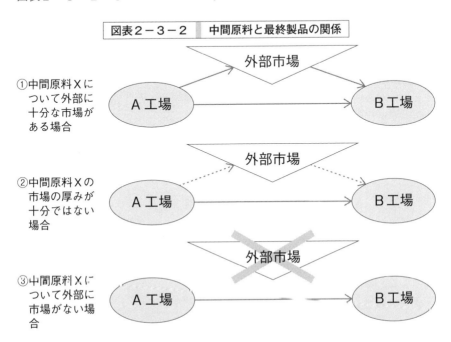

① 中間原料Xについて外部に十分な市場がある場合

このようなケースで、中間原料Xについて外部に十分な市場があり、輸送コストも重要ではなく、自由に外部販売・調達できる場合には、B工場は外部から中間原料を調達することが可能であるため、A工場が閉鎖してもB工場のキャッシュ・イン・フローに大きな影響は及ぼさない。よって、この場合にはA工場とB工場は相互補完的とはいえず、A工場とB工場は独立した資産グループになると考えられる。

② 中間原料Xの市場の厚みが十分ではない場合

「① 中間原料Xについて外部に十分な市場がある場合」に対して、中間原料Xについて外部に市場があるが、A工場の供給能力およびB工場の需要に比して十分な厚みがないと、A工場からの供給量およびB工場の需要次第で中間原料Xの市場価格が大きく変動する場合や、B工場にとって中間原料Xの調達が困難になる場合がある。A工場を閉鎖してもB工場は外部から中間原料Xをなんとか調達できるが、増大する調達コストを販売価格に上乗せせざるをえない場合や、中間原料Xの調達が困難となることにより生産量および販売量が落ち込む場合も考えられる。このような場合、A工場の閉鎖はB工場のキャッシュ・イン・フローに大きな影響を及ぼすことになる。

また、B工場を閉鎖した場合には、A工場は外部に中間原料Xを販売できるとしても、外部市場の厚みが十分ではないため供給過大により市場価格が落ち込む場合がある。このようなとき、B工場の閉鎖は、A工場のキャッシュ・イン・フローに大きな影響を及ぼすことになる。

よって、この場合にはA工場とB工場のキャッシュ・イン・フローは相互補完的と考えられ、A工場とB工場は1つの資産グループになると考えられる。

③ 中間原料Xについて外部に市場がない場合

中間原料Xについて外部に市場がない場合には、一方の工場を閉鎖するともう一方の工場からはキャッシュ・イン・フローを生み出すことができないため、A工場とB工場は相互依存的な関係に該当し、この場合にも1つの資産グループになると考えられる。

また、外部市場までの輸送コストがA工場とB工場との間の輸送コストに比べて著しく多額である場合にも、外部に市場がない場合と同様と考えられる。

なお，Ａ工場とＢ工場との間で仮に社内ルールとして供給・引受義務があるとしても，外部に市場があれば，一方の工場が閉鎖した場合には社内ルールにかかわらず，中間原料Ｘを外部に供給または外部から調達せざるをえない。このため，そのような社内ルールの有無は相互依存関係を判断するための指標にはならないと考えられる。

（２） 代替財となる同種の製品・サービスのラインナップの関係がある場合

　たとえば，同種の製品・サービス（家電や家具など）のラインナップ（前世代モデルと次世代モデルのラインナップを含む。）を有する企業があり，同一の市場および顧客にとってそれらの製品・サービスが代替財の関係にある場合，ある製品・サービスが顧客により購入されると，他の製品・サービスは購入されないことになる。

　このように，管理会計上の区分は同種の製品・サービスのラインナップの単位だが，継続して収支の把握がなされている単位が製品・サービス別である場合において，ある製品の販売によりキャッシュ・イン・フローが増大すると，他の製品販売によるキャッシュ・イン・フローが減少するという関係がある。この場合には，ある製品の販売を終了すると，引き続き他の企業との競合関係はあるとしても，自社の同じラインナップの他の製品販売によるキャッシュ・イン・フローに大きな影響を及ぼすことになると考えられる。このため，これらの製品・サービスのキャッシュ・イン・フローは相互補完的であると考えられ，これらの同種の製品・サービスのラインナップに係る複数の資産を１つの資産グループとすることになると考えられる。

（３） 効率的にアクセス可能な製品・サービスのラインナップの関係がある場合

　たとえば，娯楽施設とホテルが一体となった複合施設などのように，１つの製品・サービスにアクセスすれば，他のいずれの製品・サービスにも効率的にアクセスすることが可能なラインナップを有する企業がある。その効率的にアクセスできることが顧客にとってラインナップのうちの１つの製品・サービスを選択する重要なポイントになっている場合がある。この場合には，ラインナップのうちのある製品・サービスの提供を終了すると，残りの製品・サービスの

魅力が薄れてそのキャッシュ・イン・フローに大きな影響を及ぼすことがあると考えられる。このような製品・サービスのキャッシュ・イン・フローは相互補完的であると考えられ，これらの効率的にアクセス可能な製品・サービスのラインナップに係る複数の資産を1つの資産グループとすることになると考えられる。

Q2-4　資産グループの範囲②【グルーピングの一貫性】

> 同一企業の固定資産について，すべて同じ考え方でグルーピングを行う必要があるか。たとえば，ある事業部門では複数の店舗を単位として，別の事業部門では各店舗を単位としてグルーピングを行うことは認められるか。

A

同一企業であっても，管理会計上の区分によって異なる単位でグルーピングを行う場合はあると考えられる。

解説

当期に行われた資産のグルーピングは，事実関係が変化した場合を除き，翌期以降の会計期間においても同様に行うと定められているが（減損指針9項，74項），同一企業における資産のグルーピングをすべての管理会計上の区分において一貫した方法で行う必要があるかが問題となる。

この点，グルーピングは，まず店舗や工場などの資産と対応して継続的に収支の把握がなされている単位を識別するが，継続して収支を把握する単位が管理会計上の区分（事業別，製品別，地域別）によって異なる場合がある。たとえば，ある事業部門では，店舗を単位として継続的に収支の把握を行っており，別の事業部門では製品を単位として継続的に収支の把握を行っている場合もある。また，継続的な収支の把握をある地域では店舗を単位として，別の地域では地域性を踏まえて隣接する複数の店舗を1つの単位として行っている場合も考えられる。

このように，同一企業で事業部門ごとにグルーピングの基礎となる収支を継続的に把握する単位が異なる場合があるため，全社で一貫した方法で資産のグルーピングを行う必要はなく，同一企業であっても管理会計上の区分が異なることを理由に，別の単位によりグルーピングを行う場合はあると考えられる。

Q2-5 資産グループの範囲③【物理的な1つの資産についてのグルーピングにおける資産の配分の可否】

> 分筆されていない土地を複数の資産グループで利用している場合，合理的な基準に基づき土地の帳簿価額を各資産グループに帰属させることができるか。
> また，自社だけで利用する本社建物の場合はどうか。

A

土地については，物理的に分割可能なものとして各資産グループに帰属させることができると考えられる。また，自社だけで利用する本社建物についても，複数からなる資産と考えられる場合がある。

解説

1 土地に関する取扱い

（1） 物理的な1つの資産

減損指針において資産のグルーピングの単位を決定する基礎は，原則として，小さくとも物理的な1つの資産になるという考え方が示されている（減損指針70項(1)）。この点，物理的な1つの資産とは，物理的に独立して存在しうる資産と考えられるため，土地については分筆登記されていないとしても，各資産グループの利用の実態に基づき区画を設けることにより，物理的にも独立して存在しうる複数からなる資産と考えられる。この場合，土地の帳簿価額を，たとえば事業所敷地内の各生産施設の敷地面積に応じて分割して，各資産に帰属させることになると考えられる。

(2) 遊休土地に関する取扱い

　たとえば，事業所敷地内の土地の上に複数の生産施設があり，それらを1つの資産グループとしてグルーピングを行っていたが，そのうち一部の生産施設について稼働停止と撤去の意思決定を行い，その生産施設がある土地についても将来の使用が見込まれない場合がある。この場合，当該土地を他の資産とは独立したキャッシュ・フローを生み出す遊休資産として取り扱うことになるのかが問題となる。

　この点，資産グループは概ね独立したキャッシュ・フローを生み出す最小の単位であるから，当該遊休状態となった部分の土地だけを売却してキャッシュ・フローを生み出すことができるかどうかで判断することになると考えられる。仮に，事業所敷地内の土地の一部を切り離して外部に売却することが可能であれば，当該遊休状態の土地を切り離して概ね独立したキャッシュ・フローを生み出す最小の単位として取り扱うことも考えられる。しかし，事業所の保安の観点などから敷地内の土地の一部を切り離して譲渡することが事実上できない場合には，当該遊休状態の土地を資産グループから切り離さず，引き続き当該土地を含めた1つの資産グループとして取り扱うものと考えられる。

2 ▮ 本社建物に関する取扱い

　グルーピングにおいて，原則として，小さくとも物理的な1つの資産がグルーピングの単位を決定する基礎と考えられるため，グルーピングの単位を決定する基礎としても一棟の建物を分割することはしないという考え方が示されている（減損指針7項(1)③，70項(1)，［設例1－3］参照）。ここで，建物についてフロアや仕切りで細分化して複数の単位に分割することが可能であるとしても，各フロアはそれぞれ物理的に独立して存在しうるものではないため，物理的な1つの資産として減損指針は想定しているものと考えられる。

　ただし，本社建物の一部を外部に賃貸する場合に，賃貸部分だけ仕様が異なる場合や，仕様が異ならないとしても自社利用部分と外部賃貸部分とが長期継続的に区分されるような場合には，複数からなる資産と考えられる場合がある（減損指針70項(1)）。この考え方は賃貸部分がない場合にも同様と考えられることから，自社だけで利用する本社ビルの中において，たとえば資産グループの基礎となる営業部門が各フロアで分かれて長期継続的に区分されている場合

には，複数の資産として取り扱い，その各営業部門と関連する資産の単位でグルーピングを行うことができるものと考えられる。

Q2-6 資産グループの範囲④
【グルーピングの単位とセグメントの単位】

> 減損指針では，連結財務諸表における資産グループは，セグメント情報における事業セグメントよりも大きくなることはないという考え方が示されているが，資産のグルーピングの単位が事業セグメントの単位よりも大きくなる例外はあるか。

A ....

　資産のグルーピングの単位が事業セグメントの単位よりも大きくなることはないと考えられるが，複数の事業セグメントをまたがって資産のグルーピングが行われる場合もあると考えられる。

解説 ....

1 資産のグルーピングの単位と事業セグメントの単位

　わが国における会計基準等において資産グループと事業セグメントの定義との関連性は明示されていないが，図表2－6－1のように対比することが考えられる。

　同図表のとおり，資産グループと事業セグメントの定義との関連性は高いため，資産グループと事業セグメントが一致する場合はある。ただし，減損指針第73項では「連結財務諸表における資産グループは，どんなに大きくとも，事業の種類別セグメント情報における開示対象セグメントの基礎となる事業区分よりも大きくなることはないと考えられる。」と述べられており，平成20年3月改正セグメント基準の適用前と記述は変わっていない。

　ここで，「開示対象セグメントの基礎となる事業区分」をセグメント基準における「事業セグメント」（セグメント基準6項）と集約された事業セグメントを含む「報告セグメント」（セグメント基準10項）のいずれに読み替えるべ

図表2－6－1　資産のグルーピングの単位と事業セグメントの単位との対比

資産のグルーピング単位 （減損指針7項）	事業セグメントの定義 （セグメント基準6項）（＊）
［実務上のグルーピングの設定方法］ 管理会計上の区分や投資の意思決定（資産の処分や事業の廃止に関する意思決定を含む。）を行う際の単位等を考慮する	企業の最高経営意思決定機関が，当該構成単位に配分すべき資源に関する意思決定を行い，また，その業績を評価するために，その経営成績を定期的に検討する企業の構成単位
［設定手順の例示］ 資産と対応して継続的に収支の把握がなされている単位を識別し，グルーピングの単位を決定する基礎とする	収益を稼得し，費用が発生する事業活動に関わる企業の構成単位
	分離された財務情報を入手できる企業の構成単位

（＊）　企業の構成単位で，図表2－6－1に記載のすべての要件に該当することが必要である。

きかが問題となる。この点，報告セグメントとして事業セグメントを集約する場合の集約基準のうち，類似基準（セグメント基準11項(2),(3)）は資産のグルーピングにあたって考慮する「製品やサービスの性質，市場などの類似性等」（減損指針7項(2)）とは関連する。しかし，集約するにはセグメント基準第11項(2)および(3)の要件だけでなく，セグメントを集約することが財務諸表利用者に適切な情報を提供するというセグメント基準第11項(1)の要件も含めてすべて満たす必要がある。減損会計では，セグメント情報を開示する基本原則との整合性（セグメント基準11項(1)）の観点では資産のグルーピングは行われないことから，資産グループは，集約前の「事業セグメント」よりも大きくなることはないと考えられる。

2　例外として考えられるケース

　減損指針第73項はあくまで基本的な考え方を示しているにすぎず，資産のグルーピングの単位が複数の事業セグメントの単位をまたがる場合を認めていないわけではない。
　たとえば，会社が同一区画内の商業施設の運営，賃貸事業およびホテルの運営をそれぞれ別の事業セグメントとしている場合，それらの施設が同一区画内

にあることで顧客の利便性の観点で相互に影響を及ぼし合っているため，減損指針［設例１－５］と同様に，それぞれのキャッシュ・イン・フローが相互補完的な関係となる場合がある。この場合には，商業施設と賃貸ビルおよびホテルを一体となって独立したキャッシュ・フローを生み出す最小の単位として資産のグルーピングを行うことで，結果として，複数の事業セグメントをまたがる単位が資産のグルーピングの単位になることが，例外的であるが考えられる。

Q2-7 資産グループの範囲⑤【連結でグルーピングが見直される資産グループ】

> 事業会社が保有する土地のうち一部を連結子会社に賃貸しており，連結でグルーピングを継続的に見直している。連結でグルーピングを見直すことを理由として，当該土地を共用資産として取り扱うことができるか。

A
事業会社が連結子会社に賃貸する土地について，共用資産として取り扱うことはできないと考えられる。

解説

1 親会社において子会社の固定資産を資産グループに含めることができるか

個別財務諸表上は，資産のグルーピングが当該企業を超えて他の企業の全部または一部とされることはない（減損指針10項）。このため，会社の個別財務諸表上において，土地の上にある子会社の固定資産にまで資産のグルーピングを広げることはできない。

たとえば，過去に会社が土地を高い価格で取得し，製造子会社に当該土地を賃貸しているが，その後の地価の下落に伴って減損の兆候が認められ，当該子会社から近隣と同水準の低い賃料を受け取っているため親会社の個別財務諸表上で回収可能性がないと判断されて減損損失の計上が必要となる場合がある。

この場合であっても、連結財務諸表上でグルーピングを見直し（「Q10-3 連結財務諸表における資産のグルーピングの単位の見直しの考え方」参照）、土地の上にある子会社の工場も資産グループに含めて当該工場から生じるキャッシュ・フローを考慮した結果、当該土地の帳簿価額についても回収可能と判断されることがある。そうであるとしても、減損指針第75項に基づき、親会社の個別財務諸表上に計上されていない子会社の固定資産およびそこから生じるキャッシュ・フローを考慮することはできない。このため、親会社の個別財務諸表上は、賃貸等不動産として使用しているものとしてグルーピングを行うことになると考えられる。

2 子会社に賃貸する土地を親会社の個別財務諸表上で共用資産として取り扱えるか

「1 親会社において子会社の固定資産を資産グループに含めることができるか」の例において、子会社に賃貸している土地だけでは回収可能性がないと判断されるとしても、連結財務諸表上でグルーピングを見直す（「Q10-3 連結財務諸表における資産のグルーピングの単位の見直しの考え方」参照）ことで回収可能と認められる場合、それ自体はキャッシュ・フローを生み出すが、本社ビルと同じように共用資産として取り扱うことができるかが問題となる。

この点、親会社が子会社に対して事業用土地を賃貸する場合には、子会社は賃借した土地を利用して事業を行い、それにより生じたキャッシュ・フローを将来親会社に配当することになる。このようにみると、子会社に賃貸している土地は子会社に対する投資に係る将来キャッシュ・フローの生成に寄与しているとも考えられる。しかし、子会社に対する投資は親会社の個別財務諸表上では金融商品であることから、減損会計の適用対象となる固定資産の将来キャッシュ・フローに寄与しているとはいえない。このため、当該土地を共用資産として取り扱わないものと考えられる。

ただし、たとえば賃貸している土地の上の子会社の工場で中間原料が製造され、当該中間原料の供給を親会社が受けて製品を製造する場合には、親会社の工場と当該土地を1つの資産グループとして取り扱うことになると考えられる。

Q2-8 グルーピングの変更①【総論】

減損指針において資産のグルーピングを変更する場合の例示が示されているが，例示以外にどのようなケースでグルーピングを変更する必要があるか。

A

資産グループ内の相互補完関係が変化するなど，キャッシュ・フローを生み出すパターンが変化するような事実が生じた場合に，グルーピングを変更する必要がある。

解説

1 グルーピングの継続性

減損指針第9項において，「当期に行われた資産のグルーピングは，原則として，翌期以降の会計期間においても同様に行う」と定められている。この定めは，資産のグルーピングを恣意的に変更してはならないという留意点を示したものと考えられる[1]。ただし，資産のグルーピングは，企業は，経営の実態を適切に反映するよう配慮して行うものであるため（減損指針7項），実態に応じてグルーピングを変更する可能性はある。

2 減損指針における資産のグルーピングの変更の定め

減損指針第74項では，翌期以降の会計期間において資産のグルーピングを変更するのは，事実関係が変化した場合であるとして，そのような場合の例を挙げている。

---

1 『詳解 減損会計適用指針』企業会計基準委員会事務局・（財）財務会計基準機構編（中央経済社）p.41。

> - 事業の再編成による管理会計上の区分の変更
> - 主要な資産の処分
> - セグメント情報におけるセグメンテーションの方法等の変更

　これらの事実関係の変化は，資産グループ内のキャッシュ・フローを生み出すパターンが変化するものであると考えられる。また，このほか減損指針第8項において，遊休状態になった資産については将来の使用見込みの有無に従ってグルーピングを行うことが定められている。

3　資産のグルーピングの変更を行う場合の具体例

　「2　減損指針における資産のグルーピングの変更の定め」で示した減損指針で例示されている事象以外に資産のグルーピングの変更を行う場合として，次のケースが考えられる。

(1)　外部要因によりキャッシュ・フローを生み出すパターンが変化する場合

　たとえば，中間原料と最終製品の関係で，外部に十分に厚みのある中間原料の市場がないため，両者の製造工場から生じるキャッシュ・イン・フローに相互補完関係があると判断して1つの資産グループと取り扱っていた場合（「Q2-3　資産グループの範囲①【資産グループの相互補完関係】」の「2（1）②　中間原料Xの市場の厚みが十分ではない場合」参照）で，競争相手の参入または需要の拡大に伴い，外部の市場が成熟して相互補完関係が薄れる場合がある。このように，外部要因により相互補完関係が変化して，資産グループ内のある資産の単位を切り離しても，別の単位から生ずるキャッシュ・イン・フローに大きな影響を及ぼさなくなった場合には，資産のグルーピングを見直してそれぞれの単位を別の資産グループとして取り扱うことになると考えられる。

(2)　資産の状態の変化によりキャッシュ・フローを生み出すパターンが変化する場合

　たとえば，自社で建物と土地を保有していて今まで1つの資産グループとしていたが，建物の老朽化によりこのままでは当初意図した収益を生まない状態

となる場合がある。ここで，建物の大規模修繕を行っても投資の効果が認められない場合に，土地を更地にしたうえで用途変更して第三者に貸すのか，それとも建物を建て替えて土地を引き続き従来の用途で利用するかが決まっていないのであれば，当該老朽化した建物は過去の利用実態や将来の用途の定めには関係がない遊休状態の資産と同様と考えられる（減損指針72項参照）。この場合，当該老朽化した建物と土地から生ずるキャッシュ・イン・フローには相互補完関係が認められないと考えられるため，当該老朽化した建物だけで減損の必要性を判断することが適当と考えられる。

(3) 主要な資産以外の資産を処分することでキャッシュ・フローを生み出すパターンが変化する場合

例示で挙げられている主要な資産でなくても，資産グループの中で資産を処分することでグルーピングを変更する場合がある。たとえば，資産の処分や事業の廃止に関する意思決定を行い，その代替的な投資も予定されていない場合には，これらに係る資産を切り離し，元の資産グループから独立したキャッシュ・フローを生み出す最小の単位として取り扱うことになる（「Ｑ２-10 グルーピングの変更③【資産グループのうち一部の事業所（または店舗）を閉鎖する意思決定】」参照）。

また，処分の意思決定を行った資産を切り離した後に残った資産グループについても，当該資産の処分の意思決定により相互補完関係が変化する場合がある。たとえば，管理会計上の区分が製品別である場合において，資産グループの中にグルーピングの単位を決定する基礎としてＡ工場，Ｂ工場，Ｘ営業部，およびＹ営業部があり，Ａ工場では製品Ｘ１を製造してＸ営業部が販売し，Ｂ工場では製品Ｘ２と製品Ｙを製造して製品Ｘ２はＸ営業部が販売し，製品ＹはＹ営業部が販売しているケースを考える（図表２-８-１参照）。

| 図表２－８－１ | 複数の相互補完的な関係があるケース |

【製品Ｘ２の製造ライン廃止の意思決定前】

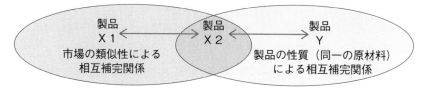

【製品Ｘ２の製造ライン廃止の意思決定後】

　製品Ｘ１と製品Ｘ２は同種の製品だがモデルが異なり競合関係にあるものとする。この場合，Ａ工場のＸ１生産ラインとＢ工場のＸ２生産ラインは相互補完的な関係にある（「Ｑ２－３　資産グループの範囲①【資産グループの相互補完関係】」の「２（２）代替財となる同種の製品・サービスのラインナップの関係がある場合」参照）。また，製品Ｘ２と製品Ｙは異種の製品だが同じ希少な原料を使用するものとする。この場合，Ｂ工場のＸ２生産ラインとＹ生産ラインは一方が希少な原料を多く使用して生産量を増やすことで一方の営業部のキャッシュ・イン・フローを増加させると，もう一方はその分だけ原料を使用することができず生産量が減少してもう一方の営業部のキャッシュ・イン・フローが減少するという相互補完的な関係にある。よって，Ａ工場，Ｂ工場の製品Ｘ２と製品Ｙの製造ライン，Ｘ営業部，およびＹ営業部から生じるキャッシュ・イン・フローには相互補完関係があると認められ，それらに関連する資産群を１つの資産グループとしていたものとする。

　ここで，Ｂ工場の製品Ｘ２の製造ラインを廃止する意思決定を行い，代替的な投資が予定されていない場合，残る資産グループ内のＡ工場およびＸ営業部とＢ工場およびＹ営業部との間にはもはや相互補完関係は認められないこととなる。この場合には，Ａ工場およびＸ営業部に関連する資産群を製品Ｘ１により結びつく１つの資産グループとし，それとは別にＢ工場およびＹ営業部に関連する資産群を製品Ｙにより結びつく１つの資産グループとすることが考えら

れる。

（4） 資産グループの資産を異動することでキャッシュ・フローを生み出すパターンが変化する場合

　たとえば，工場Aと工場Bが別の資産グループであり，工場Bの生産能力増強のため，工場Aにある設備Xを他の資産グループである工場Bへ異動する場合，設備Xにとっては資産のグルーピングの変更となる。

　また，このような資産グループ間での資産の異動ではなく，資産グループ内で資産を異動する場合にも資産のグルーピングを見直すことがある。たとえば，管理会計上の区分および継続して収支の把握がなされている単位が事業所であるが，事業所Aと事業所Bが同じ資産グループにある場合を考える。ここで，事業所Bに生産能力を集約するために，事業所Aを閉鎖して事業所Aの生産設備を事業所Bに移した結果，事業所Aのキャッシュ・イン・フローが事業所Bに大きな影響を及ぼさなくなる場合には，事業所を閉鎖する意思決定時点において資産のグルーピングを変更することになると考えられる。このようなケースは資産の異動そのものだけではなく，その背後にある事象を踏まえてグルーピングの変更を判断することになる。

4 ｜ グルーピングの変更における留意事項

（1） 連結の観点からの留意点

　個別財務諸表上で資産グループを変更したとしても，連結財務諸表上は当該変更を考慮しない場合がある。たとえば，資産グループのうちの土地について，従来から製造子会社に対して賃貸していたため，連結財務諸表上で資産のグルーピングの単位を見直している場合を考える（減損指針10項参照）。

　ここで，賃貸していた土地を子会社に売却する意思決定を行った場合，親会社の個別財務諸表上では当該土地を他の資産または資産グループから概ね独立したキャッシュ・フローを生み出す最小の単位として扱うことになる。しかし，連結財務諸表上は今までと変わらず子会社が事業のために使用する土地としてグルーピングすることが考えられるため，親会社の個別財務諸表上のグルーピングの変更は考慮せずに，連結財務諸表上は売却前であっても引き続き当該土地と子会社の資産を1つの資産グループとして取り扱うことが考えられる。

なお，親会社から土地を賃借している子会社の株式をすべて売却した場合，当該子会社は連結除外となるが，引き続き土地の賃貸取引を継続する場合には，親会社の個別財務諸表上で資産のグルーピングを見直さない。
　しかし，連結財務諸表上は企業集団内の事業資産から企業集団外に対する賃貸資産への用途変更となるため，子会社株式の売却の意思決定時点において連結財務諸表上でグルーピングの変更を行う必要があるかが問題となる。この点，連結財務諸表の基礎となる子会社にとっては企業集団から外れたとしても引き続き当該土地を使用することに変わりはない。連結財務諸表は，企業集団に属する親会社および子会社が作成した個別財務諸表を基礎として作成されるため（減損意見書四2(6)①なお書き参照），連結財務諸表上，子会社株式の売却の意思決定時点では子会社における用途変更とは取り扱わず，資産のグルーピングを変更する必要はないと考えられる。
　この場合，連結除外となる時点で資産のグルーピングを変更することになるが，結果として親会社の個別財務諸表上の資産グループと同じになると考えられる。

（2） 減損の兆候の把握と主要な資産の見直し

　資産のグルーピングは上述のとおり，資産グループのキャッシュ・フローを生み出すパターンが変化するような事実が生じた場合に変更することになるが，当該事実関係の変化が減損の兆候に該当する場合がある。また，このような事実関係の変化に伴い，資産グループの将来のキャッシュ・フロー生成能力にとって最も重要な構成資産である主要な資産が別の資産に変わる可能性がある。たとえば，技術革新が進んで生産の歩留まりを改善する設備を導入した場合，今までの主要な資産であった設備に代わって当該新規導入設備が主要な資産となる場合がある。
　このため，事実関係が変化したことに伴って資産のグルーピングを変更した場合には，変更後の資産グループについて減損の兆候の有無を確認するとともに，主要な資産の見直しの要否も検討することに留意が必要である（減損指針101項参照）。

Q2-9 グルーピングの変更②【事業分離基準の「事業」と減損基準の「資産グループ」との関係】

事業分離を行う場合，事業と資産グループの大きさが「事業」＞「資産グループ」の場合と「事業」＜「資産グループ」の場合で，減損の判断はどのように変わるか。

A

「事業」＞「資産グループ」の場合，投資が継続すると考えられる事業分離については当該意思決定に関して減損の兆候を把握せず，投資の清算と考えられる事業分離については減損の兆候を把握することになると考えられる。

また，「事業」＜「資産グループ」の場合もまれにあると考えられるが，この場合，投資が継続すると考えられる事業分離についてグルーピングの変更は行うものの，移転事業に関連する資産については減損の兆候を把握せず，投資の清算と考えられる事業分離についてはグルーピングを変更したうえで減損の兆候を把握することになると考えられる。

解説

1 事業分離基準における「事業」と事業分離

事業分離基準において，「事業」とは，企業活動を行うために組織化され，有機的一体として機能する経営資源をいうと定められている（事業分離基準3項）。減損会計の適用対象となるのは事業に使用される固定資産であるため（減損意見書三1，減損基準二1③参照），経営資源の中には固定資産も含まれるものと考えられる。このため，事業と資産グループの大きさが等しいか，または事業の中に複数の資産グループが含まれる可能性がある。また，逆に「Q2－6　資産グループの範囲④【グルーピングの単位とセグメントの単位】」の事業セグメントのように，まれではあるが資産グループが複数の事業をまたがる場合も考えられる。

ここで，組織再編で事業分離を行う分離元企業において，分離後も投資が継続しているとみる場合には，事業分離により移転した事業に係る資産の適正な帳簿価額の算定にあたり，特別な定めが設けられている。具体的には，移転す

る事業に係る固定資産の減損の検討のために将来キャッシュ・フローを見積る場合には，事業分離が行われないものと仮定した場合の経済的残存使用年数によることが定められている（結合分離指針90項(2)）。しかし，このような場合において，事業に関連する資産のグルーピングにどのような影響があるかについては会計基準上明確ではない。

2 事業分離における減損の判定

以下，事業と資産グループの大きさの違いにより，事業分離を行うことで減損の判定にどのような影響があるか，投資の継続と清算の観点も踏まえて確認する（図表2－9－1参照）。

図表2－9－1	事業分離における「事業」と「資産グループ」の大小の影響	
	投資の継続	投資の清算
「事業」＞「資産グループ」の場合	・グルーピングは変更しない ・減損の兆候の把握は行わない	・グルーピングは変更しない ・減損の兆候を把握する
「事業」＜「資産グループ」の場合	・グルーピングを変更する ・移転事業資産について減損の兆候の把握は行わない	・グルーピングを変更する ・移転事業資産について減損の兆候を把握する

(1) 「事業」＞「資産グループ」の場合

事業の分離先が子会社または関連会社の場合で対価が当該分離先の株式であるなど，投資が継続すると考えられる場合には，結合分離指針第90項(2)を準用して，事業分離が行われないと仮定して資産のグルーピングの変更はせず，減損の兆候の把握は行わないものと考えられる。

これに対して，事業分離を行うことで投資が清算すると考えられる場合で，かつ，移転損失が生じる場合には，当該事業分離の意思決定とともに，事業に含まれる資産グループの処分の意思決定が行われたものとして資産グループについて減損の兆候を把握し，事業分離を前提とした将来キャッシュ・フローを見積ることになると考えられる。

（2）「事業」＜「資産グループ」の場合

　事業の分離先が子会社または関連会社の場合で，対価が当該分離先の株式であるなど，投資が継続すると考えられる場合には，資産のグルーピングを変更することになり，資産グループに残存する資産については減損の兆候を把握することになるが，移転事業に関連する資産については事業分離が行われないものと仮定して，減損の兆候は把握されないと考えられる。

　これに対して，事業分離を行うことで投資が清算すると考えられる場合には，当該事業分離の意思決定とともに，資産グループに含まれる事業に関連する資産について処分の意思決定が行われたものとして切り離したうえで，グルーピングを変更して減損の兆候を把握するものと考えられる。

　ただし，移転後も引き続き移転した事業に関連する資産からの原料の供給を受け，それが自製する場合よりも安価である場合には，投資が継続する場合に準じて，移転事業に関連する資産の減損の兆候は把握されないと考えられる。

Q2-10　グルーピングの変更③【資産グループのうち一部の事業所（または店舗）を閉鎖する意思決定】

　複数の事業所（または店舗）を1つの資産グループとしており，一部の事業所（または店舗）を閉鎖する意思決定をした場合，グルーピングの見直しが必要となるか。

A

　事業所の閉鎖に併せて行われる移転により投資が継続すると考えられる場合には，グルーピングの変更は必要ないと考えられる。

解説

1　代替的な投資の考え方

　取締役会や常務会等において，資産の処分や事業の廃止に関する意思決定を行い，その代替的な投資も予定されていないときなど，これらに係る資産を切り離しても他の資産または資産グループの使用にほとんど影響を与えない場合

がある。このような場合に該当する資産のうち重要なものは，他の資産または資産グループのキャッシュ・フローから概ね独立したキャッシュ・フローを生み出す最小の単位として取り扱う（減損指針8項，71項）。

　ここで資産の処分や事業の廃止の代わりに行う「代替的な投資」がどのようなものかについては，減損指針では明確に示されていない。

　この点，当該「代替的な投資」があることにより結果として資産のグルーピングを変更しないことを踏まえると，「代替的な投資」を行わないと残存する資産グループのキャッシュ・フローに大きな影響を及ぼす場合（図表2－10－1の①のB事業所のケース）に，「代替的な投資」を行うことで資産グループのキャッシュ・フローが維持されるか，より大きくなる投資（図表2－10－1の②のA2事業所のケース）が該当するものと考えられる。

　このような場合，資産グループに対する事業投資は継続していると考えられることから，投資額の回収可能性に大きな影響はないものとして資産のグルーピングを変更しないことになる。

　ただし，当該投資を行ったとしても従来に比べてキャッシュ・フローが減少するか，または著しく増加する（図表2－10－1の③のA3事業所のケース）のであれば，従来とは別の投資が行われたものと考えられる。このため，処分する資産の重要性が乏しい場合（減損指針71項また書き）を除き，資産のグルーピングを変更して，処分する資産を他の資産または資産グループから概ね独立したキャッシュ・フローを生み出す最小の単位として取り扱い，減損の兆候を把握するものと考えられる。

　なお，代替的な投資が予定されている場合に該当すると判断され，グルーピングを変更せず減損を認識しない場合であっても，処分予定の資産については償却年数の短縮の検討をすることになる（減価償却取扱14項参照）。ただし，処分の意思決定と処分予定時期が同じ四半期会計期間であり，意思決定から処分までの期間が短い場合には，実務上償却年数を短縮せずに処分時点で売却損益ないし除却損を計上することも考えられる。

| 図表2－10－1 | 代替的な投資の有無によるキャッシュ・フローの違い |

① 資産グループの中のA1事業所を閉鎖しない場合の将来キャッシュ・フロー

	X1年	X2年	X3年	X4年	X5年	計
A1事業所	40	30	20	10	△20	80
B事業所	100	100	100	100	100	500
	(60)	(60)	(60)	(60)	(60)	(300)

（＊）　カッコ内はA1事業所を閉鎖した場合のB事業所のキャッシュ・フロー

② A1事業所を閉鎖してA2事業所の投資が行われる場合の将来キャッシュ・フロー

	X1年	X2年	X3年	X4年	X5年	計
A2事業所	40	40	40	40	40	200
B事業所	100	100	100	100	100	500

③ A1事業所を閉鎖してA3事業所の投資が行われる場合の将来キャッシュ・フロー

	X1年	X2年	X3年	X4年	X5年	計
A3事業所	300	300	300	300	300	1,500
B事業所	60	60	60	60	60	300

2　移転が代替的な投資に該当するか

　管理会計上の区分および継続して収支の把握がなされている単位が事業所である場合において，事業所の閉鎖が別の場所への移転を伴うものであれば，移転先で事業所を通じた投資が継続するものと考えられる。この場合，当該移転を代替的な投資と考えて，引き続き複数の事業所で構成される資産グループの一部として取り扱うものと考えられる。

　そうではなく，たとえば，事業所の稼働率が著しく低下して，このまま事業所を存続したり設備等を更新したとしてもキャッシュ・フローを改善する見込みがないため，移転が予定されていないのであれば，代替的な投資が予定されていないものと考えられる。この場合，閉鎖する事業所を他の資産から独立した別の資産グループとして取り扱い，その閉鎖する事業所で減損の兆候を把握することになると考えられる。

3 店舗単位でグルーピングを行う場合

　管理会計上の区分および継続して収支の把握がなされている単位が店舗であり，店舗単位で店舗の資産をグルーピングしている場合においても，店舗の閉鎖が移転を伴うものであれば，その店舗を通じた投資が新しい店舗で引き継がれると考えられることがある。たとえば，店舗内の機械装置等が主要な資産であり，当該資産は新店舗に引き継ぐが，建物附属設備など主要な資産以外は新たに取得するケースがこれにあたる。この場合にも店舗の移転が代替的な投資に該当するものと考えられるため，店舗の移転と旧店舗資産の処分の意思決定だけでグルーピングを変更することはせず，旧店舗の各資産を独立したキャッシュ・フローを生み出す最小の単位として取り扱う必要はないと考えられる。

4 店舗単位でグルーピングを行っている場合において，先に移転先の土地を取得している場合

　管理会計上の区分および継続して収支の把握がなされている単位が店舗であり，店舗単位でグルーピングを行っている場合において，旧店舗と移転先の新店舗の営業の連続性が保たれるように，旧店舗の閉店前に新店舗用の土地を取得することがある。この場合には，現時点の投資である旧店舗資産とそれに代替する投資である新店舗の土地が併存することになる。このような場合であっても，新店舗用の土地を取得することをもって代替的な投資がすでに実行されたものとして，旧店舗の投資が清算されたと考え，グルーピングを変更するようなことは行われないと考えられる。

Q2-11 グルーピングの変更④ 【賃借が代替的な投資に該当するか】

　管理会計上の区分および継続して収支の把握がなされている単位が事業所である場合において，複数の事業所を1つの資産グループとしている。そのうち，自社の事業所として利用していたビルの1つを外部に売却し，事業所を移転して今後は賃借することになる。不要な資産の処分に関する意思決定を行っているが，今後は賃借するため，代替的な投資は予定していない。

　この場合，売却の意思決定に伴い，事業所を他の資産グループのキャッシュ・フローから概ね独立したキャッシュ・フローを生み出す最小の単位として取り扱うことになるのか。それとも，事業自体の縮小はなく，今後賃料の支払が発生することから，「代替的な投資」が予定されていると考え，資産のグルーピングは変更しなくてもよいか。

　なお，予定されている賃借取引について，本問においてはオペレーティング・リース取引に該当するものとする。

A

　賃借料の支払自体は，原則として，代替的な投資には該当しないものと考えられる。

解説

　本ケースにおいて，賃借料の支払は減損指針第8項にいう「代替的な投資」に該当するかが問題となる。この点，減損基準は，固定資産を対象に適用すると定めており（減損基準一），オペレーティング・リース取引により使用している賃借資産は資産計上されないため，減損基準の対象とはされていない（減損指針61項参照）。このため，資産計上されない本ケースの賃借料の支払自体は，グルーピングの変更の要否の検討にあたって考慮する代替的な投資には該当しないものと考えられる。

　ただし，本ケースにおける事業所のビルのような賃借資産はそれだけで機能するものではなく，ビルを賃借した後で計上する建物付属設備や備品等の資本的支出があってはじめて事業所として機能するものであると考えられる。この

ような建物付属設備等は、賃借物件への切替え後も継続的に事業所に係る投資を実施していると考えられる場合には、代替的な投資に該当するものと考えられる。

たとえば、事業所に係る事業投資を行っていくにあたって、そもそも事業所の建物については自社ビルであるか賃借であるかは重要ではなく、事業所の内装に係る機能やデザインが重要である場合がある。このような場合には、事業投資の実態から判断して、事業所の内装等の建物付属設備が資産グループの将来キャッシュ・フロー生成能力にとって最も重要な構成資産、すなわち主要な資産に該当する可能性がある。この場合、自社ビルにおける内装に係る機能やデザインが重要な点において維持されるように賃借ビルに移転するのであれば、継続的に当該事業所に係る投資を実施するものとして、賃借物件への切替えは代替的な投資に該当するものと考えられる。この結果、賃借の意思決定時点では自社ビルを含めて1つの資産グループという取扱いを継続し、賃借物件に移転した時点で自社ビルを単独の資産グループとして取り扱うことになる。

Q2-12 グルーピングの変更⑤【資産の処分の時期が異なる場合のグルーピングの変更の要否】

資産グループのうち事業所として利用していた土地を売却する意思決定を行い、また、上物の建物を先行して取り壊す意思決定を同時に行った。当該意思決定時点においても引き続き土地と建物を一体でグルーピングすることができるか。なお、代替的な投資は予定されていないものとする。

A

建物を引き続き使用することが可能な状態であり、また、土地と建物を一体で投資を回収することを意図して建物を先行して取り壊すのであれば、土地と建物を1つの資産グループとして取り扱うことになると考えられる。それに対して、建物が老朽化等のために取り壊すしかない状態であれば、土地と建物を1つの資産グループとして取り扱わないと考えられる。

解説

1 処分方法と時期が異なる土地と建物を1つの資産グループとして取り扱うことの可否

　処分の意思決定を行った土地と建物に重要性があり、代替的な投資が予定されていない場合には、土地と建物を元の資産グループから切り離して、他の資産または資産グループのキャッシュ・フローから独立したキャッシュ・フローを生み出す最小の単位として取り扱うことになる（減損指針8項参照）。

　ここで、減損指針第72項において、処分の意思決定を行った重要な資産や廃止の意思決定を行った事業に係る重要な資産については、これら同士の将来キャッシュ・フローを合算して減損判定を行うことができないと定められているが、従来同じ資産グループに含まれていた売却予定の土地とそれに先行して取り壊す建物を1つの資産グループとして取り扱うことができるかが問題となる。

　この点、資産グループは、一体となって独立したキャッシュ・フローを生み出す複数の資産をグルーピングすることで、投資額の回収可能性を適切に反映させるものである（「Q2-3　資産グループの範囲①【資産グループの相互補完関係】」参照）ことを踏まえると、引き続き土地と建物がキャッシュ・フローを一体で生み出すことが可能であり、それを会社が意図して投資を行っているかという観点で判断することが適当であると考えられる。

2 建物に対する投資の実態に基づく判断

　たとえば、土地を売却しなければ引き続き当初意図したように使用することが可能な建物であり、また、一体で投資を回収することを意図して土地の売却交渉を円滑に進めるために建物を先行処分して更地化するのであれば、土地の売却によるキャッシュ・フローを土地と建物と一体で生み出すものとして判断することが適当と考えられるケースもある。この場合には、元の資産グループから外れたタイミングで土地と建物を1つの資産グループとして取り扱うことになる。

　それに対して、建物の老朽化や耐震基準上の問題などにより取り壊すしかなく、当初意図した建物に対する投資の意義が失われている場合には、土地と建

物は一体でキャッシュ・フローを生み出すことができない。このように，土地に対する投資と建物に対する投資は別のものと考えられる場合には，建物の先行処分は建物に対する投資の清算と考え，土地とは別に減損判定を行うことが投資の実態を適切に表すものと考えられる。よって，建物について取壊処分の意思決定がされた時点において単独で減損判定を行い，回収可能価額まで減損処理を行う必要があると考えられる。

不動産業，建設業等における固有論点（グルーピング）

　不動産業，建設業等に属する企業が所有する不動産（遊休資産を除く。）の保有目的は，大きく販売目的，事業目的および投資目的に分けられると考えられる。販売目的の不動産については，棚卸資産となり，固定資産ではないため，その評価にあたっては減損会計は適用されず，棚卸資産基準の対象となる。

　事業目的ないし投資目的で保有する不動産としては，賃貸資産や本社等自社利用の資産が考えられ，これらは減損基準および減損指針の対象となる。資産のグルーピングについては，賃貸資産については物件ごとに収支を把握できることから，複合資産のような場合を除き，物件ごとにグルーピングすることが考えられる。本社等資産については，会社の管理会計上の区分により地域別等でグルーピングし，または共用資産として取り扱うなど，企業固有の状況によりさまざまであると考えられる。

　また，ホテル運営，ゴルフ場運営等の不動産施設運営業では，通常はホテルやゴルフ場等の施設単位ないし所在する地域別に継続的な収支の管理が行われているため，当該単位をグルーピングの基礎とすることが考えられる。なお，会員制の施設等では相互利用することなども考えられるため，グルーピングの検討に際し当該単位を切り放したときには他の単位から生ずるキャッシュ・フローに大きな影響を及ぼすかどうかを検討すべきと考えられる。

第3章

減損の兆候に関する実務論点

Q3-1　減損の兆候を示す事象や状況①

減損の兆候として減損基準に示されている，営業活動から生ずる損益のマイナスや経営環境の著しい悪化などは，限定列挙か例示か。

A

減損基準に減損の兆候として示されている，営業活動から生ずる損益のマイナスや経営環境の著しい悪化などは，あくまでも例示であると考えられる。

解説

1　減損基準における減損の兆候を示す事象の定め

減損基準においては，資産または資産グループに減損が生じている可能性を示す事象（以下「減損の兆候」という。）がある場合には，当該資産または資産グループについて，減損損失を認識するかどうかの判定を行うこととされており，減損の兆候として，たとえば次の事象が考えられるとされている（減損基準二1）。

- 資産または資産グループが使用されている営業活動から生ずる損益またはキャッシュ・フローが，継続してマイナスとなっているか，あるいは，継続してマイナスとなる見込みであること
- 資産または資産グループが使用されている範囲または方法について，当該資産または資産グループの回収可能価額を著しく低下させる変化が生じたか，あるいは，生ずる見込みであること
- 資産または資産グループが使用されている事業に関連して，経営環境が著しく悪化したか，あるいは，悪化する見込みであること
- 資産または資産グループの市場価格が著しく下落したこと

　減損基準が減損の兆候がある場合に当該資産または資産グループに減損損失を認識するかどうかの判定を行うこととしたのは，対象資産すべてについて減損損失を認識するかどうかの判定を行うことが，実務上過大な負担となるおそれがあることを考慮したためであるとされている（減損意見書四2(1)）。このように，減損基準においては減損の存在が相当程度確実な場合に限って減損損失を認識することとした趣旨を踏まえると，減損の兆候についてはなるべく幅広に検討すべきと考えられる。また，上記に掲げられた事象は減損基準で「例えば」とされていることから，限定列挙ではなく，あくまでも例示であると考えられる。

2 減損指針における減損の兆候を示す事象の定め

　減損指針においては上述の減損基準における減損の兆候を示す事象について，より具体的な指針（減損指針12項から17項）が定められているが，当該指針の定めも，あくまで例示であり，減損の兆候はこれらに限られないとされている。たとえば，株式交換による企業結合において，被取得企業の時価総額を超えて多額のプレミアムが支払われたため，取得原価のうちのれんやのれん以外の無形資産に配分された金額が相対的に多額になるときには，減損の兆候があると判定される場合もあるとしている（減損指針76項）。

　このように，減損基準および減損指針に定められている減損の兆候は例示であると考えられるため，例示されたもの以外でも会社固有の減損の兆候がないか，十分に検討すべきことに留意が必要である。

Q3-2 減損の兆候を示す事象や状況②

資産または資産グループの市場価格が著しく下落しているが、営業キャッシュ・フローは安定している場合は、減損の兆候とはならないか。

A

資産または資産グループの市場価格が著しく下落している場合、減損の兆候となる。減損の兆候として示されている営業活動から生ずる損益のマイナスや、経営環境の著しい悪化などはあくまでも例示であり、例示項目の1つに該当がある場合、他の項目に該当がないことのみをもって、減損の兆候がないとは結論付けることは適切でないと考えられる。

解説

減損指針には、減損の兆候を示す状況として、営業活動から生ずる損益のマイナス等の項目が示されている（減損指針12項）。

これは、減損の兆候があるかどうかについて、その程度は必ずしも画一的に数値化できるものではないため、状況に応じ個々の企業において判断することが必要であり、また、減損の兆候は、資産または資産グループに減損が生じている可能性を示す事象であって、厳格に定められるものではないとしながらも、一定の目安を設けることも実務上の指針として役立つ側面があることから必要と考えられる範囲において、その目安を示したものとされている（減損指針77項）。

このような趣旨および「Q3-1 減損の兆候を示す事象や状況①」で記載したように、減損の兆候として減損指針に示されている項目はあくまでも例示であることを踏まえると、減損指針に示されている例示の1つについて該当すると判断された場合に、別の例示項目に該当しないことをもって、全体として減損の兆候がないと判断するのは適切でないと考えられる。

IFRSにおける減損の兆候の例示

　IFRSにおいては耐用年数を確定できない無形資産，未だ使用可能でない無形資産およびのれんは毎期減損テストを実施しなければならず（国際会計基準（IAS）第36号「資産の減損」（以下「IAS第36号」という。）10項，11項），それ以外の資産については減損の兆候がある場合に減損テストを実施しなければならないとされている（IAS第36号9項）。IFRSも日本基準と同様に減損の兆候を示す状況がいくつか例示されており（IAS第36号12項），その項目のいくつかは日本基準における例示項目と類似するものもある。

　たとえば，減損の兆候を示す状況に関する例示項目として「当期中に，正常な使用によって予想される以上に，資産の市場価値が著しく下落している。」という項目が示されているが，日本基準のように「市場価格が帳簿価額から50％以上下落している場合」など具体的な数値基準は設けられていない。

　また，IFRSにおいては「企業の純資産の帳簿価額が，その企業の株式の時価総額を超過している」など，日本基準にはない項目も例示項目として挙げられており，より広範囲に減損の兆候の例が示されている点も特徴と考えられる。

Q3-3　決算日後に発生した減損の兆候

　決算日後，会計監査人の監査報告書日以前に固定資産を用途廃止する旨の取締役会決議を行った。この意思決定は修正後発事象であるとして，当期の決算で減損損失を計上すべきか。

A

　当該取締役会決議が，決算日後の経営環境の変化に基づく意思決定である等，実質的に決算日後に意思決定されたと認められる場合には，決算期末に減損の兆候はないと考えられる。一方，期末時点の経営環境から実質的に遊休状態であり，単に遊休とする旨の意思決定が期末日後に行われたにすぎないのであれば，期末日時点で減損の兆候があるものと考えられる。

解説

1 後発事象の取扱い

　後発事象とは，決算日後に発生した会社の財政状態，経営成績およびキャッシュ・フローの状況に影響を及ぼす会計事象をいう（後発事象取扱2(4)）。後発事象は，さらに図表3－3－1のように修正後発事象と開示後発事象に分類される（後発事象取扱3）。決算日後における固定資産を用途廃止する旨の取締役会決議が修正後発事象に該当し，減損損失を認識すべきかが論点となる。

図表3－3－1　修正後発事象と開示後発事象

	定　義	会計上の取扱い
修正後発事象	決算日後に発生した会計事象ではあるが，その実質的な原因が決算日現在においてすでに存在しており，決算日現在の状況に関連する会計上の判断ないし見積りをする上で，追加的ないしより客観的な証拠を提供するものとして考慮しなければならない会計事象	財務諸表の修正を行う。
開示後発事象	決算日後において発生し，当該事業年度の財務諸表には影響を及ぼさないが，翌事業年度以降の財務諸表に影響を及ぼす会計事象	会社の財政状態，経営成績およびキャッシュ・フローの状況に関する的確な判断に資するため，当該事業年度の財務諸表に注記を行う。

2 修正後発事象に該当するかどうかの検討

　「固定資産の減損とは，資産の収益性の低下により投資額の回収が見込めなくなった状態であり，減損処理とは，そのような場合に一定の条件の下で回収可能性を反映させるように帳簿価額を減額する会計処理」である（減損意見書三3）。ただし，実務上の負担を考慮し，資産または資産グループに減損が生じている可能性を示す事象（減損の兆候）がある場合に，当該資産または資産グループについて，減損損失を認識するかどうかを判定することになる（減損

意見書四2(1))。

（1） 期末時点の経営環境から遊休状態であった場合

　上述のような趣旨を踏まえると，期末時点の経営環境から，実質的に遊休状態であると認められ，単に遊休とする旨の意思決定が期末日後となったにすぎないのであれば，期末日に減損の兆候が発生していると考えられる。その場合，減損損失を認識するかどうかの判定を行い，減損損失が認識される場合は当期決算で減損損失を計上する必要がある。

（2） 期末日後の経営環境の変化に対応して遊休化の意思決定が行われた場合

　遊休化の意思決定が期末日後の経営環境の変化に対応したものであるなら，減損の兆候が発生したのは期末日後だと考えられる。ただし，この場合でも，開示後発事象として，注記の要否を検討する必要がある。

Q3-4　土地価格の著しい下落

> バブル期に取得した土地（工場用地として使用）の市場価格が著しく下落している。当該土地は資産グループの主要な資産ではないが，この場合の土地の市場価格の著しい下落は減損の兆候に該当するか。

A
　土地が主要な資産でなくとも，資産グループの帳簿価額のうち土地の帳簿価額が大きな割合を占め，当該土地の市場価格が著しく下落した場合も減損の兆候がある場合に含まれると考えられる。

解説
　減損の兆候の例として，資産または資産グループの市場価格が著しく下落した場合が挙げられている（減損基準二1④）。減損の兆候の把握のプロセスにおいて，グルーピングされた特定の資産グループについては，資産グループ全

体の市場価格が把握できない場合もありうると考えられる。その場合であっても，主要な資産（減損指針22項参照）の市場価格が著しく下落した場合や，資産グループの帳簿価額のうち土地の帳簿価額が大きな割合を占め，当該土地の市場価格が著しく下落した場合も減損の兆候に該当するとされている（減損指針15項なお書き）。

以上を図解すると図表3－4－1のようになる。

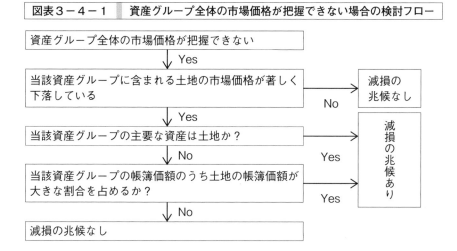

以上より，土地が含まれる資産グループの帳簿価額のうち土地の帳簿価額が大きな割合を占め，当該土地の市場価格が著しく下落した場合は減損の兆候に該当すると考えられる。

Q3-5 子会社で発生した減損の兆候

12月決算の連結子会社において，翌年の3月にその保有する固定資産を処分する旨の取締役会決議を行った。この場合，当期の連結決算で減損損失を計上すべきか。なお，親会社である当社（連結財務諸表作成会社）は3月決算であり，子会社の正規の決算に基づく財務諸表を連結財務諸表上は取り込んでいる。

A

遊休化の意思決定が子会社の期末日後の経営環境の変化に対応したものであるなら，当該連結会計年度では減損の兆候は発生していないものと考えられる。一方，子会社の決算日時点の経営環境から，遊休状態であり，単に遊休とする旨の意思決定が翌年の3月となったにすぎないのであれば，期末日に減損の兆候が発生していると考えられる。

解説

1 決算日後に発生した減損の兆候

「Q3-3 決算日後に発生した減損の兆候」に記載のとおり，期末時点の経営環境から，遊休状態であり，単に遊休とする旨の意思決定が期末日後となったにすぎないのであれば，期末日に減損の兆候が発生していると考えられる。本ケースにおいて，当該検討を行う際の「期末日」とは子会社の決算日（12月末日）なのか，連結財務諸表提出会社の決算日（3月末日）なのかが論点となる。

2 連結子会社で発生した後発事象の取扱い

連結子会社および持分法適用会社に係る後発事象は，各社の決算日（または仮決算日）を基準として認識するとされている（後発事象取扱4(2)②a.）。したがって，当該連結子会社の正規の決算を基礎として連結決算を行っている場合の当該連結子会社に係る後発事象は，当該連結子会社の決算日（12月末日）

を基準として認識することになると考えられる。

3 本ケースにおける検討

本ケースは，12月決算の連結子会社において，翌年の3月に固定資産を処分する旨の取締役会決議を行ったということなので，子会社の決算日（12月末）時点の経営環境から，遊休化することが明らかであり，単に遊休とする旨の意思決定が翌年の3月となったにすぎないのであれば，期末日に減損の兆候が発生していると考えられる。

一方，遊休化の意思決定が子会社の期末日後の経営環境の変化に対応したものであるなら，減損の兆候が発生したのは期末日後だと考えられる。ただし，この場合でも，開示後発事象として，注記の要否を検討する必要がある点は「Q3－3　決算日後に発生した減損の兆候」に記載のとおりである。

Q3-6　市場価格の著しい下落を検討する際の市場価格

> 資産または資産グループの市場価格がない場合に合理的に算定された価額を算定する必要はあるか。

A

資産または資産グループの市場価格がない場合，合理的に算定された価額を算定する必要はないと考えられる。

解説

1 減損指針における「市場価格」の定め

減損指針において，市場価格とは，金融商品基準第6項における金融商品の時価の定義を参照して，市場において形成されている取引価格，気配または指標その他の相場と考えられるとしている（減損指針15項）。

2 減損指針における市場価格がない場合の定め

　金融商品基準において，市場価格がない場合は，合理的に算定された価額を時価とすることとされている（金融商品基準6項）。ここで固定資産の減損の兆候の検討においても，市場価格がない場合に金融商品基準と同様に合理的に算定された価額を算定する必要があるかが論点となる。しかしながら，固定資産については市場価格が観察可能な場合は多くないため，減損指針において，一定の評価額や，適切に市場価格を反映していると考えられる指標が容易に入手できる場合（容易に入手できる評価額や指標を合理的に調整したものも含まれる。）には，これらを減損の兆候を把握するための市場価格とみなして使用するとされている（減損指針15項）。

　これは，対象資産すべてについて減損損失を認識するかどうかの判定を行うことが，実務上，過大な負担となるおそれがあることを考慮したためであり，減損の兆候がある場合に減損損失を認識するかどうかの判定を行うこととした趣旨を踏まえると，資産または資産グループの市場価格がない場合には，合理的に算定された価額を算定する必要は必ずしもないと考えられることを理由としている（減損指針90項）。

3 一定の評価額や適切に市場価格を反映していると考えられる指標

　「2　減損指針における市場価格がない場合の定め」で示したとおり，市場価格がない場合，一定の評価額や適切に市場価格を反映していると考えられる指標が容易に入手できる場合（容易に入手できる評価額や指標を合理的に調整したものも含まれる。）には，これらを，減損の兆候を把握するための市場価格とみなして使用するとされているが，一定の評価額や適切に市場価格を反映していると考えられる指標としては，たとえば以下のものが考えられる（減損指針91項）。

(1)　実勢価格や査定価格などの評価額
(2)　土地の公示価格や路線価など

　なお，一定の評価額や適切に市場価格を反映していると考えられる指標には，

容易に入手できる評価額や指標を合理的に調整したものも含まれる（減損指針91項）。

Q3-7 「営業活動から生ずる損益」と「営業活動から生ずるキャッシュ・フロー」

過去2期間「営業活動から生ずる損益」はマイナスだが「営業活動から生ずるキャッシュ・フロー」はプラスである。この場合，減損の兆候に該当するか。

A
「営業活動から生ずる損益」が継続してマイナスの場合には減損の兆候に該当すると考えられる。

解説

1 減損基準における定め

減損基準において，減損の兆候を示す状況の例示の1つとして，資産または資産グループが使用されている営業活動から生ずる損益またはキャッシュ・フローが，継続してマイナスとなっているか，あるいは，継続してマイナスとなる見込みであることと定められているが（減損基準二1①），「営業活動から生ずる損益」はマイナスだが「営業活動から生ずるキャッシュ・フロー」はプラスの場合，減損の兆候に該当するかは必ずしも明確ではない。

なお，減損基準における「営業活動から生ずる損益」と会計上の営業利益とは必ずしも一致しない。この点については「Q3-8　営業活動から生ずる損益に含めるべき項目」で解説する。

2 減損指針における定め

一方，減損指針においては，減損の兆候の把握には「営業活動から生ずる損益」によることが適切であるが，管理会計上，「営業活動から生ずるキャッシュ・

フロー」だけを用いている場合には，それが継続してマイナスとなっているか，または継続してマイナスとなる見込みであるときに減損の兆候となるとしている（減損指針12項(3)）。

　これは，以下の理由により，減損基準の定めは，管理会計上，「営業活動から生ずるキャッシュ・フロー」だけを把握している企業の場合には「営業活動から生ずるキャッシュ・フロー」によって減損の兆候を把握することも可能であることを示しているものと解されるためであるとされている（減損指針80項）。

- 単年度の財務情報を基礎にして減損の兆候があるかどうかを判断するためには，企業が生み出す将来のキャッシュ・フロー予測において，現金基準に基づく利益よりも発生基準に基づく利益が有用と考えられていることと同様に，通常，「営業活動から生ずるキャッシュ・フロー」ではなく，「営業活動から生ずる損益」が適切であると考えられる。
- 「営業活動から生ずるキャッシュ・フロー」については，その把握が，管理会計上も「営業活動から生ずる損益」の把握と比べて一般的ではない。
- このため，「営業活動から生ずる損益」と「営業活動から生ずるキャッシュ・フロー」の両方から減損の兆候を把握することとすると，実務上，過度な負担となるおそれがある。

　以上より，管理会計上「営業活動から生ずる損益」と「営業活動から生ずるキャッシュ・フロー」の両方を把握している場合は，どちらかを選択適用するのではなく，「営業活動から生ずる損益」によって，減損の兆候が判断されることになるため，本ケースのように「営業活動から生ずる損益」が継続してマイナスの場合には減損の兆候に該当すると考えられる。

Q3-8 営業活動から生ずる損益に含めるべき項目

営業活動から生ずる損益には,具体的にはどのようなものが含まれるか。

A

営業活動から生ずる損益は,企業全体の損益ではなく,資産または資産グループが使用されている営業活動から生ずる損益であり,この損益の把握は,実務上,企業が行う管理会計上の損益区分に基づいて行われるものと考えられる。ここでの営業活動から生ずる損益は,営業上の取引に関連して生じた損益であり,営業損益に含まれる項目に限られない。

解説

減損指針において営業活動から生ずる損益は,営業上の取引に関連して生ずる損益であるとされており,この損益の把握は,実務上,企業が行う管理会計上の損益区分に基づいて行われるものと考えられるとして,図表3－8－1に示すような項目が含まれるとされている(減損指針12項(1))。

図表3－8－1　営業活動から生ずる損益に含まれる項目の例示

営業活動から生ずる損益に含まれる項目	営業活動から生ずる損益に含まれない項目
・当該資産または資産グループの減価償却費 ・本社費等の間接的に生ずる費用 ・棚卸資産の評価損	・支払利息など財務活動から生ずる損益 ・大規模な経営改善計画等により生じた一時的な損益

上記のように,営業活動から生ずる損益には,損益計算書上は原価性を有しないものとして営業損益に含まれていない項目でも,営業上の取引に関連して生じた損益であれば含まれることから,営業損益に含まれる項目に限られないものと考えられる。

Q3-9 減損の兆候と土地再評価差額金の関係

減損の兆候の把握の段階で，土地再評価差額金が計上されている土地については，市場価格の下落をどのように判断すべきか。

A

土地再評価後の帳簿価額から市場価格が著しく下落しているか否かにより判断することになると考えられる。

解説

「土地の再評価に関する法律」により再評価を行った土地については，再評価後の帳簿価額に基づいて減損会計を適用するとされている（減損意見書五3）。

このため，土地再評価差額金が計上されている土地については，再評価後の帳簿価額から市場価格が著しく下落しているか否かにより，減損の兆候を検討することになると考えられる。

IFRSの初度適用における
みなし原価と土地再評価

　IFRSの初度適用企業は，有形固定資産について，IFRSに準拠した本来の原価の代わりに，IFRS移行日時点またはそれ以前に行われた，従前の会計基準に基づく再評価額が，再評価時点で以下と概ね同等であった場合には，それを再評価日現在のみなし原価とし，当該みなし原価を用いてIFRS開始財政状態計算書を作成することが認められている（国際財務報告基準（IFRS）第1号「国際財務報告基準の初度適用」D6項）。

- 公正価値
- たとえば，一般物価指数または個別物価指数などにより調整した後のIFRSに基づく原価または償却後原価

　上記により，たとえば，日本基準の下での土地再評価法に基づく土地再評価額については，再評価時点の公正価値とほぼ同等であれば，これを再評価時点のみなし原価として用いることができる。ただし，これらの再評価額が再評価日時点の公正価値とほぼ同等であるとみなすことができるかについては，慎重な検討を要する。また，土地再評価法に基づく土地再評価額はIFRS移行日より前に算定されているため，当該算定日から移行日までの期間について，当該みなし原価を基礎として，IFRSに準拠して会計処理する必要がある点にも留意が必要である。たとえば，移行日時点で再評価時点と比較して再評価を実施した土地の時価が著しく下落しているような場合には，当該土地について減損テストが必要になると考えられる。

第4章

減損損失の認識の要否に関する実務論点

Q4-1　主要な資産の決定方法

　主要な資産は，資産グループの将来キャッシュ・フロー生成能力にとって最も重要な構成資産であるとされているが，主要な資産は，どのような要素を考慮して決定されるのか。

A

　主要な資産は，当該資産を必要とせずに資産グループの他の構成資産を取得するかどうか，当該資産を物理的および経済的に容易に取り替えないかどうかなどを考慮して，決定されると考えられる。

解説

　主要な資産は，減損損失を認識するかどうかの判定および使用価値の算定に際して用いられる将来キャッシュ・フローの見積期間の決定等にあたって重要な意味をもっており，以下のような要素も含めて総合的に判断することが求められている（減損指針 23 項）。

> （1）　当該資産を必要とせずに資産グループの他の構成資産を取得するかどうか
> （2）　当該資産を物理的および経済的に容易に取り替えないかどうか

　以下において，実務上判断に迷うと考えられるポイントをいくつか挙げ，そ

れぞれについて解説する。

1 土地または建物（土地等）と機械装置のどちらか

　主要な資産が，土地等のように経済的残存使用年数が一般的に長い資産であるか，機械装置のように比較的経済的残存使用年数が相対的に短い資産であるかで，将来キャッシュ・フローの見積期間も大きく異なり，減損損失の認識の判定にも大きな影響を与えるものと考えられる。一方で，特に製造業においては，土地等と機械装置のどちらかが主要な資産であることまではわかるが，そのうちのどちらが主要な資産であるのかについて判断に迷うこともあるかと思われる。このため，以下ではその点について，製造業に焦点を当てて考察していくことにする。

　なお，ここでは簡便化のために，土地等と機械装置以外に重要な固定資産がないことを前提としている。また，土地と建物のどちらが主要な資産であるかという論点については取り扱っていない。

（1）　減損指針等における考え方

　将来キャッシュ・フロー生成との結びつきという点では，機械装置のほうがより直接的であることも多く，機械装置が主要な資産と判断される場合も多いと思われるが，一方で，減損指針第102項には「資産グループの他の構成資産と比較して，当該資産の経済的残存使用年数の長さや取得原価及び帳簿価額の大きさなども勘案される場合があると考えられる。」と記載されている。

　また，減損指針第103項には，「我が国における土地等の比重に鑑みると，前項で示したような要素を考慮すれば，実務上，賃貸ビルや倉庫などに限らず，土地等を幅広く主要な資産と判断するケースが想定される。」と記載されている。

　このことから，製造業だからといって，必ずしも機械装置が主要な資産となるとは限らないものと考えられる。ただし，同じ減損指針第103項には，「土地等の非償却資産や建物等の経済的残存使用年数が20年を超える資産を主要な資産とする場合にも，資産グループの将来キャッシュ・フロー生成能力にとって最も重要な構成資産であるかどうかに留意する必要がある。」とも記載されているため，その点も十分に考慮する必要がある。

　前段では，経済的残存使用年数の長さ，取得原価および帳簿価額の大きさな

ども主要な資産の決定にあたって勘案される場合があると述べたが、これについての具体的な数値基準は存在するわけではない。資産グループの将来キャッシュ・フロー生成能力にとって何が最も重要な構成資産であるかは、あくまでも実態に基づく経営者の判断によるものと考えられる。

(2) 労働集約的な工場のケース

たとえば、労働集約的な工場のようなケースでは、安価で安定的な労働力を確保するために、それに適した土地等の取得が優先される場合もあると考えられる。また、土地等の取得原価および帳簿価額がグループの他の構成資産の取得原価および帳簿価額と比較して大きくなっているケースも多いと考えられる。そのような場合には、機械装置よりも土地等が資産グループの将来キャッシュ・フロー生成能力にとってより重要な資産と判断されるケースがあると考えられる。

(3) 高度に自動化された工場のケース

高度に自動化された工場では、製品の生産にとって機械装置の性能が重要な要素となっており、容易に代替ができない場合もあると考えられる。また、機械装置の取得原価および帳簿価額が資産グループの他の構成資産の取得原価および帳簿価額と比較して大きくなっているケースも多いと考えられる。そのような場合には、機械装置が資産グループの将来キャッシュ・フロー生成能力にとって、より重要な資産と判断されるケースがあると考えられる。

2 製造ラインの中に複数の機械装置が存在するケース

機械装置が主要な資産であると判断された場合であっても、製造ラインの中に機械装置が複数種類存在する場合には、どの機械装置を主要な資産とすべきか判断に迷う場面もあると考えられるため、次にこの点についても触れることとする。

たとえば、製造ラインの中にその企業の最も重要な技術が凝縮され、製品の付加価値を最も高めている製造設備があり、その製造設備を導入するために工場の立地や建物の構造等が決定されたようなケースでは、当該製造設備が主要な資産として判定されるものと考えられる。

しかし，一般に，製造ラインの中の特定の機械装置が資産グループの将来キャッシュ・フロー生成能力にとって最も重要な構成資産であるとは結論付けられないケースも多いと考えられる。

そのような場合には，個々の製造設備ではなく，経済的残存使用年数は異なっていても物質的性質や用途等において共通性を有する複数の製造設備の集合体が，主要な資産であると判断される場合がある。その場合には，当該集合体に含まれる複数の償却資産の経済的残存使用年数を平均した年数を主要な資産の経済的残存使用年数とすることができるとされている（減損指針102項）。

3 共用資産やのれんが主要な資産となりうるか

共用資産の帳簿価額を当該共用資産に関連する資産または資産グループに合理的な基準で配分する方法（減損基準二7参照）を採用している場合，配分された共用資産が主要な資産となりうるかが問題になる。ただし，物理的には1つである資産を減損処理の観点から，計算上，各資産または資産グループに配分したにすぎないため，原則として，共用資産は主要な資産には該当しないものと考えられる。

のれんについても，それ自体では独立したキャッシュ・フローを生まず，また，購入した事業等の超過収益力を示すとしても資産グループの将来キャッシュ・フロー生成能力にどの程度貢献しているかが不明確な場合が多いと考えられるため，同様である。

ただし，特許権が複数の資産グループの将来キャッシュ・フローの生成に寄与するため共用資産に該当し，いずれの資産グループにおいても，それぞれの資産グループの将来キャッシュ・フロー生成能力にとって最も重要な構成資産であるような場合や，のれんが固定資産をほとんど含まない企業結合によって生じたものであるような場合等の例外もあるため（減損指針104項），最終的には実態判断となる点には留意が必要である。

Q4-2　主要な資産の違いによる減損損失の認識の判定への影響

　主要な資産の違いによって，減損損失の認識の判定にどのような違いが生じるのか。

A

　主要な資産の違いによって，割引前将来キャッシュ・フローの見積額は大きく異なる可能性があり，減損損失の認識の判定にも影響を及ぼすものと考えられる。

解説

1　主要な資産の相違

　主要な資産の違いは，将来キャッシュ・フローの見積期間に影響を与える。特に，主要な資産が土地等のように経済的残存使用年数が一般的に長い資産であるか，機械装置のように相対的に経済的残存使用年数が短い資産であるかで，将来キャッシュ・フローの見積期間は大きく異なることになり，減損損失の認識の判定にも影響を与えるものと考えられる。

　具体的な影響について，土地が主要な資産と判定されたケースと機械装置が主要な資産と判定されたケースのそれぞれで割引前将来キャッシュ・フローの見積額がどうなるのかを示した「2　設例による検討」を参照されたい。当該設例からもわかるように，主要な資産の判定は，減損損失の認識の判定にも大きな影響を与えるものであり，減損において重要なプロセスの1つであるものと考えられる。

　なお，主要な資産は，あくまでもグルーピングの際に決定されるものであり，事実関係が変化した場合（たとえば，資産のグルーピングの変更，資産グループ内での設備の増強や大規模な処分，資産グループ内の構成資産の経済的残存使用年数の変更など）を除き，翌期以降の会計期間においても当該資産グループの主要な資産になるとされており（減損指針101項），その後の主要な資産の価値の低下があっただけで，主要な資産の変更が行われるわけではない点には留意が必要である。

2 設例による検討

(1) 土地が主要な資産と判定されたケース

設例4－2－1 主要な資産の違いによる減損損失の認識の判定への影響
―その1

(1) 前提条件
- 資産グループの構成要素は，土地および機械装置である（説明の簡便化のために，それ以外の固定資産はないものと仮定する。）。
- 主要な資産は土地であると判定された。
- 現時点の土地の帳簿価額は40（取得価額40），機械装置の帳簿価額は12（取得価額40）である。
- 機械装置の経済的残存使用年数は3年（取得時の耐用年数は10年，残存価額はゼロ）である。
- 当期末において，資産グループの帳簿価額の大きな割合を占める土地の市場価格の著しい下落（帳簿価額40，時価15）があり，減損の兆候が把握された。
- 将来キャッシュ・フローを見積る期間は，主要な資産である土地の経済的残存使用年数が20年を超えるため，20年とする（減損指針37項(1)参照）。
- 資産グループの現在の価値を維持するため，機械装置の経済的残存使用年数経過時点で，新たに40の設備投資が行われるものとする（減損指針38項(2)参照）。
- 税引前利益は毎年6，減価償却費は毎年4生じる見込みである。
- 20年経過時点の土地の回収可能価額は15（現在の正味売却価額と同額とみなす（減損指針29項ただし書き参照）。）である。
- 20年経過時点の機械装置の回収可能価額は当該時点の帳簿価額とする。

(2) 減損損失の認識の判定

	X1年	X2年	X3年	X4年〜X19年	X20年	計
税引前利益	6	6	6	96	6	120
減価償却費	4	4	4	64	4	80
小計	10	10	10	160	10	200
主要な資産の回収可能価額	−	−	−	−	15	15
設備投資	−	−	−	(※1)△80	−	△80
機械装置の回収可能価額	−	−	−	−	(※2)12	12
計	10	10	10	80	37	147

（※1） 資産グループの現在の価値を維持するために必要な設備投資（40）を，機械装置の耐用年数到来翌年度期首（4年目および14年目）に実施するため，合計80のキャッシュ・アウト・フローを織り込む。

（※2） 主要な資産の経済的残存使用年数経過時点において存在すると仮定された機械装置の回収可能価額（当該時点の帳簿価額と同額と仮定する。）を織り込む。

割引前将来キャッシュ・フローは147となり，固定資産の帳簿価額52を上回るため，減損損失の認識は不要と判定される。

(2) 機械装置が主要な資産と判定されたケース

設例4−2−2　主要な資産の違いによる減損損失の認識の判定への影響──その2

(1) 前提条件
- 資産グループの構成要素は，土地および機械装置である（説明の簡便化のために，それ以外の固定資産はないものと仮定する。）。
- 主要な資産は機械装置であると判定された。
- 現時点の土地の帳簿価額は40（取得価額40），機械装置の帳簿価額は60（取

得価額200）である。
- 機械装置の経済的残存使用年数は3年（取得時の耐用年数は10年，残存価額はゼロ）である。
- 当期において，資産グループの帳簿価額の大きな割合を占める土地の市場価格の著しい下落（帳簿価額40，時価15）があり，減損の兆候が把握された。
- 将来キャッシュ・フローを見積る期間は，主要な資産である機械装置の経済的残存使用年数である3年とする。
- 主要な資産の経済的残存使用年数経過後，新たに主要な資産になると考えられる資産の使用に係る合理的な計画（減損指針33項ただし書き参照）はないものとする。
- 税引前利益は毎年6，減価償却費は毎年20生じる見込みである。
- 主要な資産の経済的残存使用年数経過時点の土地の回収可能価額は15（現在の正味売却価額と同額とみなす（減損指針29項ただし書き参照）。）である。

(2) 減損損失の認識の判定

	X1年	X2年	X3年	計
税引前利益	6	6	6	18
減価償却費	20	20	20	60
小計	26	26	26	78
土地の回収可能価額	－	－	15	15
計	26	26	41	93

割引前将来キャッシュ・フローは93となり，固定資産の帳簿価額100（＝土地40＋機械装置60）を下回るため，減損損失の認識が必要と判定される。

(3) 結果についての考察

上記のとおり，土地が主要な資産と判定されたケースでは，減損損失の認識が不要と判断された一方で，機械装置が主要な資産と判定されたケースでは，

減損損失の認識が必要と判断された。これは，土地が主要な資産と判定されたケースでは，将来キャッシュ・フローの見積りにあたって，機械装置の経済的残存使用年数経過時点以降（X4年からX20年）のキャッシュ・フローも加味することができるため，それを加味することによって土地の時価の下落による含み損をカバーできたのに対し，機械装置が主要な資産と判定されたケースでは，機械装置の経済的残存使用年数経過時点以降のキャッシュ・フローを加味することができないため，土地の時価の下落による含み損をカバーできないことが原因となっているものといえる。

このように，主要な資産の違いは，主に将来キャッシュ・フローの見積期間の違いを通じて，減損損失の認識の判定結果に違いをもたらす可能性がある。これは，主要な資産の決定の誤りが，減損損失の認識の判定の誤りにつながる可能性があることを意味しているため，主要な資産の決定は，適切な実態判断に基づき，慎重に行う必要があるものと考えられる。

Q4-3 経済的残存使用年数の決定方法

> 主要な資産の減価償却計算上の残存耐用年数と，減損損失の認識の判定における割引前将来キャッシュ・フローの総額の見積り等における経済的残存使用年数が異なることは許容されるか。

A

主要な資産の減価償却計算上の残存耐用年数と，減損損失の認識の判定における割引前将来キャッシュ・フローの総額の見積り等における経済的残存使用年数は，原則として，同一のものを使用するものと考えられる。

解説

1 減価償却計算上の残存耐用年数と経済的残存使用年数の乖離は認められるか

減価償却取扱において，耐用年数は，原則として，経済的使用可能予測期間

を見積って自主的に決定すべきであるとしながらも，不合理と認められる事情のない限り，法人税法に規定する耐用年数（以下「税法耐用年数」という。）を採用することを容認していることから，日本企業の多くが，実務上固定資産の耐用年数について，税法耐用年数を使用しているものと考えられる。

そして，減価償却計算上，税法耐用年数を使用している場合には，減損損失の認識の判定時において，減価償却計算上の残存耐用年数と経済的残存使用年数が一致していないことを認識するケースも少なくないと考えられる。

しかし，経済的残存使用年数が，税法耐用年数に基づく残存耐用年数と著しく相違する等の不合理と認められる事情のない限りは，税法耐用年数に基づく残存耐用年数を経済的残存使用年数とみなすことができると考えられる（減損指針100項本文）。

一方で，両者の乖離が明らかになった場合には，減価償却計算上の耐用年数を見直す必要があるものと考えられるとされている（減損指針100項なお書き）。これは，減価償却計算で使用している税法耐用年数に基づく残存耐用年数を経済的残存使用年数として使用することは，不合理でない限りは認められるものの，両者の乖離が明らかになった場合には，減価償却計算上の残存耐用年数自体を経済的残存使用年数に合わせて見直す必要があるということであり，減価償却計算上の残存耐用年数と経済的残存使用年数は一致することが前提となっているものと考えられる。したがって，両者は，原則として，同一のものを使用するものと考えられる。

2 実際に減価償却計算上の残存耐用年数と経済的残存使用年数の乖離が発生するケース

では，実際どのような場合に，従来使用している減価償却計算上の残存耐用年数と経済的残存使用年数との間に乖離が発生するのであろうか。これについては，たとえば以下のような場合が考えられるが，それぞれの場合において，減価償却計算上の残存耐用年数および経済的残存使用年数の取扱いが異なってくると考えられるため，留意が必要である。

[ケース1] 事業の廃止および関連する固定資産の処分の意思決定を行った場合

　将来的に事業を廃止することを決定し，その事業に関連する固定資産の除却が決定されたような場合，経済的残存使用年数は固定資産の除却予定までの期間になると考えられる。減価償却計算上の耐用年数は，事業の廃止による除却を前提としたものになっていない可能性があり，その場合には，減価償却計算上の耐用年数を見直す必要があると考えられる。このとき，過年度の耐用年数に問題がない限り，耐用年数の変更時以降将来に向けて耐用年数の変更の影響を反映させることになると考えられる（過年度遡及指針12項）。

[ケース2] 減価償却計算上の残存耐用年数を見直してこなかったような場合

　実務上は，税法耐用年数よりも長く使用し，場合によっては耐用年数を経過した固定資産を使用し続けているケースも存在すると考えられる。このようなケースでは，税法耐用年数を使用することが不合理となっている可能性もあり，そのような場合には，減価償却計算上の耐用年数を見直す必要があると考えられる。

　一方で，設備の改良等の資本的支出を繰り返してきた結果，耐用年数が延長されているケースもあり，そのような場合には，必ずしも，減価償却計算上の耐用年数を見直す必要はないものと考えられる。その場合には，減損損失の認識の判定における割引前将来キャッシュ・フローの総額の見積り等における経済的残存使用年数についても従来の減価償却計算上の耐用年数に基づいて決定されるものと考えられる。

Q4-4 減損処理後の資本的支出

減損処理を行った資産グループに対して資本的支出を行った場合は，即，減損処理を行う必要があるか。

A

当該資本的支出が，減損損失を計上した時点の見積りに際して，合理的な使用計画の範囲内で予定されていたのであれば，減損処理は不要となる。一方で，当該資本的支出が，使用計画の範囲内でない場合，改めて将来キャッシュ・フローを見積り，減損損失の計上の必要性を検討することとなる。

解説

将来キャッシュ・フローの見積りに際しては，資産または資産グループの現在の使用状況および合理的な使用計画を考慮する（減損基準二4(2)）。

減損処理後における資本的支出が合理的な使用計画の範囲内で予定されており，減損損失を計上した時点の将来キャッシュ・フローの見積りに際して考慮されていたのであれば，減損損失の計上時にすでに織り込み済みであるため，以下に記載する［ケース3］のような場合を除いて，減損処理は不要となる。

一方，減損損失を計上した時点の将来キャッシュ・フローの見積りにおける事業計画がその後大きく変更された結果，資本的支出がなされたのであれば，追加的な資本的支出を含めて改めて将来キャッシュ・フローを見積る必要がある。見積りの結果，減損損失を認識すべきであると判断されれば，その時点で減損損失を測定することになる。

企業の合理的な行動を前提とする限り，投資金額を上回る使用収益，すなわち，キャッシュ・アウト・フロー以上の将来キャッシュ・イン・フローを見込んで設備投資は行われているはずであるため，通常は，追加的な資本的支出を含めて改めて将来キャッシュ・フローを見積ったとしても，通常は，直ちに，減損損失を認識すべきという結果にならないものと考えられる。

しかし，例外として，たとえば以下のような場合には，キャッシュ・アウト・フローがキャッシュ・イン・フローを上回る可能性もあると考えられ，その場合には，追加の減損損失の認識が必要となることも考えられる。

キャッシュ・アウト・フローがキャッシュ・イン・フローを上回るケース

[ケース１] 環境基準等の改訂等により，キャッシュ・イン・フローに貢献しない設備投資によるキャッシュ・アウトが必要になった場合

　環境基準等の改訂により，減損損失を計上した時点の将来キャッシュ・フローの見積り時点には予定されていなかった新しい環境基準を満たすための設備投資が必要となったが，当該設備投資自体追加のキャッシュ・イン・フローを生み出すものではないため，追加的な資本的支出を含めて改めて将来キャッシュ・フローを見積った場合には，追加で減損損失が認識される可能性はあるものと考えられる。

[ケース２] 設備の価格上昇等により，減損損失を計上した時点のキャッシュ・フローの見積り時点で想定していたよりも設備投資による多額のキャッシュ・アウト・フローが生じた場合

　設備の価格が上昇したにもかかわらず設備投資を決定している以上は，設備投資額以上のリターンは期待されているはずであるが，ネットのリターン額は減損損失を計上した時点のキャッシュ・フローの見積りに織り込んだものよりも小さくなっているものと考えられる。このため，追加的な資本的支出を含めて改めて将来キャッシュ・フローを見積った場合に，追加で減損損失が認識される可能性はあるものと考えられる。

[ケース３] 赤字事業であるが顧客との関係等により，製品の製造を継続しなければならない場合

　赤字事業であり，見積った将来キャッシュ・フローもマイナスとなったため，前年度末に，資産グループに属する固定資産について正味売却価額まで減損処理を行った。将来キャッシュ・フローがマイナスであるため，本来なら事業を廃止したいが，顧客との関係やその他の要因により製品の製造を継続しなければならないため，当期においても生産能力を維持するための設備投資を行っている。このようなケースにおいては，追加的な資

本的支出を含めて改めて将来キャッシュ・フローを見積った場合に追加で減損損失が認識される可能性があるものと考えられる。なお，このような場合には，（1）資産のグルーピングの妥当性の検討，（2）受注損失引当金の計上の必要性の有無の検討も必要になると考えられる。

（1） 資産のグルーピングの妥当性の検討

赤字事業を継続するのは，当該顧客向けに行っている別の黒字事業との事業上の関係が新たに生じてきたことが要因となっている可能性もあり，その場合には，両事業は相互補完的な関係にあるとして，両事業に関わる資産を1つの資産グループとして認識する必要がある場合も考えられる。ただし，グルーピングの見直しは事実関係が変化した場合に限定されている点には留意が必要である（減損指針74項）。

（2） 受注損失引当金の計上の必要性の有無の検討

赤字にもかかわらず事業を継続しなければならないのは，顧客との間の長期契約等に起因したものである可能性がある。その場合には，受注損失引当金を計上する必要性が生じる可能性がある。なお，事業の継続の判断が，単に顧客との関係を維持する目的に基づくものである場合など，契約などによる現存する義務に基づくものでない場合には，受注損失引当金を計上することにならないと考えられる。

Q4-5 将来キャッシュ・フローに含める収益の範囲

受取配当金および受取利息を，減損損失の認識の判定における割引前将来キャッシュ・フローに含めることは可能か。

また，当社が100％所有する販売子会社からの受取配当金であった場合はどのようになるか。

A

　有価証券の運用を事業として行っているような企業でない限り，通常，受取配当金および受取利息は固定資産の使用または処分から直接的に生ずる項目でないことから，減損損失の認識の判定における割引前将来キャッシュ・フローの見積りに含めないものと考えられる。これは100％保有の販売子会社からの受取配当金であったとしても同様であると考えられる（「Ｑ４－７　将来キャッシュ・フローに含める費用の範囲②【早期退職によるキャッシュ・アウト】」の「設例４－７－１　将来キャッシュ・フローに含める費用の範囲」参照）。

解説

1 減損基準等における取扱い

　減損基準二4(4)では，資産または資産グループに関連して間接的に生ずる支出を将来キャッシュ・フローから控除するとしているが，間接的に生ずる収入を将来キャッシュ・フローに加算するとの記載はない。また，利息の受取額は，通常，固定資産の使用または処分から直接的に生ずる項目でないことから，将来キャッシュ・フローの見積りには含めないと記載されている（減損指針42項，123項）。したがって，受取利息および同じく間接的なキャッシュ・フローである受取配当金を将来キャッシュ・フローに含めることは適当ではないと考えられる。

　ただし，受取利息に類似したものであっても，受取賃料の水準と関連し，固定資産の使用に伴って直接的に生ずると考えられる賃貸不動産の預り保証金の運用益相当額のような項目は，将来キャッシュ・フローの見積りに含めることができるとされている点には留意が必要である（減損指針42項ただし書，

123項ただし書き）。

2 100％保有の販売子会社からの受取配当金の検討

　会社が製造した製品を100％保有の販売子会社を通じて外部に販売しているような場合には，当該子会社からの受取配当金の源泉となる利益は，会社の固定資産を使用して製造された製品の販売によって生み出されたものであり，当該受取配当金は会社の固定資産の使用から生じたキャッシュ・フローであるとし，減損損失の認識の判定における割引前将来キャッシュ・フローに含めてもよいのではないかという考えもあると思われる。

　しかし，たとえ100％保有の子会社との取引であっても，独立した会社である以上は，通常，合理的な価格に基づいて行われているはずであり，そうであれば当該子会社で稼得された利益は基本的に当該子会社の活動により生じたものであるといえる。

　このため，当該子会社の利益は，必ずしも当社の固定資産の使用から生じたものとまではいえず，また，配当額は配当政策によって決定され，必ずしもその期の子会社の利益と対応しているとはいえない可能性もあり，それらの点から考えても，通常は，受取配当金を減損損失の認識の判定における割引前将来キャッシュ・フローに含めることは適当ではないものと考えられる。

3 名目上配当とされる場合の検討

　一方で，受取配当金という名目だけで判断するのは適当ではなく，固定資産の使用に伴って直接生ずるキャッシュ・フローかどうか，という観点で実態に応じた判断をする必要があると考えられる。たとえば，以下のようなケースでは，配当という名目で受け取ってはいるものの，実質的には固定資産の使用に伴って直接生ずるキャッシュ・フローであると考えられる。このため，以下のような場合には，受取配当金を将来キャッシュ・フローの見積りに含めることが考えられる。

- 親会社は国内に研究開発設備を有しており，その設備を利用して在外子会社に技術を提供している。

- 在外子会社からは，技術利用に対するロイヤリティを受け取っているものの，移転価格税制の関係で実際の利用に見合ったロイヤリティを受け取れないため，不足分を子会社からの配当として受け取ることにしている。

Q4-6 将来キャッシュ・フローに含める費用の範囲①【一般的な本社費用】

　減損の兆候の有無の判定において，減損指針に従い，本社費等の間接的に生ずる費用を含めて「営業活動から生ずる損益」として判定すると，減損の兆候ありと判定される資産グループが存在する。この場合に，各資産グループの減損損失の認識の判定の際に用いる割引前将来キャッシュ・フローにも本社費等の間接的な支出を含める必要があるか。

　なお，前提として，当社は本社建物等の共用資産に係る減損損失の認識の判定では，共用資産が関連する複数の資産または資産グループに共用資産を加えた，より大きな単位で行う方針を採用している。

　また，借入金の利息についてはどうか。

A ....

　減損の兆候の有無の判定における間接的に生じる支出の取扱いと，減損損失の認識の判定における間接的に生じる支出の取扱いは同様の考え方となるため，減損損失の認識の判定の際に用いる割引前将来キャッシュ・フローの見積りの際にも，本社費等の間接的に発生する支出を含めると考えられる。ただし，共用資産の減価償却費は間接的に発生する支出には含まれないことに留意する必要がある。また，減損基準では，原則として利息の支払額を将来キャッシュ・フローの見積りに含めないこととしている（「Q4-7　将来キャッシュ・フローに含める費用の範囲②【早期退職によるキャッシュ・アウト】」の「設例4-7-1　将来キャッシュ・フローに含める費用の範囲」参照）。

解説

1 一般的な本社費用

　資産または資産グループが使用されている営業活動に関連して間接的に生ずる支出についても，関連する資産または資産グループに合理的な方法により配分し，当該資産または資産グループの将来キャッシュ・フローの見積りに際して控除する必要がある（減損基準二4(4)，減損指針40項）。したがって，減損損失の認識の判定の際に用いる割引前将来キャッシュ・フローの見積りに際し，本社費等の間接的に生ずる支出も将来キャッシュ・アウト・フローに含めるものと考えられる。

　ただし，共用資産の減価償却費については含めないこととされている。これは，共用資産の減損損失の認識の判定および測定は，より大きな単位でグルーピングして行う方法が原則とされているにもかかわらず，共用資産の減価償却費を控除することとした場合には，共用資産の帳簿価額を各資産または資産グループに配分する方法を採用する考え方と近くなってしまうためと考えられる（減損指針121項）。

　本社建物等の共用資産に係る減損損失の認識の判定等について，共用資産が関連する複数の資産または資産グループに共用資産を加えた，より大きな単位で行う方針を採用している場合であっても，本社費等の間接的な支出は，当該支出に関連のある共用資産の減損損失の認識の判定等でのみ考慮すればよいのではなく，各資産グループの減損損失の認識の判定等においても考慮する必要がある点に留意が必要である。

2 借入金利息

　減損基準では，原則として利息の支払額を将来キャッシュ・フローの見積りに含めないこととしている（減損基準二4(5)）。

　その理由は，次の2つにあると考えられる。

（1）　利息の支払額は企業が負っている有利子負債から生ずる支出であり，減損処理の検討対象となっている資産または資産グループと直接的な関連はないこと

（2） 現在価値に割り引いた資産または資産グループの使用価値は，割引率の適用によって貨幣の時間価値を考慮しており，また，当該企業および資産または資産グループに固有のリスクは，将来キャッシュ・フローの見積りまたは割引率の適用において織り込まれているため，改めて利息の支払額を将来キャッシュ・フローから控除すれば二重に控除されることになること

また，減損指針第122項においても，「利息の支払額については，通常固定資産の使用または処分から直接的に生ずる項目ではないことから，将来キャッシュ・フローの見積りに含めないこととした」とされている。したがって，借入金利息は原則として将来キャッシュ・フローの見積りに含めるべきではないと考えられる。

ただし，固定資産の建設に要する支払利息で稼働前の期間において取得原価に算入されている場合は，利息の支払額は当該資産の帳簿価額の回収可能性に影響を及ぼしているため，完成までに算入されると考えられる利息の支払額を将来キャッシュ・アウト・フローの見積りに含めるとされている点に留意が必要である（減損指針41項ただし書き）。

Q4-7 将来キャッシュ・フローに含める費用の範囲② 【早期退職によるキャッシュ・アウト】

当社は，A工場で甲製品を，B工場で乙製品を製造しており，それぞれの工場を減損会計におけるグルーピングの単位としている。最近の甲製品の需要の低迷により，A工場の稼働率が低下していることから，2年後にA工場を閉鎖し，B工場に生産拠点を一本化することを決定した。A工場を閉鎖する際，A工場において早期退職の募集を行い，応募した従業員には割増退職金を支払うことを予定している。このような場合，A工場の減損損失の認識の判定における割引前将来キャッシュ・フローに割増退職金の支払に伴うキャッシュ・アウト・フローを含めるべきか。

A

　割増退職金の支払に伴うキャッシュ・アウト・フローは，合理的に見積ることができる限り，A工場の減損損失の認識に際して用いる割引前将来キャッシュ・フローの算定において，織り込む必要があると考えられる。

解説

1 割増退職金の支払に伴うキャッシュ・アウト・フロー

　将来キャッシュ・フローは，資産または資産グループの継続的使用と使用後の処分によって生ずると見込まれる将来キャッシュ・イン・フローから，継続的使用と使用後の処分のために生ずると見込まれる将来キャッシュ・アウト・フローを控除して見積ることとされている（減損指針38項）。割増退職金の支払に伴うキャッシュ・アウト・フローは，A工場の従業員の早期退職に伴って生じるものであり，かつ，A工場を閉鎖する際に処分する固定資産の処分費用と同様，経済合理性を考えた場合には避けられない支出であると考えられるため，A工場の資産の継続的使用と使用後の処分によって生ずると見込まれる将来キャッシュ・フローを構成するものと考えられる。

　ここで，A工場の従業員全員を辞めさせずにB工場に配置転換すれば，割増退職金の支出は避けられることになるため，A工場の継続的使用と使用後の処分によって生ずると見込まれる将来キャッシュ・フローには該当しないのではないかという疑問が生じるかもしれない。

　しかしながら，A工場の閉鎖の原因が生産能力の余剰である場合には，通常，A工場の従業員全員を生産ラインの移管先であるB工場に配置転換するという選択肢に経済合理性はないと考えられる。このため，もしそのような前提で将来キャッシュ・フローが見積られているとすれば，企業に固有の事情を反映した合理的で説明可能な仮定および予測に基づいた見積り（減損基準二4(1)参照）とはいえないものと考えられる。したがって，A工場の減損損失の認識の判定における割引前将来キャッシュ・フローには早期退職によるキャッシュ・アウト・フローを含める必要があると考えられる。

2 設例による検討

設例 4 − 7 − 1　将来キャッシュ・フローに含める費用の範囲

(1) 前提条件
- 当社の事業拠点は本社，甲製品を製造するＡ工場，乙製品を製造するＢ工場の３つである。このほかに甲製品の販売を行う 100％子会社であるＣ社がある。
- グルーピングは本社，Ａ工場，Ｂ工場の単位で行われている。
- Ａ工場は翌々期に閉鎖し，Ｂ工場に甲製品の生産ラインの一部を移管する予定となっている。
- Ａ工場の閉鎖に伴い，翌期にＡ工場において早期退職の募集を行う予定であり，割増退職金 100 の支出が見込まれている。
- 当期末に，Ａ工場において減損の兆候が把握された。
- 翌期のＡ工場の税引前利益の見込額は 250 であり，以下のような損益項目が含まれている。
    ① 減価償却費 70
    ② Ｃ社からの受取配当金 30
    ③ 受取利息 15（賃貸不動産業に伴う預り保証金に係るものはない。）
    ④ 本社から振り替えられた本社費用（借入金利息を除く。）50
    ⑤ 借入金利息 20（固定資産の建設に要する支払利息で稼働前期間において取得原価に算入されたものはない。）
    ⑥ 割増退職金 100

(2) 翌期のＡ工場の割引前将来キャッシュ・フローの計算
　　翌期のＡ工場の割引前将来キャッシュ・フローは 295 となる。

> ［翌期の割引前将来キャッシュ・フロー］
> Ａ工場予想税引前利益 250 [※1] ＋減価償却費 70 － Ｃ社からの受取配当金 30 [※2] －受取利息 15 [※2] ＋借入金利息 20 [※3] ＝ 295

（※１）　将来キャッシュ・フローに割増退職金 100 は含める。
（※２）　将来キャッシュ・フローに受取配当金 30 および受取利息 15 は含めない（「Ｑ４−５　将来キャッシュ・フローに含める収益の範囲」参照）。

(※3) 将来キャッシュ・フローに借入金利息20は含めない(「Q4－6　将来キャッシュ・フローに含める費用の範囲①【一般的な本社費用】」参照)。

Q4-8　合理的な計画と将来キャッシュ・フロー

　当社は，A店舗（建物）とB土地（A店舗用土地）を1つの資産グループとしており，主要な資産はA店舗である。当年度において，当該資産グループの帳簿価額のうち大きな割合を占めるB土地の市場価格が著しく下落し，減損の兆候が把握されたため，減損損失の認識の判定が必要となっている。それに伴い，割引前将来キャッシュ・フローを見積ることとなったが，特にB土地の取扱いが問題となっている。具体的には，A店舗は5年後に経済的残存使用期間が経過するが，現時点において，5年後にB土地を売却するか，引き続き店舗用土地として利用していくかについての計画はない。最終的に5年後の土地の市場価格を見て判断する方針であるが，5年後も現時点の市場価格の水準が続けば，A店舗を取り壊した後もB土地を売却せずに，新たな店舗を建てて引き続き店舗用土地として利用していくことになるであろうと考えている。

　そのような場合においても，割引前将来キャッシュ・フローを見積る際の5年後のB土地の回収可能価額は，5年後におけるB土地の売却を仮定して，B土地の正味売却価額とすることになるのか。

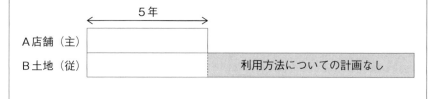

A　
　原則として，割引前将来キャッシュ・フローを見積る際の5年後のB土地の回収可能価額は，5年後におけるB土地の売却を仮定して，B土地の正味売却価額とすることになると考えられる。

主要な資産であるA店舗の経済的残存使用年数経過後（5年後）においてA店舗を取り壊して新たに店舗を建てる計画がある等，新たに主要な資産になると考えられる資産の使用に係る合理的な計画（以下「合理的な計画」という。）が存在する場合には，当該時点におけるB土地の正味売却価額に代えて，当該合理的な計画に従って算定した将来キャッシュ・フローの5年後の現在価値を用いることができるが，そのような合理的な計画が存在しない場合には，原則どおり，正味売却価額を使用するものと考えられる。

解説

1 「主要な資産以外の構成資産の経済的残存使用年数＞主要な資産の経済的残存使用年数」となる場合における主要な資産の残存使用可能年数経過時点の主要な資産以外の構成資産の回収可能価額の考え方

本ケースのように，主要な資産以外の構成資産の経済的残存使用年数が，主要な資産の経済的残存使用年数を超えるような場合では，主要な資産の残存使用可能年数が経過した時点においても，主要な資産以外の構成資産が残存するものと考えられる。この場合における，主要な資産の残存使用可能年数経過時点の主要な資産以外の構成資産の回収可能価額は，合理的な計画が存在するかどうかで取扱いが異なってくるものと考えられる。

（1） 合理的な計画が存在しない場合

本ケースのように合理的な計画が存在しない場合には，将来キャッシュ・フローに加算する主要な資産の残存使用可能年数経過時点における主要な資産以外の構成資産の回収可能価額は，当該時点における構成資産の正味売却価額となる（減損指針33項）。これは主要な資産の経済的残存使用年数が経過し，当該資産グループの主要な資産が存在しなくなった以上，当該資産グループは事業投資としての使命を終えて清算したものとみなし，その他の資産についてはすべて売却することを仮定しているものと考えられる。

(2) 合理的な計画が存在する場合

主要な資産の経済的残存使用年数経過時点において、その他の資産をすべて売却するという仮定は、実際の企業の意図や行動とは異なることになる場合もあることから、合理的な計画が存在する場合には、その後も投資は継続していると仮定し、正味売却価額に代えて、当該合理的な計画に従って算定した将来キャッシュ・フローの5年後の現在価値（以下「5年後の使用価値」という。）を用いることができるとされている。

ここで、正味売却価額ではなく、5年後の使用価値を使用できるのは、合理的な計画が存在している場合に限定されるため、以下でこの点について見ていくことにする。また、併せて5年後の使用価値を使用する場合における留意点についても記載する。

2 合理的な計画が存在すると考えられる場合の要件

(1) 計画が存在していること

まず、計画自体の存在が必要である。このため、本ケースのように、現時点で、5年後にB土地を売却するか、引き続き店舗用土地として利用していくかについての計画が存在していないような場合には、たとえ現在の土地の市場価格を踏まえると土地の売却がされない可能性が高いと考えられたとしても、割引前将来キャッシュ・フローに含められる5年後のB土地の回収可能価額は、5年後におけるB土地の売却を仮定したB土地の正味売却価額とすることになると考えられる。

(2) 計画に合理性があること

次に、計画の合理性が必要となる。仮に、新たに主要な資産になると考えられる資産の使用に係る計画が存在していても、その計画に合理性がなく現実的でない場合には、実際に計画が実行される確実性は低いものと考えられ、また、将来キャッシュ・フローの見積りが過大になっている可能性がある。そのような将来キャッシュ・フローに基づき減損損失の認識判定等を行うと、適切な判定とならない可能性が高いためである。たとえば、周辺人口の減少により来客数の減少が続いているような状況において、新たに主要な資産になると考えられる資産の使用に係る計画があったとしても、その実行可能性は低いことも考

えられる。また，本ケースのように，B土地の市場価格が著しく下落したことによって，減損の兆候が把握されたような場合には，B土地自体の店舗としての収益性が低下しているケースも多いと考えられるため，たとえ計画が存在したとしても，当該計画に基づく将来キャッシュ・フローの合理性についても慎重に判断する必要があるものと考えられる。通常，B土地の収益性が低下している場合，5年後に店舗を建て替えた後の将来キャッシュ・フローの見積り上もそれが考慮される必要があるが，当該低下が考慮されないために，5年後の使用価値が現在の市場価格に比べて著しく高くなっているような場合には，減損損失の認識が不当に回避される結果となることもあるので留意が必要である。

3 主要な資産の残存使用可能年数経過時点における使用価値を使用する場合における留意点

(1) 新たに主要な資産となる資産の取得に係るキャッシュ・アウト・フローの反映

合理的な計画が存在する場合には，正味売却価額ではなく，5年後の使用価値を使用できることになるが，その場合でも，5年後の使用価値の算定上，新たに主要な資産となる資産の取得に係るキャッシュ・アウト・フローを含める必要がある。

(2) 割引計算の必要性

減損損失の認識の判定においては，割引前将来キャッシュ・フローを用いることとされているが，主要な資産の残存使用可能年数経過時点の主要な資産以外の構成資産の回収可能価額として，主要な資産の残存使用可能年数経過時点における使用価値を使用することとなった場合には，当該時点における現在価値を算定するために割引計算が必要となる点に留意が求められる。

第5章 回収可能価額の算定に関する実務論点

Q5-1　割引率の決定

使用価値の算定に際して用いられる割引率として，減損基準および減損指針で認められているものを教えてほしい。

A

使用価値の算定に利用する割引率は，減損指針に定めがある方法をもとに決定することになり，実務上は企業に固有の実情を反映して見積られることになる。

解説

1　使用価値の算定に用いられる割引率について

（1）将来キャッシュ・フローの見積りに当該見積値から乖離するリスクが反映されていない場合の割引率

使用価値の算定に用いられる割引率は，貨幣の時間価値を反映した利率であることが求められるが，資産または資産グループに係る将来キャッシュ・フローに関してその見積値から乖離するリスクが将来キャッシュ・フローの見積りに反映されていない場合には，当該リスクを反映させたものであることが必要である（減損基準二5）。貨幣の時間価値と将来キャッシュ・フローが見積値から乖離するリスクの両方を含んだ割引率として，減損指針第45項では以下の

4つの方法を挙げており，これらを総合的に勘案した割引率を用いることが可能とされている（減損指針126項）。

① 当該資産または資産グループに固有のリスクを反映した収益率
② 当該企業に要求される資本コスト
③ 当該資産または資産グループに類似した資産または資産グループに固有のリスクを反映した市場平均と考えられる合理的な収益率
④ 当該資産または資産グループのみを裏付け（いわゆるノンリコース）として大部分の資金調達を行ったときに適用されると合理的に見積られる利率

なお，上記④について，借入資本比率が極めて高い企業や大型プロジェクトのように調達資本のほとんどを借入金によっている場合には，追加借入利子率のみを割引率とすることができるのではないかという見解もあるが，借入資本比率が高い状況下では通常，自己資本コストが高く，追加借入利子率のみを割引率とした場合には，当該企業における当該資産に固有のリスクを反映した収益率より著しく低くなることは明らかであり，追加借入利子率を用いることはできないとされている。このため，上記④の利率を割引率として利用することができる場合は，ノンリコースとして大部分の資金調達を行ったときに適用されると合理的に見積られる利率が得られる場合に限定されることに留意が必要である（減損指針127項）。

（2） 将来キャッシュ・フローの見積りに当該見積値から乖離するリスクが反映されている場合の割引率

「（1）将来キャッシュ・フローの見積りに当該見積値から乖離するリスクが反映されていない場合の割引率」は資産または資産グループに係る将来キャッシュ・フローがその見積値から乖離するリスクについて，将来キャッシュ・フローの見積りに反映されていない場合での割引率の説明である。一方，当該見積値から乖離するリスクを将来キャッシュ・フローの見積りに反映させている場合は，割引率は貨幣の時間価値だけを反映した無リスクの割引率となり（減損意見書四2(5)），具体的には将来キャッシュ・フローが得られるまでの期間に対応した国債の利回りを用いることになる（減損指針46項）。

2 割引率に関する具体的な検討

(1) 当該資産または資産グループに固有のリスクを反映した収益率

これは、内部管理目的の経営資料や使用計画等、企業が用いている内部の情報に基づき、当該資産または資産グループに係る収益率を用いる方法である。たとえば、類似した設備投資の意思決定において継続的にハードル・レートを利用して行っている場合や、事業部門別資本コストを活用している場合には、これらを基礎として、経営環境などの企業の外部要因に関する情報や企業が用いている内部の情報に照らし、設定時に目標値が反映されている場合などでは当該目標値について修正し計算することが考えられる。ハードル・レートについては、減損指針等で具体的な算定方法までは定められていないが、個々の企業で主観が介入するため、企業において合理的で説明可能な仮定および予測に基づく必要がある。なお、後述「(2) 資本コスト」に記載する企業に求められる資本コストと大きく相違せず、また、後述「(3) 固有リスクを反映した市場平均と考えられる合理的な収益率」に記載する市場平均と考えられる合理的な収益率を下回ることはないと考えられる（減損指針 126 項）。

なお、実務上は設備投資の意思決定に際してハードル・レートや事業部門別資本コストを設定していない場合も想定されるが、この場合には他の方法により割引率を設定することを検討すべきと考えられる。

(2) 資本コスト

資本コストについては、借入資本コストと自己資本コストを加重平均した資本コストを用いることが適当とされている。借入資本コストについては、投資適格の格付けを持つ企業においては、当該企業の長期社債の最終利回りを基に算定することが適当と考えられるが、社債の発行実績がなく、情報が限定される場合では追加借入利子率を利用することが考えられる。

自己資本コストの算定方法としては、一般的に資本資産評価モデル（CAPM）とよばれる手法を使用することが考えられる。CAPM による算定式は下記のとおりである。

> 自己資本コスト＝無リスクレート＋β値 [*] ×（株式市場の期待収益率－無リスクレート）

(*) β値とは

　個々の株式の値動き（リスク）は，その銘柄固有の要因に基づく部分と，市場全体に共通する要因に基づく部分に分けられるが，β値は後者に関連して生ずるリスク分の測度である。

　具体的には，β値は，個々の銘柄の値動きとTOPIXの変動の関係を示す尺度，すなわち，TOPIXの変動率を1とした場合の個々の銘柄の変動率を表している。たとえば，A銘柄のβ値が1.2であるとすれば，A銘柄のほうが2割方，TOPIXより大きく動く傾向があることを意味している[1]。

（3）　固有リスクを反映した市場平均と考えられる合理的な収益率

　これは類似の平均的な企業において類似の固定資産を使用した場合に得られる収益率のことをいい，減損指針では類似の賃貸用不動産の還元利回りが例示として挙げられている（減損指針126項）。

　なお，「不動産鑑定評価基準」（国土交通省。最終改訂平成26年5月1日）において，収益還元法における割引率として「類似の不動産の取引事例との比較から求める方法」が例示として挙げられているが（「不動産鑑定評価基準」第1部第7章第1節Ⅳ3(2)②ウ（ア）），この方法は，対象不動産と類似の不動産の取引事例から求められる割引率をもとに，取引時点および取引事情，ならびに地域要因および個別的要因の違いに応じた補正を行うことにより求めるものとされており，対象不動産と類似性を有する取引事例に係る利回りについて情報収集が容易であるなどの状況であれば利用することが考えられる。

（4）　ノンリコース債務の利率

　ノンリコース債務とは，当該会社の資産の全部または一部および当該資産から生じる収益のみを返済原資とし，当該資産以外の資産および当該収益以外の収益に遡及しない債務をいう（連結財表規則41条の2第1項，減損指針45項(4)参照）。ノンリコースの借入で大部分の資金調達を行ったときに適用されると合理的に見積られる利率が得られる場合には，代替的に当該利率を用いて割引率を算定することが考えられる。

　通常の借入では，金融機関が個人や法人等に直接貸し付けるため，特定の事業から返済できなくても，借手は返済義務を免れることはできないが，ノンリ

1　日本取引所グループホームページより（http://www.jpx.co.jp/）

コースの借入では，返済義務が特定の資産および資産から生じる収益のみにしか及ばないため，通常の借入に比べてノンリコースとしたリスクが反映された高い金利設定になると考えられる。

3 割引率の決定に関する留意事項

割引率の決定に関する留意事項として，下記の事項が挙げられる。

> （1） 現在時点（減損損失の測定時点）の割引率を利用する。
> （2） 実務上では単一のものが利用されると考えられる。しかし，一定の場合，複数の割引率を利用することも可能である。
> （3） 税引前の割引率を利用する。

割引率は（1）にあるとおり，現在時点すなわち減損損失の測定時点における割引率を利用することになる（減損指針43項）。減損処理とは，資産の収益性の低下により投資額の回収が見込めなくなった場合に，一定の条件の下で回収可能性を反映させるように帳簿価額を減額する会計処理であり，回収可能価額のうち使用価値を算定する場合には，現在から将来にわたる回収可能性を反映することとなる。このため，減損損失を測定する際に算定される使用価値は，今後生ずると見込まれる将来キャッシュ・フローを，現在時点の割引率を用いて割り引いた現在価値とすることが適当とされている（減損指針124項）。

また，割引率は上記（2）にあるとおり，一定の場合では，複数の割引率，すなわち将来キャッシュ・フローが見積られる期間のうち，異なる期間について異なる割引率を使うこともできるとされる（減損指針44項）。ここで一定の場合とは，将来キャッシュ・フローが見積られる期間の中のある期間と他の期間とで将来キャッシュ・フローが見積値から乖離するリスクや貨幣の時間価値が大きく異なることが予測される前提のもと，資産または資産グループの合理的な使用計画等により，合理的で説明可能な仮定および予測に基づき，異なる期間について異なる割引率を見積る場合である（減損指針125項）。

（3）は割引率について，税引前か税引後のいずれを利用することになるかに関する留意事項である。将来キャッシュ・フローは税引前の数値を利用して算定するため，割引率は税引前の数値を利用する必要がある（減損指針43項

また書き)。

4 ｜ 他の会計基準等で定められている割引率との相違

　割引計算が求められる会計処理としては，退職給付に関する会計処理および資産除去債務に関する会計処理が挙げられる。

　退職給付債務は，退職給付見込額のうち，期末までに発生していると認められる額を見積り，割引計算により算定されるが，用いられる割引率は，期末における国債，政府機関債および優良社債などの安全性の高い債券の利回りを基礎として決定することになる（退職給付基準16項，20項，（注6））。

　また，資産除去債務は，有形固定資産の除去に要する割引前将来キャッシュ・フローを見積り，割引計算で算定されるが，割引率としては，貨幣の時間価値を反映した無リスクの税引前の利率を利用する（資産除去債務基準6項）。

　減損基準が定める割引率は，将来キャッシュ・フローの見積りにおいて，前述「1（1）将来キャッシュ・フローの見積りに当該見積値から乖離するリスクが反映されていない場合の割引率」での説明における見積値と乖離するリスクが反映されていない場合には割引率に反映させることが必要となるため，その場合には，無リスクの割引率を前提としている退職給付債務および資産除去債務の計算に用いられる割引率よりは高めになると考えられる。

Q5-2　減損損失の認識と測定の段階における将来キャッシュ・フローの取扱い

> 　減損損失の認識と測定とで，異なる将来キャッシュ・フローを採用することができるか。
> 　たとえば，認識のフェーズでは，将来キャッシュ・フローを生起すると考える最も高い単一の金額（最頻値）で判定するものの，測定のフェーズではさまざまな前提の生起確率を織り込んだ将来キャッシュ・フローを見積った額を改めて採用することができるか。

A

　将来キャッシュ・フローは，見積りと乖離するリスクの加味と割引計算を除き，認識と測定で同様の方法で見積りを行う必要がある。

解説

　将来キャッシュ・フローは，最頻値による方法または期待値による方法で見積ることになる（減損基準二 4(3)）が，将来キャッシュ・フローの見積りを認識と測定で使い分けることはできないと考えられる。

　将来キャッシュ・フローの見積りは合理的で説明可能な仮定および予測に基づき最善の見積りを行う必要があるが，合理的な仮定および予測の数値化方法が認識段階と測定段階で異なることは，当該仮定か予測の数値化方法のいずれかが最善でないことになり，認められないと考えられる。

　減損損失の認識と測定で将来キャッシュ・フローの見積方法を変えると一貫した会計処理ができなくなり，蓋然性規準として割引前将来キャッシュ・フローの総額が固定資産の帳簿価額を下回ることを認識要件としていることが，測定段階で覆ることもありうることになり，減損基準上，認められるものではないと考えられる。

Q5-3 減損損失の認識の判定を経ずに減損損失の測定を行うことの可否

　減損の兆候がある場合，減損損失の認識の判定を行うことなく，減損損失の測定を行い，減損損失を計上することは可能か。

A

　わが国における減損基準の考え方から，減損損失の認識の判定は必ず行わなければならない。減損損失の認識の判定を行うことなく減損損失の測定を行い，減損損失を計上することはできない。

解説

　わが国における減損基準の考え方では，減損の存在が相当程度に確実な場合

に限って減損損失を認識する蓋然性（確実性）規準として，割引前将来キャッシュ・フローの総額が固定資産の帳簿価額を下回ることを認識要件としている（減損意見書四2(2)①，減損基準二2(1)）。このため，減損損失の認識の要件（割引前将来キャッシュ・フローの総額が固定資産の帳簿価額を下回ること）に該当しない場合には，減損損失を計上することはできないと考えられる。

国際財務報告基準（IFRS）との相違
【減損損失計上のタイミング】

　わが国の減損基準において，減損の兆候がある場合には，最初に減損損失の認識の判定を行い，比較の結果，資産の帳簿価額が回収不能と判断された場合には，回収可能価額を算定し，減損損失を認識・測定するという2段階の検討が求められている。これに対し，国際財務報告基準（IFRS）では，減損の兆候が存在する場合には，回収可能価額を算定し，資産の帳簿価額がその回収可能価額を上回る場合に，差額を減損損失として認識・測定するという1段階の検討となっている。その他減損の兆候の検討等においても会計処理の異同点は存在するが当該減損損失判定のプロセスの相違により，IFRSを採用したほうが早期に減損損失が認識されることになる場合が多いと考えられる。

Q5-4 土地および建物を一体として売却することを予定している場合の正味売却価額の考え方

当期において生産を中止し、遊休となる見込みの工場設備に係る土地および建物が存在している。なお、工場設備について代替投資の予定はない。この場合、土地および建物を一体として正味売却価額を算定することは可能か。

A

土地および建物を一体で売却することが予定されているのであれば、一体として正味売却価額を算定して減損損失を計上すべきかどうかを判断することとなる。

解説

1 土地および建物を一体として売却する前提のもとでの検討

（1）前提

理解のために、以下の前提をおいて検討を行う。

【検討にあたっての前提】
- 会社の主たる事業は製造業である。
- 会社は、保有しているA工場について、その土地と建物を一式で売却する方針を決定し、今期において生産停止した。現時点で代替投資の予定もなく、遊休状態であり減損の兆候があると認められる。
- 会社は、当該工場の土地および建物を対象に不動産鑑定評価を行った。鑑定評価結果は土地および建物の合計として算定されている。不動産鑑定評価書上は土地と建物の評価額の明細がある。
- 鑑定評価対象の土地の評価額は帳簿価額を上回っているが、建物の評価額は帳簿価額を下回っている。土地および建物の鑑定評価額の合計額としては、土地および建物の帳簿価額合計額を上回っている。

（2） 上記前提に基づく検討

　A工場が遊休となる事実をもって減損の兆候があるとしたうえで，回収可能価額を見積る際，土地と建物は売却予定であることから正味売却価額を回収可能価額とみることになると考えられる。A工場の建物を遊休資産と判断しているのであれば，土地と建物は同一の資産グループとしてみるものと考えられる。正味売却価額は不動産鑑定評価額を基礎として算定する前提のもと，一体で売却する際には土地と建物合計で判定することになると考えられ，土地および建物の鑑定評価額の合計額が，土地および建物の帳簿価額合計額を下回っている状況であれば，当該差額分の減損損失を認識することが必要となる。

2　（土地と建物を一体として売却せず）建物を取り壊し，土地を更地にして売却する場合の検討

　代替投資は計画されておらず，かつ，土地を更地にして売却等で処分することを近い将来に予定している場合には，通常，土地と建物を一体として減損処理に係る検討を行うことはできず，それぞれについて減損損失の測定を行うことになると考えられる。更地売却のため，建物については取壊しが確実な状況であれば，建物の使用価値をゼロとして減損損失の計上を行うことになる。また，土地については更地化することを前提とした正味売却価額により減損の判定を行うことになる。

　なお，土地を売却しなければ引き続き当初意図した投資目的で使用することが可能な建物であり，また，一体で投資を回収することを意図して売却交渉を円滑に進めるために建物を先行処分して更地化するのであれば，土地の売却によるキャッシュ・フローは土地と建物が一体として生み出すものと考えることが経済的実態を反映している場合も実務上の判断としてありうる。その場合，土地と建物を一体でみて回収可能価額が帳簿価額を上回るのであれば，減損損失を認識しないことが考えられる。ただし，建物については取壊しが確実という事実があるため，残存期間が経過していない場合は，耐用年数の短縮の検討が必要となる。

Q5-5　減損損失の認識等のタイミング

会社計算規則では，事業年度の末日において予測することができない減損が生じた資産または減損損失を認識すべき資産については，その時の取得原価から相当の減額をした額を付さなければならないとされているが，減損損失を期中で認識した場合でも，期末に改めて減損処理の検討を行う必要があるか。

A

減損損失の認識は事業年度末だけでなく，減損の事実があった時に認識する必要があり，四半期末あるいは期中のいかなる時でも減損の事実があれば認識する必要がある。期中で減損損失を認識した場合でも，期末時点で新たに減損の事実が認められれば，減損処理を行う必要がある。

解説

計算規則第5条第3項では，事業年度の末日において予測することができない減損が生じた資産または減損損失を認識すべき資産については，その時の取得原価から相当の減額をした額を付さなければならないと規定されている。この計算規則第5条は資産の評価に関する概括的な規定であり，どのような場合に減損損失を認識すべきかは，「一般に公正妥当と認められる企業会計の基準その他の企業会計の慣行」により判断されることになる（会社法431条，計算規則3条）。

減損意見書三3において，「固定資産の減損とは，資産の収益性の低下により投資額の回収が見込めなくなった状態であり，減損処理とは，そのような場合に，一定の条件の下で回収可能性を反映させるように帳簿価額を減額する会計処理である。」とされており，減損基準に従う場合は，資産の収益性の低下により投資額の回収が見込めなくなった時点で，減損処理を行う必要がある。

資産または資産グループに減損の兆候がある場合には，減損損失を認識するかどうかの判定を行うが，減損の兆候は，内部管理目的の損益報告等，実務的に入手可能なタイミングにおいて利用可能な企業内外の情報に基づき減損の兆

候を把握する必要があるとされている（減損指針76項）。このため，固定資産に係る減損は，四半期末あるいは期中のいかなる時でも，減損の事実があれば認識する必要があり，期中で減損損失を認識した場合でも，期末時点で新たに減損の事実が認められれば減損処理の検討を行う必要がある。

Q5-6 減損損失の測定方法

減損損失の測定方法について，具体的なケースに基づき考え方を教えてほしい。

A

減損損失の認識が必要となった場合における減損損失の測定方法の留意事項は，以下の解説のとおりである。

解説

1 減損損失の測定

減損損失の認識の判定により減損損失を計上すべきと判定された資産または資産グループは，減損損失の測定を行う必要があり，測定の対象となる資産または資産グループの帳簿価額を回収可能価額まで減額し，当該減少額を減損損失として計上することとなる（減損基準二3）。減損損失の認識の判定において，減損損失を計上する必要がないのであれば減損損失の測定の問題は生じない。

減損損失の金額は下記の算定式により計算される（減損指針25項）。

> 減損損失の金額＝帳簿価額－回収可能価額

回収可能価額は正味売却価額と使用価値のいずれか高い金額をいい（減損基準注解（注1）1），通常は使用価値のほうが正味売却価額を上回ることが想定されるが（減損指針28項柱書き参照），赤字事業等に係る資産または資産グループでは，使用価値のほうが正味売却価額を下回ることも考えられる。たとえば，重要な顧客との関係や従業員雇用の関係等を理由として，将来的に赤字見込み

であっても事業を継続せざるを得ないような場合が当てはまる。

　明らかに正味売却価額が使用価値を上回る状況である場合を除き，実務上は正味売却価額を算定する必要性はないといえるが，使用価値の算定に際し見積られる将来キャッシュ・フローは，企業に固有の事情を反映した合理的で説明可能な仮定および予測に基づいて見積ることが求められる。

2　設例による解説

設例5－6－1　減損損失の測定

(1)　前提条件

　減損損失の認識の判定の結果，会社が保有する下記の資産グループについて，減損損失を計上すべきと判定された。

資産グループ	帳簿価額	割引前将来キャッシュ・フロー	正味売却価額	使用価値	主要な資産の内容	主要な資産の経済的残存使用年数	減損の兆候および減損損失の認識の判定における補足
グループA	300	250	250	200	土地	非償却資産のため該当なし（20年超）	継続的に赤字であり，将来的にも赤字が継続する見込みである
グループB	400	320	200	254	機械装置	10年	業績が設備投資時における回収計画を大幅に下回っている

(2)　減損損失の測定

　資産グループAについては正味売却価額250が使用価値200を上回る状況であり，回収可能価額は正味売却価額250となる。一方，資産グループBについては，使用価値254が正味売却価額200を上回る状況であり，回収可能価額は使用価値254となる。これにより，減損損失の金額は，資産グループAでは50（＝帳簿価額300－正味売却価額250），資産グループBでは146（＝帳簿価額400－使用価値254）となる。

(3)　割引前将来キャッシュ・フローと回収可能価額の関係

　資産グループAについては，事業が継続的に赤字となっている前提がある。

このため，資産グループの使用後の処分のために生ずると見込まれる将来キャッシュ・フローを除き，事業から得られる将来キャッシュ・フローはマイナスとなることから，正味売却価額が使用価値を上回ることが想定される。以上から割引前将来キャッシュ・フローは正味売却価額よりも低くなると推定される。

ここで資産グループBについては，(2)で示したとおり，使用価値が回収可能価額となっているが，使用価値の算定において下記の前提があったとする。

> （前提条件の追加）
> - 今後10年間におけるキャッシュ・フローの見積り結果
>
> | 経過年数 | 1 | 2 | 3 | 4 | 5 | 6 | 7 | 8 | 9 | 10 | 計 |
> |---|---|---|---|---|---|---|---|---|---|---|---|
> | C/F | 40 | 40 | 40 | 40 | 30 | 30 | 30 | 20 | 20 | 10 (※) | 300 |
>
> - 資産グループBについて，現在の正味売却価額は200と見積られたが，10年後の正味売却価額を算定することは困難であった。このため，現在の正味売却価額から適切な減価額を控除した金額を採用することとし（減損指針29項参照），これによる見積りの結果は20であった。なお，上記（※）には，キャッシュ・フローの見積期間経過後の残存資産の回収可能価額は含まれていない。
> - 割引率は会社のハードル・レートを基礎とし，5％として設定した。

上記前提のもとで算定される使用価値は以下のとおりとなる。

$$使用価値 = \frac{40}{(1+0.05)} + \frac{40}{(1+0.05)^2} + \frac{40}{(1+0.05)^3} + \cdots + \frac{30}{(1+0.05)^5}$$

$$\cdots + \frac{20}{(1+0.05)^8} + \frac{20}{(1+0.05)^9} + \frac{10+20}{(1+0.05)^{10}} = 254$$

Q5-7　正味売却価額の算定

減損損失の認識の判定ないし減損損失の測定において使用される正味売却価額の算定方法について教えてほしい。

A

減損指針では正味売却価額を現在時点の正味売却価額と将来時点における正味売却価額で分け、それぞれ算定方法等を定めている。

解説

1 減損損失の認識の判定

減損損失の認識の判定時点で、割引前将来キャッシュ・フローの総額を見積る場合に利用される正味売却価額は、厳密に企業が売却等により受け取ることになる額である必要はない。現在の正味売却価額は、現在における一定の評価額や適切に市場価格を反映していると考えられる指標を用いて算定することができるとしている（減損指針114項本文）。

2 減損損失の測定

減損損失の測定において、回収可能価額を正味売却価額とする場合、それは現在時点の正味売却価額によることとなるが、現在時点の正味売却価額は時価および処分費用見込額を基礎として算定する（減損指針28項）。時価は市場価格が観察される場合には市場価格によるが、通常、減損会計の対象となる固定資産に市場価格が観察される状況はまれであり、「不動産鑑定評価基準」に基づいて合理的に算定された価額等を時価として採用することになる。

また、減損損失の測定時点において、回収可能価額につき使用価値を用いる場合にも、資産または資産グループの将来時点の正味売却価額を算定することが求められるが、原則的には測定時点以後の一定期間の収益の見込額をその後の収益に影響を与える要因の変動予測や、予測に伴う不確実性を含む当該時点

の収益率(最終還元利回り)で割り戻した価額から,処分費用見込額の当該時点における現在価値を控除して算定することになる(減損指針29項)。しかし,将来の純収益,当該収益に影響を与える要因の変動予測や予測に伴う不確実性を求めることは容易ではなく,現在の正味売却価額から適切な減価額を控除した金額を用いることも容認されている(減損指針114項また書き)。

現在時点の正味売却価額の算定方法等についてまとめると図表5-7-1のようになり,将来時点の正味売却価額の算定方法等についてまとめると図表5-7-2のようになる。

図表5-7-1　現在時点の正味売却価額の算定方法等

内　　容	要　　約
1　使用する段階(減損指針107項(2))	減損損失の測定の段階
2　算定方法(減損指針28項)	(測定段階における)時価－処分費用見込額
3-1　時価に関する原則的取扱い	1　市場価格が観察できる場合 　　時価＝市場価格 　　ただし,観察可能な市場価格が存在する場合は通常少ないと想定 2　市場価格が観察できない場合 　　時価＝合理的に算定された価額
3-2　時価に関して容認される取扱い(減損指針28項(2)②なお書き)	重要性が乏しい固定資産(不動産,その他の固定資産)については,一定の評価額や適切に市場価格を反映していると考えられる指標を利用することができる
4-1　処分費用見込額の取扱い(減損指針28項(3))	過去の実績や処分を行う業者からの情報を基に将来時点に生ずると見込まれる処分費用見込額を割引計算して見積った現在価値
4-2　処分費用として容認される取扱い(減損指針112項)	重要性がない場合には,処分費用額を現在価値に割り引かないことも認められる

| 図表５－７－２ | 将来時点の正味売却価額の算定方法等 |

内　容	要　約
1　使用する段階（減損指針107項）	1　減損損失の認識の段階 　　割引前将来キャッシュ・フローの見積りで使用 2　減損損失の測定の段階 　　使用価値の算定にあたって，使用後の処分によって生ずると見込まれる将来キャッシュ・フローの見積りで使用
2　算定方法（減損指針29項,113項）	①将来時点（経済的残存使用年数経過時点）以後の一期間の収益見込額をその後の収益に影響を与える要因の変動予測や予測に伴う不確実性を含む当該時点の収益率（最終還元利回り）で割り戻した価額　－　②処分費用見込額の現在価値
3　容認される価額等（減損指針29項ただし書き，113項ただし書き）	1　上記算定方法にある①を算定することが困難な場合 　　現在時点の正味売却価額から適切な減価額を控除した額を用いることも可能 2　現在の市場価格や合理的に算定された価額を容易に入手できない場合 　　現在における一定の評価額や適切に市場価格を反映していると考えられる指標（たとえば，土地の価格指標として公示価格等，船舶・航空機等では中古市場価格等）を利用して算定した現在の正味売却価額から適切な減価額を控除した額も利用可能（減損指針15項また書き，90項，110項参照） 3　経済的残存使用年数経過後の将来の正味売却価額を算定する際に，償却資産について税法規定等に基づく残存価額に重要性が乏しい場合 　　当該残存価額（減損指針29項また書き，115項）。なお，減損損失の認識の判定では，主要な資産の経済的残存使用年数経過後の主要な資産以外の構成資産の回収可能価額について現在の帳簿価額から減価額を控除した額も利用可能（減損指針29項なお書き）

Q5-8 不動産における資産または資産グループの合理的に算定された価額

不動産について、時価として使用できる「合理的に算定された価額」の算定方法について教えてほしい。

A

重要性が乏しい場合を除き、「不動産鑑定評価基準」に基づいて算定することが求められる。

解説

1 減損指針における定め

減損指針第109項では、市場価格が観察できない場合に求められる資産または資産グループの合理的に算定された価額として、コスト・アプローチ、マーケット・アプローチ、インカム・アプローチによる見積方法が考えられるとして、資産の特性等によりこれらのアプローチを併用または選択することが考えられるとしている。

2 時価として使用できる固定資産の合理的な価額の見積り

固定資産の正味売却価額の算定に際し、実務的に観察可能な市場価格が存在していないことは多く、市場価格が観察できない場合の合理的な価額の見積りに際し、減損指針では不動産については「不動産鑑定評価基準」（国土交通省）に基づいて算定し（減損指針28項(2)①）、その他の固定資産についてはコスト・アプローチ、マーケット・アプローチ、インカム・アプローチの3つの見積方法の併用または選択により算定すること（減損指針28項(2)②）が考えられるとしている。

減損指針が定めるコスト・アプローチ等の各見積方法と「不動産鑑定評価基準」における鑑定評価の手法については対応関係がみられるが、それをまとめると図表5-8-1のようになる。

第5章　回収可能価額の算定に関する実務論点

| 図表5－8－1 | 正味売却価額の合理的な算定方法に関する減損指針の取扱いと参考となる不動産鑑定評価基準の取扱いの関係 |

減損指針	不動産鑑定評価基準		
減損指針が示す3つの見積方法と定義	対応する鑑定評価の基本的な手法と定義	着目点	特　徴
[コスト・アプローチ] 同等の資産を取得するのに要するコスト（再調達原価）をもって評価する方法（減損指針109項(1))	[原価法]（「不動産鑑定評価基準」第7章第1節Ⅱ1) 価格時点における対象不動産の再調達原価を求め，この再調達原価について減価修正を行って対象不動産の試算価格（積算価格）を求める手法	不動産の再調達（建築，造成等による新規の調達をいう。）に要する原価	対象不動産が建物または建物およびその敷地である場合において，再調達原価の把握および減価修正を適切に行うことができるときに有効。土地のみである場合においても，再調達原価を適切に求めることができるときには適用可能
[マーケット・アプローチ] 同等の資産が市場で取引される価格をもって評価する方法（減損指針109項(2))	[取引事例比較法]（「不動産鑑定評価基準」第7章第1節Ⅲ1) 多数の取引事例を収集して適切な事例の選択を行い，かつ，地域要因の比較および個別的要因の比較を行って求められた価格を比較考量し，これによって対象不動産の試算価格（比準価格）を求める方法	不動産の取引事例または賃貸借等の事例	近隣地区もしくは同一需給圏内の類似地域等において対象不動産と類似の不動産取引が行われている場合などに有効
[インカム・アプローチ] 同等の資産を利用して将来において期待される収益をもって評価する方法。具体的には直接還元法や割引キャッシュ・フロー（DCF）法がある（減損指針109項(3))	[収益還元法]（「不動産鑑定評価基準」第7章第1節Ⅳ1) 対象不動産が将来生み出すであろうと期待される純収益の現在価値の総和を求めることにより対象不動産の試算価格（収益価格）を求める方法	不動産から生み出される収益	賃貸用不動産または賃貸以外の事業の用に供する不動産の価格を求める場合に特に有効[2]

2　不動産鑑定評価基準では，収益還元法について，文化財の指定を受けた建造物等の一般的に市場性を有しない不動産以外のものには基本的にすべて適用すべきであり，自用の不動産といえども賃貸を想定することにより適用されるものであるとしたうえで，市場における不動産の取引価格の上昇が著しいときは取引価格と収益価格との乖離が増大するものであり，先走りがちな取引価格に対する有力な検証手段として，収益還元法が活用されるべきであるとしている。
　また，不動産の価格は，一般に当該不動産の収益性を反映して形成されるものであり，収益は，不動産の経済価値の本質を形成するものであるとしている。

Q5-9 外貨建てのキャッシュ・フローの見積り

将来キャッシュ・フローが外貨で見積られる場合、減損損失の判定および認識および測定に際しての換算レートとしていつの時点の為替レートを採用する必要があるか。

A

換算の対象と為替レートの関係をまとめると、以下のようになる。

換算の対象	採用する為替レート
1. 割引前将来キャッシュ・フロー	減損損失の認識の判定時点の為替レート
2. 正味売却価額	減損損失の認識の判定および測定時の為替レート
3. 使用価値に用いる将来キャッシュ・フロー	減損損失の測定時の為替レート

解説

保有している固定資産の帳簿価額は円建てで認識しているが、当該固定資産の使用収益により得られる将来キャッシュ・フローが外貨建てで見積られる場合も考えられる。いつの時点の為替レートで見積りの基礎数値を換算するかで、減損処理の金額に影響するため、減損指針では換算に使用する為替レートについて定めている。

具体的には、減損損失の認識の判定時に利用する割引前将来キャッシュ・フローや正味売却価額が外貨建てで見積られる場合の円換算は、減損損失の認識の判定時点の為替レートにより行い（減損指針20項、30項）、減損損失の測定における回収可能価額（正味売却価額または使用価値）が外貨建てで見積られる場合の円換算は、減損損失の測定時の為替レートにより行うこととされている（減損指針30項、35項）。

なお、使用価値の算定では、外貨建ての将来キャッシュ・フローを、当該通貨に関して算出された割引率によって現在価値に割り引くことで、まずは外貨建ての現在価値を計算し、当該金額を減損損失の認識の判定および測定時の為

替レートによって換算することになる。ただし，使用価値の算定において見積られる将来キャッシュ・フローの一部だけが外貨建てである場合には，外貨建ての将来キャッシュ・フローを減損損失の測定時の為替レートにより円換算し，他の円貨建ての将来キャッシュ・フローと合算した金額を，円ベースの割引率によって現在価値に割り引くことにより，使用価値を算定することができる（減損指針35項）。

Q5-10 外貨建ての将来キャッシュ・フローの予測は変わらないが，為替レートの変動により，換算後の将来キャッシュ・フローが大幅に減少する場合の減損の要否

> 外貨建将来キャッシュ・フローの予測に変更すべき要素はないものの，期末時において想定していた為替レートから大幅な円高となり，換算後の将来キャッシュ・フローが当初の予測より大幅に減少する場合も減損損失の計上が必要となるか。

A

換算後の将来キャッシュ・フローが当初の予測より大幅に減少する場合，減損損失の計上が必要となることも考えられる。

解説

1 外貨建ての将来キャッシュ・フローの減損指針における取扱い

減損指針では，正味売却価額が外貨建てで見積られる場合，減損損失の認識の判定および測定時の為替レートにより円換算するものとしており，将来キャッシュ・フローが外貨建てで見積られることも想定している（減損指針30項）。なお，外貨建キャッシュ・フローの換算については「Q5-9 外貨建てのキャッシュ・フローの見積り」にて解説しているが，為替レートが円高に変動すれば，換算後の将来キャッシュ・フローの額が減少するため，為替レート変動の影響が減損処理に影響を与えることが考えられる。以下，設例により検討を行う。

2 設例による検討

設例5－10－1 為替レートの変動による減損損失の認識の要否

(1) 前提条件
- 減損の兆候がある資産グループAについて，当期末において減損損失の認識の判定および測定を行う。
- 資産グループAの使用収益により得られるキャッシュ・フローの大半は米ドル建てであり，損益把握に係る内部管理資料も米ドル建てで作成されている。期末時点において，資産グループAについては減損の兆候があると判定された。期末時点における資産グループAの帳簿価額は120,000千円（円建てで把握）であった。
- 資産グループAの経済的残存使用年数は10年と見積られ，米ドル建てによる将来キャッシュ・フローの見積り結果は以下のとおりであった。

(単位：千ドル)

	1年目	2年目	3年目	4年目以後 10年目まで	処分時の C/F	計
見積将来 C/F	100	100	100	毎年80	200	1,060

- 使用価値を算定する際に用いる割引率は，米ドルを基準として7％と見積られた。

(2) 為替レートの相違による減損処理への影響
① 当期末（減損損失の認識の判定および測定時点）の為替レートが120円／ドルの場合

この場合，割引前将来キャッシュ・フローの円換算額（1,060千ドル×120円／ドル＝127,200千円）が帳簿価額（120,000千円）を上回り，減損損失の認識は不要である。

② 当期末（減損損失の認識および測定時点）の為替レートが100円／ドルの場合

この場合，割引前将来キャッシュ・フローの円換算額（1,060千ドル×100円／ドル＝106,000千円）が帳簿価額（120,000千円）を下回るため，

減損損失の測定を行う必要がある。

なお，使用価値が正味売却価額を上回る状況であり，回収可能価額は使用価値に基づくことになる。ここで，使用価値は米ドル建てで780.127千ドルとなり，測定時点の為替レートで換算すると78,013千円であることから，減損損失の金額は41,987千円となる。

(単位：千ドル)

	1年目	2年目	3年目	4年目以後10年目まで	処分時のC/F	計
見積将来C/F	100	100	100	毎年80	200	1,060
現在価値	$100 \div (1+0.07)$ $= 93$	$100 \div (1+0.07)^2$ $= 89$	$100 \div (1+0.07)^3$ $= 85$	合計392	$200 \div (1+0.07)^{10}$ $= 120$	780

(3) 為替レートの変動により減損処理が必要となる場合の検討

為替レートの変動により，見積られる円建ての回収可能価額が相違することから，外貨建てで回収可能価額を見積ることになる場合には為替相場の影響を受けることに留意する必要がある。本設例の前提では，減損損失の認識時点で見積られる割引前将来キャッシュ・フローの総額は1,060千ドルであるため，為替レートが113.2円／ドル（120,000千円÷1,060千ドル）より円高となる場合には，割引前将来キャッシュ・フローの円換算額は固定資産の帳簿価額120,000千円を下回る結果となる。

ここで為替レートが113円／ドルだった場合，米ドル建ての現在価値780.127千ドルの円換算額は88,154千円となり，減損損失を31,846千円計上することになるが，この減損損失の金額は帳簿価額の26.5％に相当する。

本設例では，仮に為替レートが前期末にて114円／ドル，当期末にて113円となった場合には，当該為替レートの変動の影響により，一時に多額な減損損失の計上が必要になる。

不動産鑑定評価について

　国土交通省が定める「不動産鑑定評価基準」は，不動産鑑定士が不動産の鑑定評価を行うに際しての統一的基準であり，不動産鑑定評価制度の適切な運用に寄与し，もって不動産の適正な価格の形成に資することを目的とするものであることから，不動産鑑定士が不動産の価格等を調査するにあたっては，不動産鑑定評価基準に則った鑑定評価を行うことが原則とされている。

　しかし，（1）調査価格等が依頼者の内部における使用にとどまる場合，（2）公表・開示・提出される場合でも利用者の判断に大きな影響を与えないと判断される場合，（3）調査価格等が公表されない場合ですべての開示・提出先の承諾が得られた場合，（4）不動産鑑定評価基準に則ることができない場合，または（5）その他，不動産鑑定評価基準に則らないことに合理的な理由がある場合には，不動産鑑定評価基準に則らない価格等調査を行うことができるとされている（国土交通省「不動産鑑定士が不動産に関する価格等調査を行う場合の業務の目的と範囲等の確定及び成果報告書の記載事項に関するガイドライン」Ⅰ4）。

　重要性の乏しい不動産等に限ってだが，一定の評価額や適切に市場価格を反映していると考えられる指標に基づく価格を，合理的に算定された価額とみなすことも考えられる（「Q5－8　不動産における資産または資産グループの合理的に算定された価額」，減損指針111項参照）。

第6章 共用資産の取扱いに関する実務論点

Q6-1 共用資産に該当するかどうかの判断

減損基準の中で共用資産についての取扱いが定められているが，共用資産に該当するかどうかはどのように判断すればよいか。

A

複数の資産または資産グループの将来キャッシュ・フローの生成に寄与する資産のうち，のれん以外のものが共用資産に該当する。

解説

1 共用資産の定義

減損の兆候の検討，減損損失の認識にあたっては，資産のグルーピングを行う必要があり，他の資産または資産グループから概ね独立したキャッシュ・フローを生み出す最小の単位で資産のグルーピングが行われる。

ここで，複数の資産または資産グループの将来キャッシュ・フローの生成に寄与する資産のうち，のれん以外のものが共用資産とされている（減損基準注解（注1）5）。これには，全社的な将来キャッシュ・フローの生成に寄与する資産がある。また，全社的な資産以外にも，一部の複数の資産や資産グループの将来キャッシュ・フローの生成に寄与する資産も共用資産となる（減損意見書四2(7)①）。

企業の資産は将来のキャッシュ・フローと直接的に関連付けられるもののみではなく，従業員の社宅などのように直接的にキャッシュ・フローを生み出さないものもある。そのような資産については，間接的に関連付けられるキャッシュ・フローを通じて投資の回収を行うことが想定されていると考えられる。減損会計は，時価による評価を行うものではなく，資産の回収可能性を帳簿価額に反映させる手続であり，上記のような資産の使用目的の違いを考慮して，減損基準および減損指針では共用資産の取扱いが定められている。

　共用資産になるかどうかは，当該資産がその生成に寄与している将来キャッシュ・フローが複数の資産または資産グループにまたがるかどうかによって判断することとなる。当該資産が寄与している将来キャッシュ・フローが複数の資産または資産グループにまたがるかどうかは，資産のグルーピングの方法によって影響を受ける。

2 ▮ 共用資産の具体例

　共用資産となる資産は会社によって異なるが，全社の将来キャッシュ・フローの生成に寄与するような資産は，一般的に共用資産となることが多いと考えられる。具体的には，自社が所有する本社の土地および建物，従業員の社宅や福利厚生施設，研修施設などが挙げられる（図表6－1－1参照）。その他，全社的に利用しているシステム（自社利用ソフトウェア）なども共用資産になると考えられる。

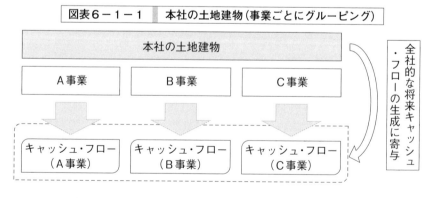

図表6－1－1　本社の土地建物（事業ごとにグルーピング）

　全社の将来キャッシュ・フローの生成に寄与する資産以外では，複数の事業

や店舗などに対する機能を特定の拠点や資産が担っているケースなどが考えられる。

　小売業において各店舗を資産グループとしている場合で，配送センターを地域ごとに設置しているような場合には，当該配送センターは該当地域の共用資産となる（図表6-1-2参照）。また，各店舗における事務業務の一部を集約して事務店舗を地域ごとに設置しているような場合には，当該事務店舗は該当地域の共用資産となる。

　製造業において各工場を資産グループとしている場合で，複数の工場で使用する資材を保管する倉庫を設置している場合には，当該倉庫は対応する工場全体の共用資産となる。

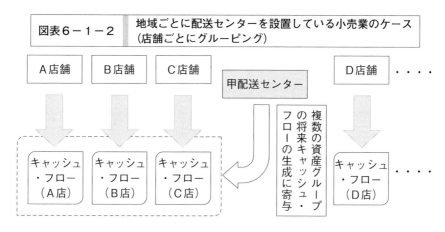

図表6-1-2　地域ごとに配送センターを設置している小売業のケース（店舗ごとにグルーピング）

　ただし，複数の事業を行い，各事業において複数の店舗，1つの配送センターが設置されているような会社において，事業ごとに資産のグルーピングをしている場合には，当該配送センターは特定の資産グループの将来キャッシュ・フローの生成に寄与しているため共用資産とはならない（図表6-1-3参照）。一方，店舗ごとに資産のグルーピングをしている場合は，当該配送センターが各事業の共用資産となる。このように，資産がその生成に寄与している将来キャッシュ・フローと資産グループの関係によって共用資産となるかどうかが判断される。

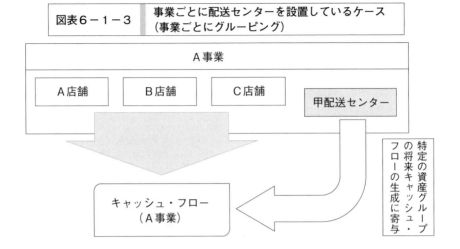

なお，全社を1つの資産グループとしている場合には，「複数の資産または資産グループの将来キャッシュ・フローの生成に寄与する資産のうち，のれん以外のもの」という定義に当てはまる資産はないため，共用資産は生じない。

 **共用資産と全社資産（IFRS）**

　IFRSでは日本基準における共用資産に対応するものとして，全社資産（Corporate Asset）が定義されている。国際会計基準（IAS）第36号「資産の減損」（以下「IAS第36号」という。）において，全社資産は，検討対象の資金生成単位と他の資金生成単位の両方の将来キャッシュ・フローに寄与する資産でのれん以外のものと定義されている。全社資産については，独立したキャッシュ・フローを生み出さないことから，経営者が処分を決定していない限り個別に回収可能価額を判断できないとされており，日本基準における共用資産と類似の概念であると考えられる。

　IFRSにおいて，全社資産の減損に関しては，全社資産の帳簿価額を合理的かつ首尾一貫した基準により資金生成単位に配分できるかどうかによって，会計処理が異なる（IAS第36号102項）。

　全社資産の帳簿価額を配分できる場合には，資金生成単位に全社資産の帳簿価額の配分を行い，配分後の資金生成単位の帳簿価額と回収可能価額の比較を行う。

　全社資産の帳簿価額を配分できない場合には，以下の3つの手続を行う。まず，全社資産の帳簿価額を配分せずに，資金生成単位について減損テストを行う。次に，複数の資金生成単位をグループ化し，全社資産の帳簿価額を配分できる最小の資金生成単位グループを認識し，全社資産の帳簿価額を配分する。最後に，全社資産の帳簿価額を配分した資金生成単位グループの帳簿価額と回収可能価額の比較を行う。

　上記のようにIFRSでは，可能な場合には，資金生成単位に全社資産の帳簿価額を配分して回収可能価額と比較することとされているが，日本基準では，共用資産の帳簿価額の配分を行わない，共用資産を含むより大きな単位で減損損失の認識の判定等を行う取扱いが原則とされており，配分に関する取扱いが異なっている。

Q6-2 共用資産となる資産の検討

当社は小売業を営んでおり,店舗単位で資産のグルーピングを行っている。当社では,通常の店舗とは別に,消費者の動向や流行を把握するためのアンテナショップ（A店）を設置している。A店でのみ新商品の試験販売を行っており,その試験販売の結果を使用して,本社の企画・開発担当部門が全社的に商品開発や,新商品販売に係るマーケティング戦略を検討している。そのため,A店は全社の将来キャッシュ・フローの生成に寄与すると考えているが,A店を共用資産として考えて問題ないか。

A

A店は全社的な商品開発およびマーケティング機能の一部を担っており,全社の将来キャッシュ・フローの生成に寄与すると考えられることから,共用資産として取り扱うと考えられる。

解説

1 共用資産の定義

共用資産は,複数の資産または資産グループの将来キャッシュ・フローの生成に寄与する資産をいい,のれんを除くと定義されており（減損基準注解（注1）5），当該資産がその生成に寄与する将来キャッシュ・フローが複数の資産グループにまたがるかどうかで共用資産に該当するかどうかを判断することになる（「Q6-1 共用資産に該当するかどうかの判断」の「1 共用資産の定義」参照）。

2 いわゆるアンテナショップが共用資産に該当するかの考察

本ケースのような小売業のアンテナショップが共用資産に該当するかについて,以下で検討する。

通常,アンテナショップは,新商品の試験販売を通じて消費者動向を探るな

ど，情報の受発信を目的として設置されていることが多いと考えられ，商品企画やマーケティングなど全社的な機能としての側面を持っていると考えられる。一方，アンテナショップは，それ自体が店舗としてキャッシュ・フローを生み出しており，それ自体で1つの資産グループと判断されるとも考えられる。アンテナショップの経済実態は会社ごと，店舗ごとに異なると考えられ，その実態に応じて共用資産に該当するかどうかを検討する必要がある。

アンテナショップとしているが既存商品も販売しており，その実態が他の店舗と大差ない場合は共用資産には該当しないと考えられる。一方，アンテナショップと商品企画部署が連携し，試験販売の結果を活用して商品開発が行われている場合など，アンテナショップが全社的な機能の一部を担っている場合には，全社の将来キャッシュ・フローの生成に寄与すると考えられるため，共用資産として取り扱うことになると考えられる。

3 本ケースにおける検討

本ケースでは，A店でのみ新商品の試験販売を行い，試験販売の結果をもとに商品開発および全社的な新商品の展開の検討が行われており，会社の商品開発およびマーケティング機能の一部をA店が担っていると考えられる。A店は商品開発およびマーケティングを通じて全社の将来キャッシュ・フローの生成に寄与していると考えられるため，共用資産として取り扱うことになると考えられる。

Q6-3 共用資産の減損の兆候

当社では本社の土地建物を共用資産としているが、当期において当該土地の市場価格が著しく下落している。本社の土地建物については、全社のキャッシュ・フローの生成に寄与すると考えており、また、今後も継続して使用する予定であることから売却による投資の回収は想定していない。このため、市場価格の下落は将来キャッシュ・フローに影響を与える経済環境の動きとは考えておらず、減損について詳細な検討は行っていないが問題ないか。

A

共用資産そのものに減損の兆候があると判断されるため、減損損失の認識の判定を行う必要がある。

解説

1 共用資産の減損の兆候の判断

以下のいずれかに該当する場合には共用資産に減損の兆候があると判断することとなる（減損指針16項）。

- 共用資産を含む、より大きな単位について、以下の事象がある場合
  （1） 営業活動から生ずる損益またはキャッシュ・フローが、継続してマイナスとなっているか、または継続してマイナスとなる見込みである場合
  （2） 資産が使用されている範囲または方法について、回収可能価額を著しく低下させる変化が生じたか、または生ずる見込みである場合
  （3） 資産が使用されている事業に関連して、経営環境が著しく悪化したか、または悪化する見込みである場合
  （4） 資産の市場価格が著しく下落した場合
- 共用資産そのものについて、上記（2）ないし（4）の事象がある場合

共用資産は他の資産グループの将来キャッシュ・フローの生成に寄与し、独

自に多額のキャッシュ・フローを生み出さないと考えられるため，共用資産そのものについては，（1）の判定は求められていない。

2 本ケースにおける検討

本ケースでは，共用資産である本社の土地建物の市場価格が著しく下落しているため，共用資産そのものについて市場価格が著しく下落した場合に該当し，減損の兆候があると判断することになる。市場価格が著しく下落した場合は，当該資産の使用から得られる収益が低下していることが考えられるため，当該資産の売却による投資の回収を予定していない場合であっても減損損失の認識の判定を行わないことは認められない。このため，共用資産を含むより大きな単位について減損損失の認識の判定を行う必要がある。

なお，共用資産の市場価格が著しく下落している場合であっても，共用資産以外に減損の兆候が把握されておらず，当該共用資産の帳簿価額が当該資産グループの中でも軽微で，かつ，回収可能性の観点からも共用資産を含むより大きな単位の将来キャッシュ・フローと比較して軽微である場合には，重要性が乏しいと認められるため，より大きな単位について減損損失の認識の判定を行わない対応も考えられる。

Q6-4 共用資産を含むより大きな単位についての減損の兆候

共用資産の減損の兆候を検討するにあたって，営業活動から生ずる損益の状況に基づく検討はどのように行えばよいか。

A

共用資産は複数の資産グループの将来キャッシュ・フローの生成に寄与しているため，当該複数の資産グループと共用資産を合わせて1つの単位と捉え，当該単位の営業活動から生ずる損益の状況に基づいて減損の兆候を検討する。

なお，共用資産の帳簿価額を配分している場合は，当該配分された資産グループの営業活動から生ずる損益の状況に基づいて減損の兆候を検討する。

解説

1 共用資産の減損の兆候

　減損の検討にあたっては，各資産グループにおいて減損の兆候の把握，減損損失の認識を行い，その後，共用資産を含めたより大きな単位で減損の兆候の把握，減損損失の認識を行うことになる。共用資産を含めたより大きな単位について，営業活動から生ずる損益またはキャッシュ・フローが，継続してマイナスとなっているか，または継続してマイナスとなる見込みである場合には，減損の兆候があるとされる（減損指針12項，16項(1)）。

　共用資産は複数の資産グループの将来キャッシュ・フローの生成に寄与する資産であり，複数の資産グループと対応関係にある。このため，当該資産グループと共用資産を合わせて1つの単位と捉え，当該単位の営業活動から生ずる損益の状況をもとに減損の兆候を検討することになる。全社的な共用資産であれば，会社全体の営業活動から生ずる損益の状況から検討することになる。

　なお，共用資産の帳簿価額を各資産グループに配分する方法を採用している場合は，当該配分された資産グループにおいて，営業活動から生ずる損益が継続してマイナスとなっているか，または継続してマイナスとなる見込みである場合に共用資産に減損の兆候があるとされる（減損指針16項）。

2 設例による解説

設例6－4－1　共用資産を含むより大きな単位の営業活動から生ずる損益

(1) 前提条件
- A社は小売業を営んでおり，店舗ごとに資産のグルーピングを行っている。
- A社は地域（具体的にはY地域およびZ地域）ごとに店舗に配送する商品を保管する倉庫を設置しており，当該倉庫を共用資産としている。
- A社の当期における営業損益は以下のとおりであった。

	Y地域				Z地域			
	A店	B店	C店	合計	D店	E店	F店	合計
営業収益	1,500	2,000	1,200	4,700	1,000	700	800	2,500
営業費用	1,400	1,700	1,400	4,500	900	1,000	700	2,600
営業損益	100	300	△200	200	100	△300	100	△100

（※） 倉庫に関する営業費用は各店舗に配分している。

(2) 減損の兆候の判断

A社では店舗ごとに資産のグルーピングを行い，地域ごとに設置された倉庫を共用資産としているため，倉庫の減損の兆候を検討する際には，各地域が共用資産を含めたより大きな単位になると考えられる。したがって，地域ごとの営業損益の状況から共用資産の減損の兆候を検討することになる。

本設例ではY地域は営業損益がプラスとなっているが，Z地域は営業損益がマイナスとなっている。このため，Z地域の営業損益がマイナスである状況が継続しているか，または継続する見込みである場合には，Z地域の倉庫について減損の兆候があると判断される。

Q6-5 共用資産の帳簿価額を関連する資産グループに配分する場合の取扱い

製造業を営んでいる当社は，甲工場を資産グループA，乙工場を資産グループBにグルーピングし，保有している丙発電設備から甲工場および乙工場に電気を供給しているため，丙発電設備を共用資産としている。この共用資産である丙発電設備の帳簿価額を資産グループA，Bに配分したうえで減損損失を認識するかどうかの判定を行うことを検討している。

丙発電設備の帳簿価額を配分する配賦基準は，キャッシュ・フローとの関係を考慮して，資産グループA，Bの営業収益を採用することを考えているが問題ないか。なお，管理会計上は，丙発電設備の帳簿価額を資産グループA，Bに配分していない。

A

　共用資産の帳簿価額を関連性のある資産グループに配分する方法を採用する場合は，共用資産が資産グループの将来キャッシュ・フローの生成に寄与する度合いと強い相関関係をもつ合理的な配賦基準によって共用資産の帳簿価額を配分する必要がある。各資産グループの営業収益と当該寄与度合いに強い相関関係がない場合には，各資産グループの営業収益は合理的な配賦基準とはならない。

解 説

1 共用資産の帳簿価額を配分して減損損失の認識の判定を行う方法

（1） 原則的な取扱いとの違い

　共用資産の減損損失の認識の判定に関しては，①原則として，共用資産が関連する複数の資産グループに共用資産を加えたより大きな単位で当該判定を行う。ただし，②共用資産の帳簿価額を関連する資産または資産グループに合理的な基準で配賦することができる場合には，共用資産の帳簿価額を各資産または資産グループに配分したうえで減損損失を認識するかどうかを判定することができる（減損基準二7）。

　共用資産の帳簿価額を合理的に各資産グループに配分することは困難な場合が多いと想定されるため，①が原則的な取扱いとされている。

　①では，共用資産が関連する資産グループに共用資産を加えたより大きな単位で判定を行うため，減損損失の認識に至る場合は比較的少なくなると考えられるが，減損損失が認識される場合には多額の減損損失が計上されることが考えられる。一方，②では，共用資産の帳簿価額が配分された各資産グループにおいて減損が生じる都度，共用資産が減損損失の一部を負担することになる。

　なお，②の取扱いによった場合は，共用資産に減損の兆候があるかどうかにかかわらず，各資産グループへの帳簿価額の配分を行う必要がある（減損意見書四2(7)②）。

（2） 適用する場合の要件

　共用資産の帳簿価額を配分することができるのは，共用資産の帳簿価額を各資産または資産グループに配分して管理会計を行っている場合や，共用資産が

各資産または資産グループの将来キャッシュ・フローの生成に密接に関連し，その寄与する度合いとの間に強い相関関係をもつ合理的な配賦基準が存在する場合に限られる（減損指針49項(1)）。

また，共用資産の帳簿価額を各資産または資産グループに配分する方法を採用する場合は，継続して同じ方法を採用する必要があり，類似の資産または資産グループにおいては同じ方法を採用する必要があることから，資産のグルーピングの変更などの事実関係の変化が生じた場合を除き，任意に変更することは認められない（減損指針49項(2)(3)）。

2 本ケースにおける検討

本ケースでは，管理会計上で丙発電設備の帳簿価額を資産グループA，Bに配分していないため，共用資産である丙発電設備が，各資産グループの将来キャッシュ・フローの生成に密接に関連し，その寄与する度合いとの間に強い相関関係をもつ合理的な配賦基準が存在することが必要となる。

丙発電設備による各資産グループのキャッシュ・フローの生成への寄与としては，製品製造に必要となる電力供給が考えられる。このため，電力供給の度合いとの間に強い相関関係をもつ合理的な配賦基準がある場合は，当該配賦基準に基づき丙発電設備の帳簿価額を配分することができる。各資産グループの営業収益と電力供給の度合いに強い相関関係がない場合には，各資産グループの営業収益は合理的な配賦基準とはならない。

また，共用資産の帳簿価額を配分する方法を採用する場合には，継続して同じ方法を採用する必要があり，類似の資産グループにおいては同じ方法を採用する必要がある。本ケースにおいては甲，乙工場以外に新たに新製品の専用製造工場を新設した場合で，同じく丙発電設備から電力供給を受ける場合では，共用資産の帳簿価額を配分する方法について全社的な整合性および過年度からの継続性を検討する必要がある。

3 設例による解説

設例6－5－1 共用資産の帳簿価額を各資産グループに配分するケース

(1) 前提条件
- B社はX工場，Y工場およびZ倉庫を保有している。
- 資産のグルーピングにあたっては，各工場を1つの資産グループとしている。
- Z倉庫は両工場に対する共用資産と判定されている。
- B社は共用資産の帳簿価額を関連する資産グループに配分する方法をとっており，両工場について減損の兆候があると判断された。
- X工場，Y工場の固定資産に係るデータは以下のとおりである。

	X工場	Y工場
建物の帳簿価額	1,000	1,100
土地の帳簿価額	3,500	4,000
機械装置の帳簿価額	700	900
小計	5,200	6,000
共用資産配分額	400	500
合計	5,600	6,500
割引前将来キャッシュ・フロー	5,800	5,900
回収可能価額	―	5,500

(2) 減損損失の計上額の検討

X工場は割引前将来キャッシュ・フローが帳簿価額を超過しており，減損損失の認識は行われていない。

Y工場は割引前将来キャッシュ・フローが帳簿価額を下回っており，減損損失1,000（＝帳簿価額合計6,500－回収可能価額5,500）が計上される。

共用資産の帳簿価額を配分した資産グループにおいて認識された減損損失は，帳簿価額に基づく比例配分等の合理的な方法により，共用資産の配分額を含む当該資産グループの各構成資産に配分する（減損指針50項(3)）。帳簿価額に基づき比例配分した場合の配分額は以下のとおりであり，Z倉庫では77の減損

損失が計上される。

【Y工場の減損損失の配分（帳簿価額に基づく比例配分）】

	帳簿価額	減損損失配分額
建物	1,100	(※1) 169
土地	4,000	(※2) 615
機械装置	900	(※3) 139
共用資産配分額	500	(※4) 77
合計	6,500	1,000

(※1) 減損損失合計 1,000 × 建物帳簿価額 1,100 ÷ 帳簿価額合計 6,500 = 169
(※2) 減損損失合計 1,000 × 土地帳簿価額 4,000 ÷ 帳簿価額合計 6,500 = 615
(※3) 減損損失合計 1,000 × 機械装置帳簿価額 900 ÷ 帳簿価額合計 6,500 = 139
(※4) 減損損失合計 1,000 × Z倉庫の帳簿価額のうちY工場に配分された額 500 ÷ 帳簿価額合計 6,500 = 77

第7章

のれんの取扱いに関する実務論点

Q7-1　のれんの減損判定の手続

のれんの減損判定はどのような手続で行うのか。

A

　のれんは，事業または企業の取得対価と，取得した事業または企業の識別可能資産・負債の時価による株主資本の持分相当額との差額として計上され，のれん自体を直接的に取得するものでないため，のれんの減損の兆候の判定は，過大取得の場合を除き，のれんの帰属する事業や資産グループの減損の兆候で判定することになる。

　また，減損判定にあたっては，他の固定資産と異なり，のれんの分割の手続がある。分割されたのれんの減損損失の認識の判定は，のれんが帰属する事業に関連する複数の資産グループにのれんを加えたより大きな単位で行うが，のれんの帳簿価額をのれんが帰属する事業に関連する資産グループに合理的な基準で配分することができる場合には，のれんの帳簿価額を各資産グループに配分したうえで，減損損失の認識の判定を行うことができる。

解説

　のれんは，事業または企業の取得対価と，取得した事業または企業の識別可能資産・負債の時価による株主資本の持分相当額との差額として計上される。のれん自体を直接的に取得するものでないため，減損判定は以下の手続で行わ

1 のれんの分割

　企業または事業の取得によりのれんが計上される場合に，取得した企業または事業の事業単位が複数であるときは，のれんの帳簿価額を合理的な基準に基づき分割する（減損基準二8）。のれんの帳簿価額を分割して帰属させる事業単位は，取得の対価が概ね独立して決定され，かつ，取得後も内部管理上独立した業績報告が行われる単位である（減損基準注解（注9））。のれんの帳簿価額の分割基準は，取得した事業の取得時における時価の比率に基づく方法等，合理的な方法による（減損基準注解（注10））。

　たとえば，外部から発行済株式のすべてを1,000で取得し子会社とした場合において，取得対価が当該子会社のA事業価値600，B事業価値200，C事業価値200を基礎として算定されていた場合，図表7-1-1のように，連結財務諸表で計上されるのれん500はA事業帰属額300（＝500×600÷1,000），B事業帰属額100（＝500×200÷1,000），C事業帰属額100（＝500×200÷1,000）に分割される。

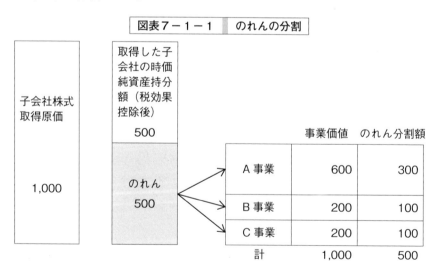

図表7-1-1　のれんの分割

2 ｜ 減損の兆候の把握

　上記「1　のれんの分割」で分割したのれんに減損の兆候があるかどうかを識別する。具体的には，のれんが帰属する事業単位の営業損益または営業キャッシュ・フローが2期連続してマイナスであるかどうかなど，のれんが帰属する事業または資産グループに減損の兆候があるかどうかで判断する。ただし，取得する企業または事業の時価を超えて多額のプレミアムが支払われた場合等で，のれんが過大に計上されているおそれがあると認められる場合には，のれんに減損の兆候があると考えられる（「Q7-2　のれんの減損の兆候」参照）。

　また，事業譲渡が予定されており譲渡損が生じる見込みである場合や，子会社株式を売却することが決定され，個別財務諸表上，売却損が計上される見込みである場合，事業譲渡損や子会社株式売却損の発生原因が譲渡する事業や売却する子会社の超過収益力等の低下によるものであれば，のれん（後者の場合は，連結財務諸表において，子会社に対する投資と子会社の資本との相殺消去から生じるのれん）について減損の兆候があるものと考えられる（「Q7-10　連結子会社株式を売却することが予定されている場合ののれんの減損判定」参照）。

3 ｜ 減損損失の認識の判定

　のれんについて減損損失を認識するかどうかの判定は，のれんが帰属する事業に関連する複数の資産グループにのれんを加えた，より大きな単位で行うのが原則であるが，のれんが帰属する事業に関連する資産グループに合理的にのれんを配分できる場合には，各資産グループにのれんの帳簿価額を配分したうえで，減損損失の認識の判定を行うこともできる（減損基準二8）。

(1)　より大きな単位で判定する場合

　のれんが帰属する事業に減損の兆候がある場合に，のれんが帰属する事業に関連する複数の資産グループにのれんを加えた，より大きな単位の減損損失計上前帳簿価額がのれんが帰属する事業または資産グループの割引前将来キャッシュ・フローを超過しているときは，のれんに係る減損損失が認識される。

　たとえば，前掲図表7-1-1のようにA事業に分割されたのれん300につ

いて，A事業に減損の兆候があり，A事業に関連する固定資産の連結財務諸表上の減損処理前帳簿価額が600であった場合には，これにのれんの未償却残高（300）を加えた金額（900）がのれんの残存償却期間における割引前将来キャッシュ・フロー見積額（仮に800とする。）を超過しているときに減損損失が認識される。

(2) のれんの帳簿価額を合理的な基準で資産グループに配分して判定する場合

関連する資産グループに合理的な基準でのれんを配分することができる場合には，のれんの帳簿価額を各資産グループに配分したうえで減損損失の認識の判定を行うことができる（減損基準二8）。のれんを各資産グループに配分できる場合とは，のれんを各資産グループに配分して管理会計を行っている場合や，のれんの帰属する事業が各資産グループの将来キャッシュ・フローの生成に密接に関連し，その寄与度合との間に強い相関関係のある合理的な配賦基準が存在する場合である。なお，のれんの配分基準は事実関係に変化がない限り，継続適用する必要がある（減損指針53項(2)）。

たとえば，図表7-1-2のようにA事業に分割されたのれん300について，管理会計上，のれんを連結財務諸表上の各資産グループの帳簿価額（全面時価評価法による評価額）を基準として配分しているときは，A事業に分割されたのれん300をA事業に属するa1固定資産グループ，a2固定資産グループ，a3固定資産グループに連結上の簿価（全面時価評価法による評価額）を基礎とし

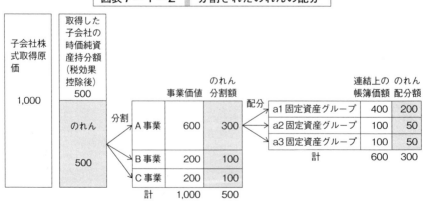

図表7-1-2　分割されたのれんの配分

て配分することができる。この場合，a1固定資産グループへの配分額は200（＝300 × 400 ÷ 600），a2固定資産グループへの配分額は50（＝300 × 100 ÷ 600），a3固定資産グループへの配分額は50（＝300 × 100 ÷ 600）となる。

このとき，a1固定資産グループに配分されたのれん200について，a1固定資産グループに減損の兆候があり，a1固定資産グループの連結財務諸表上の減損処理前帳簿価額が400であった場合には，これにのれんの未償却残高（200）を加えた金額（600）がのれんの残存償却期間における割引前将来キャッシュ・フロー見積額（仮に400とする。）を超過しているときに減損損失が認識される。

また，取得の対価が概ね独立して決定されていないため，のれんを分割できない場合，のれんに係る減損損失の認識の判定は，取得した各事業の複数の資産グループにのれんを加えた，より大きな単位で行うことになる。ただし，のれんが帰属する事業に関連する資産グループに合理的に配分することができる場合には，のれんの帳簿価額を各資産グループに配分したうえで，減損損失認識の判定を行うことができる。

たとえば，図表7－1－3のように，子会社株式の取得対価1,000が子会社の各事業価値に基づき概ね独立して決定されていないため，のれんを分割できない場合でも，管理会計上，のれんを連結財務諸表上の各資産グループの帳簿価額（全面時価評価法による評価額）を基準として配分しているときは，のれん500を取得した子会社の各事業固定資産グループの連結上の簿価（全面時価評価法による評価額）を基礎として配分することができる。この場合，A事業

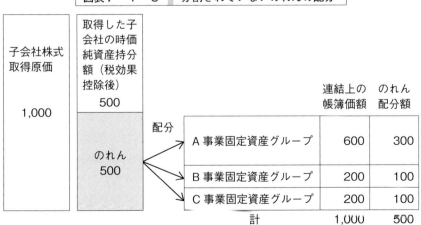

固定資産グループへの配分額は300（＝500×600÷1,000），B事業固定資産グループへの配分額およびC事業固定資産グループへの配分額はそれぞれ100（＝500×200÷1,000）となる。

このとき，A事業固定資産グループに配分されたのれん300について，A事業固定資産グループに減損の兆候があり，A事業に関連する固定資産の連結財務諸表上の減損処理前帳簿価額が600であった場合には，これにのれんの未償却残高（300）を加えた金額（900）がのれんの残存償却期間における割引前将来キャッシュ・フロー見積額（仮に800とする。）を超過しているときに減損損失が認識される。

4 減損損失の測定

上記「3 減損損失の認識の判定」で減損損失を認識するものとされた場合，のれんが帰属する事業に関連する複数の資産グループにのれんを加えた，より大きな単位の減損損失計上前帳簿価額がのれんの帰属する事業単位の割引後将来キャッシュ・フローを超過している金額のうち，のれんを加えることによって増加する減損損失をのれんの減損損失として計上する。

たとえば，前掲図表7－1－1のようにA事業に分割されたのれん300について減損の兆候があり，A事業に関連する固定資産の連結財務諸表上の減損処理前帳簿価額が600であった場合には，これにのれんの未償却残高（300）を加えた，より大きな単位の帳簿価額（900）がのれんの残存償却期間におけるA事業の割引後将来キャッシュ・フロー見積額（仮に650とする。）を超過する額250（＝900－650）は，まず，のれんから減損処理し，のれん250について減損損失が計上される。

また，のれんの帳簿価額を各資産グループに配分したうえで減損損失の認識の判定を行い減損損失が認識されるときは，各資産グループについて認識された減損損失は，のれんに優先的に配分することになる。たとえば，前掲図表7－1－2のようにa1固定資産グループに配分されたのれん200とa1固定資産グループの連結財務諸表上の減損処理前帳簿価額400との合計額600がa1固定資産グループののれんの残存償却期間における割引後将来キャッシュ・フロー見積額（仮に300とする。）を超過する場合，減損損失300（＝600－300）が測定され，まず，のれん200から優先的に減損処理することになる。

のれん以外の a1 固定資産グループについては，a1 固定資産グループの主要な資産の使用可能期間に基づく割引後将来キャッシュ・フロー見積額と比較して減損損失を測定する。

Q7-2　のれんの減損の兆候

どのような場合にのれんについて減損の兆候があることになるのか。

A

のれんは，事業または企業の取得対価と，取得した事業または企業の識別可能資産・負債の時価による株主資本の持分相当額との差額として計上され，のれん自体を直接的に取得するものでないため，他の固定資産と異なり，過大取得したのれんを除き，のれん自体について直接的に減損の兆候を判断することはできず，帰属する事業や資産グループの減損の兆候で判断する。

また，子会社を連結する場合ののれんの減損の兆候については，個別財務諸表上，非上場子会社株式の減損処理が行われる場合，当該減損処理が子会社の超過収益力の低下によるものであれば，連結財務諸表上ののれんについて減損の兆候があるものと考えられる。上場子会社株式の減損処理が行われる場合，時価の著しい下落が当該子会社の超過収益力等の低下によるものであるときは，連結財務諸表上ののれんについて減損の兆候があるものと考えられる。

解説

1　のれんの減損の兆候の考え方

のれんは，企業または事業の取得対価と，取得した企業または事業の資産および負債の時価評価による株主資本の持分相当額との差額として認識され，のれん自体を直接的に時価評価して認識するものではない。したがって，のれんそれ自体のみで減損の兆候を判断するのではなく，のれんが帰属する事業や資産または資産グループに減損の兆候がある場合に，のれんについても減損の兆候があることになる（減損指針 17 項）。

具体的に，以下の場合にはのれんについて減損の兆候があるとされる。

(1) のれんの帰属する資産または資産グループが使用されている事業の営業活動から生じる損益またはキャッシュ・フローが当期および前期においてマイナスである場合
(2) のれんの帰属する資産または資産グループが使用されている事業を廃止または再編，資産または資産グループを当初予定よりも著しく早期に除却等する場合等，資産または資産グループの回収可能価額を著しく低下させる変化があった場合
(3) のれんの帰属する資産または資産グループが使用されている事業に経営環境の著しい悪化がある場合
(4) のれんの帰属する資産または資産グループの市場価格が著しく低下した場合

2 企業または事業の取得年度にのれんについて減損の兆候が存在する場合

重要性が乏しい場合を除き，のれんを企業または事業の取得日に全額費用処理することはできないが（結合分離指針76項(2)），次の場合には，企業または事業の取得事業年度において減損の兆候があると判断されるときがある（企業結合基準109項，結合分離指針77項）。

(1) 取得原価のうち，のれんに配分された金額が相対的に多額になる場合
(2) 取得する企業または事業の時価を超えて多額のプレミアムが支払われた場合や，取得時に明らかに識別可能なオークションまたは入札プロセスが存在していた場合

上記（1）または（2）の状況で，のれんが過大に計上されているおそれがあると認められる場合には，のれんに減損の兆候があると考えられる。

3 ┃ 上場子会社株式の時価の著しい下落

　上場子会社株式の時価の著しい下落により，親会社の個別財務諸表上，子会社株式を減損処理する場合（金融商品基準20項），時価の著しい下落が当該子会社の超過収益力等の低下によるものであるときは，連結財務諸表上ののれんについて，減損の兆候があるものと考えられる。

4 ┃ 非上場子会社株式の実質価額の著しい低下

　非上場子会社株式の実質価額の著しい低下により，親会社の個別財務諸表上，子会社株式を減損処理し（金融商品基準21項），それが子会社の超過収益力等の低下によるものである場合，連結財務諸表上ののれんについて，減損の兆候があるものと考えられる。

Q7-3　連結財務諸表上ののれんの減損の兆候の判断上，のれん償却費を加味するのか

　連結財務諸表上ののれんの減損の兆候の有無を判断する場合，子会社の営業損益に連結財務諸表上ののれん償却費を加味するのか。

A

　子会社を連結する場合に投資と資本の消去差額として計上されるのれんの減損判定にあたっては，子会社の営業損益にのれんの償却費を加味して営業損失となるか否かを判断することになる。

解説

　子会社株式を取得し，連結の範囲に含めることにより，連結財務諸表上，投資と資本の消去差額としてのれんが計上される場合，当該のれんの償却費は，当該子会社の個別財務諸表上は計上されない。
　連結財務諸表上ののれんの減損の兆候の有無を判断する際，前期および当期の営業損益がマイナスか否かの判定は，のれんの帰属する資産または資産グ

ループが使用されている事業の連結財務諸表上の前期および当期の営業損益がマイナスか否かで判断することになる。

このため，当該連結子会社の個別財務諸表上の減損の兆候の有無の判断を基礎とするものの，連結財務諸表上のグルーピングの見直し，全面時価評価法により時価評価された連結子会社の減価償却資産の減価償却費の修正，未実現損益の消去，連結財務諸表上ののれんの償却費を加味した営業損益がマイナスか否かで減損の兆候の有無を判断することになる。たとえば，のれんの償却費を加味しない場合には営業利益で，のれんの償却費を加味すると営業損失となる場合，のれん未償却残高に回収不能な部分が存在するおそれがあり，減損の兆候があるものと判断しなければならない。

Q7-4 子会社買収により取得した孫会社に係る連結財務諸表上ののれんの分割

子会社を所有している会社を買収した場合に計上されるのれんについて，各孫会社にのれんを分割するのか。

A

買収した会社の子会社（最上位の親会社からみて孫会社）が上場会社である場合には，当該孫会社株式も識別可能資産であり，買収した子会社を連結するに際して時価評価が行われるため，孫会社株式の時価評価額が孫会社の識別可能資産および負債の時価評価による株主資本の持分相当額を超過する金額についてのれんが計上される。

孫会社が非上場会社である場合で，子会社株式の買収価額決定にあたって孫会社株式の取得対価が概ね独立して決定されているときには，当該取得対価が孫会社の識別可能資産および負債の時価評価による株主資本の持分相当額を超過する金額についてのれんが計上される。孫会社株式の取得対価が概ね独立して決定されておらず，また，孫会社の時価純資産持分額で孫会社株式を時価評価している場合には，孫会社からはのれんは算出されない。

解説

1 子会社買収の際の孫会社に係るのれんの考え方

　子会社を所有する会社を買収する場合で，当該子会社（最上位の親会社からみて孫会社）が上場会社であるときや，当該子会社株式の評価額が買収価額に織り込まれているときがある。買収した会社およびその子会社を連結する際には，買収した会社の所有する子会社株式も全面時価評価法の対象になる。買収した会社の所有する子会社株式の時価を子会社の時価純資産持分額で算定する場合には，連結財務諸表上，買収した会社の所有する子会社からはのれんは算定されないが，当該子会社が上場会社であるため，市場価格で当該子会社株式を時価評価する場合や，買収価額算定に織り込まれた当該子会社株式の評価額で時価評価する場合には，買収した会社に係るのれんとは別に，買収した会社の子会社に係る株式の時価評価額と，当該子会社に対する時価純資産持分額との差額について，当該子会社に係るのれんが算定される。

2 数値例（図表）による検討

　図表7－4－1は，完全子会社A社を所有するS社の発行済株式のすべてを取得し，S社株式の買収価額（1,600）にA社株式の評価額（1,000）が織り込まれている場合に，S社を連結するときのS社に係る識別可能資産および負債の時価評価を示している。このような場合，S社およびA社を連結するときは，図表7－4－2のように，S社に係るのれん（60）とは別にA社に係るのれん（130）が計上される。

　また，S社の所有するA社株式の時価評価差額（600 = 1,000 － 400）は，A社の取得時留保利益400，A社所有資産の評価差額70，A社に係るのれん130から構成されており（図表7－4－3参照），これらに関する税効果の取扱いは次のようになる。

　A社の取得時留保利益については，連結税効果指針第58項に従って，将来当該留保利益から配当を受け，税金負担が生じると見込まれるときは税効果を認識できる。A社所有資産の評価差額70は，A社を連結に含めることにより計上される税効果と重複するため認識しない。A社に係るのれん部分については，連結税効果指針第27項に従って税効果を認識しないことになる。

図表7－4－1,7－4－2および7－4－3は取得時留保利益について税効果を認識しない例を示している。

図表7－4－1	完全子会社（A社）を所有する会社（S社）を買収した場合の時価評価

S社	①簿価	②時価	②－①	税効果(30%)	評価差額	時価純資産持分額(100%)
A社株式	400	1,000	600		600	
諸資産	1,100	1,300	200	60	140	
資産計	1,500	2,300	800	60	740	
諸負債	700	700	0		0	
資本金	500					500
利益剰余金	300					300
評価差額					740	740
負債・純資産計	1,500					
時価純資産持分額						1,540

A社	①簿価	②時価	②－①	税効果(30%)	評価差額	時価純資産持分額(100%)
諸資産	1,000	1,100	100	30	70	
資産計	1,000	1,100	100	30	70	
諸負債	200	200	0		0	
資本金	400					400
利益剰余金	400					400
評価差額					70	70
負債・純資産計	1,100					
時価純資産持分額						870

第7章 のれんの取扱いに関する実務論点　149

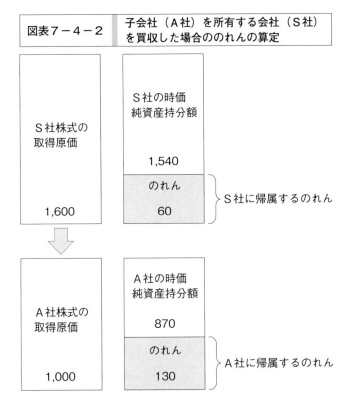

図表7－4－2　子会社（A社）を所有する会社（S社）を買収した場合ののれんの算定

図表7－4－3　A社株式の時価とS社における帳簿価額との差額の構成要素

	S社における帳簿価額	時価	差額
A社株式	400	1,000	600
（差額の構成要素）			
A社の留保利益			400
A社所有資産の評価差額			70
A社に係るのれん			130

Q7-5 のれんと共用資産の取扱いの相違点

減損判定に際して、のれんと共用資産の取扱いに相違があるか。

A

のれんについては、複数の事業を一括して取得する場合、合理的な基準に基づきのれんを分割することになるが、共用資産については各資産グループに分割することはない。また、のれんは過大取得の場合を除き、独立してそれ自体では減損の兆候があるかどうかを判断することができないが、共用資産については、著しく早期に除売却処分する場合や、用途変更、遊休状態、著しい陳腐化、著しい市場価格の下落等がある場合に、共用資産自体に減損の兆候があると判定される。

解説

1 共用資産とは

共用資産は複数の資産または資産グループの将来キャッシュ・フローの生成に寄与する資産のうち、のれん以外のものである（減損意見書四2(7)①）。たとえば、全社的なキャッシュ・フローの生成や、複数の異なる事業のキャッシュ・フローの生成に寄与する建物や試験研究施設等が該当する。

2 のれんと共用資産の取扱いの相違点

のれんが発生する取引では、複数の事業を一括して取得する場合がある。このような場合で、取得対価が概ね独立して決定され、かつ、取得後も内部管理上独立した業績評価が行われるときは、のれんを事業単位に応じて、合理的な基準に基づき分割することになる。また、のれん以外の固定資産を一括して取得し、当該固定資産の取得対価が事業単位ごとに決定されている場合は、そもそも事業単位の固有資産であり、各事業単位に帰属する資産となる。

のれんは過大取得の場合を除き、独立してそれ自体では減損の兆候があるかどうかを判断することができない。一方、共用資産の場合には、当該共用資産

を著しく早期に除売却処分する場合や，用途変更，遊休状態，著しい陳腐化，著しい市場価格の下落等がある場合には，共用資産自体に減損の兆候があると判断される（減損指針 16 項）。

3 | のれんと共用資産の取扱いの共通点

減損損失の認識にあたっては，帰属する，あるいは関連する複数の資産または資産グループにのれんまたは共用資産を加えたより大きな単位で行い，のれんまたは共用資産を加えることによって算定された減損損失は，のれんまたは共用資産に配分する。また，のれんも共用資産も関連する資産または資産グループに合理的に配分することができる場合には，その帳簿価額を配分した上で，減損の判定を行うことができる。

Q7-6 連結財務諸表上ののれんの減損処理と子会社株式の減損処理

連結財務諸表上ののれんを減損処理した場合，子会社株式の減損処理が必要になるのか。

A

連結財務諸表上，子会社に係る投資と資本の消去差額として計上されているのれんについて減損損失が計上されても，個別財務諸表上，子会社株式の時価の下落または実質価額の著しい低下がなければ，子会社株式の減損処理は行われない。

解説

1 | 上場子会社株式を減損処理した場合

上場子会社株式については，時価が取得原価に比し，著しく下落した場合に子会社株式の減損処理が行われる（金融商品基準 20 項）。一般に時価が取得原価まで回復することを合理的に証明することは困難であるため，時価の著しい

下落があれば，上場子会社株式の減損処理が行われることになる。

著しい下落か否かは，取得原価に対して50%程度以上時価が下落しているか否か，あるいは，30%程度以上の下落状態が一定期間継続しているか否かにより判断する（金融商品指針284項）。連結財務諸表上ののれんの帰属する事業に減損の兆候があり，のれんの減損損失が計上される場合であっても，子会社株式の時価について著しい下落がないときは，子会社株式の減損には至らない。

2 非上場子会社株式を減損処理した場合

(1) 非上場子会社株式の減損とのれんの関係

非上場子会社株式は，実質価額が取得原価に比して著しく低下し，実質価額が取得原価まで回復する見込みがない場合に減損処理が行われる（金融商品基準21項）。非上場子会社に係る連結財務諸表上ののれんについて，その帰属する事業に減損の兆候があり，減損損失が計上される場合，非上場子会社株式の取得原価を構成している超過収益力の毀損による実質価額の著しい低下および収益性の低下による実質価額の取得原価までの回復見込みの喪失により，非上場子会社株式の減損処理が行われる場合が多い。

しかし，連結財務諸表上ののれんは，その帰属する事業に分割されて減損判定が行われる。このため，たとえば，分割されたA事業に帰属するのれんについては減損損失が計上されるが，分割されたB事業に帰属するのれんについては減損の兆候がなく，超過収益力が維持されている場合がある。

一方，非上場子会社株式の減損判定は，子会社株式を構成する超過収益力を帰属する事業に分割して判定するわけではなく，当該子会社全体の実質価額で判定する。このため，たとえば，当該子会社のA事業の超過収益力が喪失しても，当該子会社のB事業の超過収益力が十分にあるような場合，非上場子会社株式の実質価額の著しい低下に至らないことや，実質価額が取得原価まで回復することを合理的に証明できることをもって，非上場子会社株式の減損処理に至らないことも考えられる。

(2) のれんが分割されている場合の取扱い

個別財務諸表上，子会社株式が減損処理されたものとする。このとき，たと

えば，連結財務諸表上ののれんがA事業とB事業に分割されており，A事業の営業損失がB事業の営業利益を上回り，子会社全体で営業損失となる場合，B事業ののれんに係る減損の兆候の有無をどのように判断するかが問題となる。

A事業とB事業とでグルーピングが異なり，かつ，本社費等の間接費が適切に配賦された結果，B事業が営業利益となるのであれば，たとえA事業の営業損失により子会社全体で営業損失となる場合であっても，減損の兆候の有無はのれんが帰属する事業ごとに判定するため，B事業については減損の兆候がないものと判断される。ただし，このような場合でも，子会社株式の減損処理が行われた場合には，連結財務諸表上の子会社投資簿価（子会社の資本の親会社持分額＋のれん未償却残高）が減損処理後の子会社株式の帳簿価額を超過するとき，当該超過額のうち，のれんの未償却残高に達するまでの金額について，のれんを一時償却しなければならない（資本連結指針32項）。このため，のれんの一時償却額がA事業に分割されたのれん減損処理後の残高を超過するときは，B事業に分割されたのれんにも一時償却額を配分する必要がある。

Q7-7　のれんの減損判定上の将来キャッシュ・フローの見積期間

> のれんの減損判定上の将来キャッシュ・フローの見積期間はどのように考えるのか。

A

のれんに関し，より大きな単位でグルーピングする場合，のれんの減損判定上の将来キャッシュ・フローの見積期間は，のれんの残存償却期間となる。

解説

のれんは資産に計上し，20年以内のその効果の及ぶ期間にわたって，定額法その他の合理的な方法により規則的に償却する必要がある（企業結合基準32項）。のれんの効果の及ぶ期間は，のれんが資産として将来のキャッシュ獲得に貢献する期間であり，取得した事業の超過収益力が発現する期間である。

のれんが帰属する事業に関連する複数の資産グループにのれんを加えた，よ

り大きな単位で減損損失の認識の判定を行う場合（減損指針52項），当該資産グループの主要な資産の残存使用可能期間よりのれんの残存償却期間のほうが短いときは，のれんの残存償却期間のキャッシュ・フローを見積り（減損指針37項(4)），のれんの残存償却期間経過時点の当該資産グループののれん以外の資産の正味売却価額をキャッシュ・イン・フローとして見積ることになる（図表7－7－1参照）。

図表7－7－1	のれんが帰属する資産グループの使用可能期間＞のれんの残存償却期間の場合

より大きな単位の主要な資産の使用可能期間

のれんの残存償却期間

将来C/F見積額＝のれんの残存償却期間のC/F＋のれんの償却終了時点の，より大きな単位の主要な資産等の正味売却価額

　一方，当該資産グループの主要な資産の残存使用可能期間よりのれんの残存償却期間のほうが長いときは，のれんの残存償却期間のキャッシュ・フローを見積り，のれんの残存償却期間経過時点までの当該資産グループののれん以外の資産の更新支出額をキャッシュ・アウト・フローとして見積ることになる（図表7－7－2参照）。

図表7－7－2	のれんが帰属する資産グループの使用可能期間＜のれんの残存償却期間の場合

より大きな単位の主要な資産の使用可能期間

のれんの残存償却期間

将来C/F見積額＝のれんの残存償却期間のC/F－より大きな単位の主要な資産等の使用可能期間終了時点の更新支出

　なお，のれんの帳簿価額を各資産グループに配分したうえで減損損失の認識の判定を行う方法を採用している場合（減損指針54項）は，のれんが配分された資産グループに減損の兆候があるときに，資産グループごとに減損損失の認識の判定が行われるため，資産グループの主要な資産の残存使用可能期間と

20年のいずれか短い期間でキャッシュ・フローを見積ることになると考えられる。

Q7-8 連結財務諸表上ののれんの減損処理と非支配株主持分の負担

> 支配が継続する子会社株式の一部売却があった場合，連結財務諸表上ののれんの減損処理と当該のれんが計上されている子会社の非支配株主持分の負担はどのように取り扱うのか。

A

　連結財務諸表上，子会社に係る投資と資本の消去差額として計上されているのれんについて，子会社株式を一部売却してもなお，子会社である場合，連結財務諸表上，売却持分に係るのれんは減額されない。このため，売却持分に係るのれんの償却費やのれんに係る減損損失についても，残存持分に係る部分と同様，全額親会社株主に帰属する当期純利益として取り扱うことになる。

　また，子会社の個別財務諸表上で計上されているのれんについて，親会社の連結財務諸表上もそのまま計上する場合には，のれん償却費やのれんに係る減損損失は非支配株主持分にも負担させる。この場合，子会社株式を一部売却し，なお子会社であるときは，売却持分に係るのれんについて連結財務諸表上，減額処理が行われないが，のれん償却費やのれんに係る減損損失の売却持分相当は非支配株主持分に負担させる。

解説

1 親会社が直接所有している子会社に係る連結財務諸表上ののれんの場合

　平成25年の連結基準の改正により，支配を喪失しない子会社の株式の一部売却や子会社株式の追加取得により生じる子会社持分の変動額と売却額または追加取得対価との差額が連結財務諸表上，資本剰余金に計上されることになった。しかしながら，非支配株主持分を株主資本とは区分して純資産の部に計上

し，新たに支配を獲得した子会社に係るのれんを親会社持分のみ認識するなど，改正前の親会社説による考え方は踏襲されている。このため，連結財務諸表上の投資と資本の相殺消去で計上されるのれんの減損損失は非支配株主持分に負担させないことになる。

2 親会社が直接所有している子会社の株式を一部売却し，売却後もなお，子会社である場合

平成25年の連結基準の改正により，支配が継続する子会社株式の一部売却があっても，連結財務諸表上ののれんを減額処理しない取扱いとなったため（連結基準66-2項），売却持分に係るのれんの償却費やのれんに係る減損損失は，全額親会社に帰属する当期純利益に計上され，非支配株主持分には負担させないことになる。

3 子会社が個別財務諸表上で計上しているのれんの取扱い

共同新設分割による子会社設立のように，子会社が他の企業から移転を受ける事業に対して個別財務諸表上で計上するのれんについては，親会社の連結財務諸表上もそのまま子会社が計上したのれんを計上することが認められている（結合分離指針98項(2)②ただし書き）。このように，子会社が個別財務諸表上で計上しているのれんを親会社の連結財務諸表上もそのまま計上する場合には，当該のれんに係る減損損失を非支配株主持分にも負担させることになる。

子会社の個別財務諸表に計上されているのれんを，(1)親会社の連結財務諸表上もそのまま計上する場合と，(2)親会社持分ののれんのみを計上する場合がある。いずれの場合であっても，平成25年の連結基準の改正により支配を喪失しない子会社株式の一部売却があった場合に親会社の連結財務諸表上，のれんの未償却残高の売却持分の減額処理は行われないこととなった（連結基準66-2項）。

(1)を採用している場合，子会社株式の一部売却による非支配株主の持分比率増加に伴い，のれんに係る減損損失が計上されるときの非支配株主持分の負担額が増加することになる。一方，(2)を採用している場合には，親会社持分に係る部分ののれんのみを当初に計上しているため，売却持分に係るのれんに係る

減損損失についても親会社が負担することになる。

設例7－8－1　子会社が計上しているのれんについて非支配株主に帰属する部分を消去する場合

(1) 前提条件

① P社は設立時からS社の発行済株式総数の100%を所有している。
② P社が所有するS社株式の帳簿価額は1,000である。
③ S社はX2期末にA事業のみを営むA社を吸収合併し，合併対価としてS社株式（時価1,000）をA社株主に交付し，払込資本は全額資本金に計上した。その結果，P社のS社に対する持分比率は80%となった。
④ X2期末における合併直前のS社およびA社の状況は以下のとおりである。

S社	簿価	時価
諸資産	10,000	10,500
諸負債	7,000	7,000
資本金	1,000	
利益剰余金	2,000	
負債・純資産計	10,000	
時価総額		4,000

A社	簿価	時価
諸資産	1,000	1,400
諸負債	500	500
資本金	200	
利益剰余金	300	
負債・純資産計	1,000	
時価総額		1,000

⑤ のれんは5年間の定額法で償却する。説明の簡略化のため，税効果は省略する。
⑥ X3期のS社の当期純利益は300（のれん償却費20控除後）で期末利益剰余金は2,300となった。
⑦ X3期末にP社はS社の発行済株式総数の10%相当のS社株式を現金450で売却した。
⑧ X4期末にS社はA事業から撤退することを決定し，A事業に係るのれん未償却残高60（100÷5年×3年）全額を減損処理した。
⑨ X4期のS社の当期純利益は200（X4期ののれん償却費20および上記⑧ののれんに係る減損損失60控除後）で，期末利益剰余金は2,500となった。

(2) 会計処理

① X2期末におけるS社個別財務諸表におけるA社の合併仕訳（パーチェス法）（前提条件③）

（借）	諸 資 産	1,400	（貸）	諸 負 債	500
	の れ ん	100		資 本 金	1,000

② X2期におけるP社の連結処理

ⅰ A社を吸収合併することに伴うS社に対する持分の減少（開始仕訳含む。）（前提条件③）

（借）	資 本 金	1,000	（貸）	S 社 株 式	1,000
（借）	資 本 金	1,000	（貸）	非支配株主持分	（※）800
				資本剰余金	200

（※）（1,000 ＋ 1,000 ＋ 2,000）× 20％ ＝ 800

ⅱ P社持分のみのA社に係るのれんを計上する場合の修正仕訳

（借）	非支配株主持分	20	（貸）	の れ ん	（※）20

（※）100 × 20％ ＝ 20

③ X3期末のP社個別財務諸表におけるS社株式の売却仕訳（前提条件⑦）

（借）	現 金	450	（貸）	S 社 株 式	（※）125
				S社株式売却益	325

（※）1,000 × 10％ ÷ 80％ ＝ 125

④ X3期のS社の個別財務諸表におけるのれん償却仕訳（前提条件⑤）

（借）	のれん償却費	20	（貸）	の れ ん	（※）20

（※）100 ÷ 5年 ＝ 20

⑤ X3期におけるP社の連結処理（P社持分のみのA社に係るのれんを計上する場合）

　ⅰ　開始仕訳（前記②ⅰ参照）

（借）	資　本　金	1,000	（貸）	S　社　株　式	1,000
（借）	資　本　金	1,000	（貸）	非支配株主持分	800
				資本剰余金（期首）	200

　ⅱ　開始仕訳（前記②ⅱ参照）

（借）	非支配株主持分	20	（貸）	の　れ　ん	20

　ⅲ　非支配株主に帰属する当期純利益（前提条件⑥）

（借）	非支配株主に帰属する当期純利益	(※)60	（貸）	非支配株主持分	60

（※）　300 × 20% = 60

　ⅳ　S社が計上しているのれん償却費20のうち非支配株主に帰属するものとして連結財務諸表上消去した部分の修正（連結財務諸表上ののれんの当初計上額がS社の個別財務諸表計上額100から非支配株主に帰属する20を控除した80に修正されていることに伴うのれん償却費の修正）

（借）	の　れ　ん	4	（貸）	のれん償却費	(※)4
（借）	非支配株主に帰属する当期純利益	4	（貸）	非支配株主持分	4

（※）　20 × 20% = 4

　ⅴ　S社株式の一部売却による持分変動

（借）	S社株式売却益	325	（貸）	非支配株主持分	(※)430
	S　社　株　式	125		資本剰余金	20

（※）　(1,000 + 1,000 + 2,300) × 10% = 430

⑥ X4期末におけるS社の個別財務諸表における仕訳

　　i　のれんの償却（前提条件⑤）

| （借） | のれん償却費 | 20 | （貸） | のれん | (※) 20 |

（※）　100÷5年＝20

　　ii　のれんの減損処理（前提条件⑧）

| （借） | 減損損失 | 60 | （貸） | のれん | 60 |

⑦ X4期におけるP社の連結処理

　　i　開始仕訳（前記②i，⑤i参照）

（借）	資本金	1,000	（貸）	S社株式	1,000
（借）	資本金	1,000	（貸）	非支配株主持分	800
				資本剰余金（期首）	200

　　ii　開始仕訳（前記②ii，⑤ii参照）

| （借） | 非支配株主持分 | 20 | （貸） | のれん | 20 |

　　iii　開始仕訳（前記⑤iii参照）

| （借） | 利益剰余金（期首） | 60 | （貸） | 非支配株主持分 | 60 |

　　iv　開始仕訳（前記⑤iv参照）

| （借） | のれん | 4 | （貸） | 利益剰余金（期首） | 4 |
| （借） | 利益剰余金（期首） | 4 | （貸） | 非支配株主持分 | 4 |

　　v　開始仕訳（前記⑤v参照）

| （借） | 利益剰余金（期首） | 325 | （貸） | 非支配株主持分 | 430 |
| | S社株式 | 125 | | 資本剰余金（期首） | 20 |

　　vi　非支配株主に帰属する当期純利益（前提条件⑨）

| （借） | 非支配株主に帰属する当期純利益 | (※) 60 | （貸） | 非支配株主持分 | 60 |

（※）　200×30％（非支配株主持分比率）＝60

vii　S社が計上しているのれん償却費20のうち非支配株主に帰属するものとして連結財務諸表上消去した部分の修正（連結財務諸表上ののれんの当初計上額がS社の個別財務諸表計上額100から非支配株主に帰属する20を控除した80に修正されていることに伴うのれん償却費の修正）

(借)　の れ ん　　　　　　　4	(貸)　のれん償却費　　　　(※)4

(※)　20 × 20%（S社の個別財務諸表上ののれんの20%を消去）= 4

viii　S社が計上しているのれん償却費20のうちS社当期純利益として非支配株主に帰属する部分とした金額の修正

(借)　非支配株主に帰属　　(※)6	(貸)　非支配株主持分　　　　　6
する当期純利益	

(※)　20 × 30%（非支配株主持分比率）= 6

ix　S社が計上しているのれんに係る減損損失60のうち非支配株主に帰属するものとして連結財務諸表上消去した部分の修正（連結財務諸表上ののれんの当初計上額がS社の個別財務諸表計上額100から非支配株主に帰属する20を控除した80に修正されていることに伴うのれんに係る減損損失の修正）

(借)　の れ ん　　　　　　　12	(貸)　減 損 損 失　　　　(※)12

(※)　60 × 20%（S社の個別財務諸表上ののれんの20%を消去）= 12

x　S社が計上しているのれんに係る減損損失60のうちS社当期純利益として非支配株主に帰属する部分とした金額の修正

(借)　非支配株主に帰属　　(※)18	(貸)　非支配株主持分　　　　　18
する当期純利益	

(※)　60 × 30%（非支配株主持分比率）= 18

(3)　X4期のS社当期純利益の構成要素とP社連結財務諸表への取込額（子会社が計上しているのれんについて非支配株主に帰属する部分を消去する場合）

　　上記の会計処理を前提にS社のX4期の損益をP社の連結財務諸表に取り込むと，下の表のとおり，のれん償却費はS社の個別財務諸表上は20であるが，連結財務諸表上はS社の個別財務諸表上の計上額100から非支配株主に帰属す

る20を控除した80が当初計上額であるため,のれん償却費は16(＝80÷5年)となる。同様にのれんに係る減損損失は連結財務諸表上の当初計上額に基づくX4期末の未償却残高48(＝80÷5年×3年)となる。S社当期純利益のうち非支配株主に帰属する当期純利益は,のれん償却費およびのれんに係る減損損失を負担しない方法を採用している前提では,84(＝その他利益280×30%)となる。

S社の当期純利益の構成要素	S社個別P/L	修正	P社の連結F/Sへの取込額
その他利益	280		280
のれん償却費	△20	4	△16
減損損失	△60	12	△48
S社当期純利益	200	16	216
非支配株主に帰属する当期純利益	60	24	84
親会社株主に帰属する当期純利益	140	△8	132

設例7－8－2　子会社が計上しているのれんについて非支配株主に帰属する部分を消去しない場合

(1) 会計処理

設例7－8－1を子会社が計上しているのれんについて非支配株主に帰属する部分を消去しない場合には,設例7－8－1で示した②ⅱ,⑤ⅱ,⑤ⅳ,⑦ⅱ,⑦ⅳ,⑦ⅶ,⑦ⅷ,⑦ⅸ,⑦ⅹの仕訳を行わない処理になる。

(2) X4期のS社当期純利益の構成要素とP社連結財務諸表への取込額(子会社が計上しているのれんについて非支配株主に帰属する部分を消去しない場合)

その結果,下の表に示したようにS社が個別財務諸表で計上したのれん償却費20,のれんに係る減損損失60がそのままP社の連結財務諸表に取り込まれ,これらの費用,損失についても30%は非支配株主に帰属するものとして取り扱われることになる。

S社の当期純利益の構成要素	S社個別P/L	修正	P社の連結F/Sへの取込額
その他利益	280		280
のれん償却費	△20		△20
減損損失	△60		△60
S社当期純利益	200	－	200
非支配株主に帰属する当期純利益	60	－	60
親会社株主に帰属する当期純利益	140	－	140

　子会社が計上しているのれんについて非支配株主に帰属する部分を消去する場合と消去しない場合を比較すると，前者のほうがS社当期純利益の連結財務諸表取込額が16（＝216－200）多くなる。これは，前者の場合，非支配株主持分に係るS社ののれんを計上していないため，のれん償却費が4，減損損失が12少なくなるためである。一方，非支配株主に帰属する当期純利益については前者の場合，のれん償却費，減損損失を負担しないため，後者の場合に比べて大きくなる。

Q7-9　持分法適用関連会社に係るのれんの減損判定

　持分法適用関連会社に係るのれんの減損判定はどのように行うのか。

　持分法適用関連会社に係るのれんの減損判定も，連結子会社に係るのれんと同様に処理することが原則である。このとき，持分法は投資額を修正する会計処理であることから，原則として，持分法適用関連会社の各事業へのれんを分割せず，持分法に係るのれんの減損処理は持分法が適用されている出資全体に対して適用されるものと考えられる。このため，当該関連会社の全体の持分法適用上の時価評価後の減損処理前帳簿価額持分相当額に当該関連会社ののれん未償却残高を加えた金額と，のれん残存償却期間の将来キャッシュ・フロー見

積額持分相当額を比較して，減損の判定を行うことになると考えられる。

解説

　持分法適用関連会社に係るのれんの減損判定も，連結子会社に係るのれんと同様に処理することが原則である（持分法指針9項なお書き）。
　このとき，持分法は投資額を修正する会計処理であることから，原則として，持分法適用関連会社の各事業へのれんを分割せず，持分法に係るのれんの減損処理は持分法が適用されている出資全体に対して適用されるものと考えられる（減損指針94項ただし書き）。このため，当該関連会社全体の持分法適用上の時価評価後の減損処理前帳簿価額に，当該関連会社ののれん未償却残高を加えた金額で減損の判定を行うことになると考えられる。
　持分法適用上の時価評価は部分時価評価法であるため，減損処理前帳簿価額およびその時価評価修正や将来キャッシュ・フロー見積額については，関連会社に対する持分相当額で減損の判定を行うことになると考えられる。関連会社株式が段階的に取得されていない場合や，一括法で時価評価が行われている場合には，外部持分についても減損判定上，時価評価修正を行い，時価評価修正後の減損処理前固定資産帳簿価額に関連会社に係るのれんを加えて，のれん残存償却期間に係る将来キャッシュ・フロー見積額と比較して減損の判定を行うことも考えられる。
　また，持分法適用関連会社の固定資産や持分法適用上ののれんについては，連結会社ではないため，連結の観点からのグルーピングの見直しは行われないものと考えられる。
　なお，関連会社株式の取得対価が関連会社の各事業価値を基礎として概ね独立して決定され，損益管理上も事業単位ごとに業績報告が行われている場合に，持分法適用関連会社に係るのれんを関連会社の各事業単位に分割したケースを設例で確認する。

設例7－9－1　持分法適用関連会社に係るのれんの減損判定

(1) 前提条件
- P社はX1期首にA社の発行済株式総数の20％の株式を580で取得した。
- 株式取得時のA社の状況は以下のとおりであり，B事業固定資産は非減価償却資産である。

A社株式取得時	簿価	時価	評価差額	左の20%
流動資産	1,900	1,900	−	−
A事業固定資産	1,400	1,400	−	−
B事業固定資産	700	600	△100	△20
資産計	4,000	3,900	△100	△20
負債	2,000	2,000		
株主資本	2,000			
負債・純資産計	4,000			

- A社に係るのれんについてはその効果の及ぶ期間（5年間）で定額法により償却する。
- 説明の簡略化のため税効果は省略する。
- A社に係るのれんは，A社のA事業に係るA固定資産とB事業に係るB固定資産に時価の比で分割するものとする。
- Ｘ１期にA社は100の当期純利益を計上し，配当は実施していない。
- Ｘ２期にA社はＸ４期末でのB事業廃止を決定し，B事業固定資産のＸ２期末の正味売却価額は450，使用価値は500と算定されたため，200（＝ 700 − 500）の減損損失を計上した。その結果，A社のＸ２期の当期純利益は100となった。

B事業固定資産に係るC/F見積額（割引率5％）	割引前C/F	割引後C/F
X3期のB事業のC/F見積額	50	47
X4期のB事業のC/F見積額	50	45
X4期末のB固定資産の正味売却価額	450	408
将来C/F見積額計	550	500
将来C/F見積額のP社持分相当額（同上×20％）	110	100

(2) 会計処理

① Ｘ１期のP社におけるA社に対する持分法適用仕訳

（借）　A 社 株 式　　　（※）20　（貸）　持分法による投資損益　　20

（※）　100 × 20％ ＝ 20

（借）　持分法による投資損益　　40　（貸）　A 社 株 式　　　（※１）40

（※１）　200 （※２） ÷ 5年 ＝ のれん償却額40

(※2)　580 － {株主資本2,000 ＋ 評価差額（600 － 700）} × 20％ ＝ のれん200
　　　　200 × 1,400 ÷（1,400 ＋ 600）＝ A事業固定資産に帰属するのれん分割額140
　　　　200 × 600 ÷（1,400 ＋ 600）＝ B事業固定資産に帰属するのれん分割額60

② X2期の持分法適用仕訳

　　i　開始仕訳

| （借） | A 社 株 式 | 20 | （貸） | 利益剰余金（期首） | 20 |
| （借） | 利益剰余金（期首） | 40 | （貸） | A 社 株 式 | 40 |

　　ii　当期純利益持分額の計上

| （借） | A 社 株 式 | (※)40 | （貸） | 持分法による投資損益 | 40 |

(※)　A社の当期純利益100に対して，B事業固定資産の持分法適用上の時価評価の修正額（100）に相当する減損処理額を修正して，持分法による投資損益を計上する（下の表を参照）。

【A社当期純利益の内訳】

A社当期純利益の内訳	①A社 個別F/S	②①× 20％	③時価評価の 修正	④持分法による投資損益取込額 （②＋③）
B事業固定資産に係る減損損失	△200	△40	20	△20
その他の利益	300	60		60
X2期の当期純利益	100	20	20	40

　　iii　のれんの償却

| （借） | 持分法による投資損益 | 40 | （貸） | A 社 株 式 | 40 |

　　iv　のれんの減損判定

　取得時ののれん200をA事業固定資産とB事業固定資産に取得時の時価の比で分割すると，B事業固定資産に帰属するのれんは60（＝ 200 × 600 ÷（1,400 ＋ 600））と算定され，B事業固定資産に帰属するのれんの未償却残高は36（＝ 60 ÷ 5年 × 3年）と算定される。

　B事業固定資産の減損処理前帳簿価額持分相当に帰属するのれん未償却残高を加算した金額は156（＝（700 － 100）× 20％ ＋ 36）と算定される。そして，この金額とのれんの残存償却期間（3年）における割引前将来キャッシュ・フ

ローの見積額とを比較することになる。本設例の場合，B事業が廃止されるため，B事業に係るのれんの残存償却期間もB事業の存続期間（2年）に見直しが行われ，割引前将来キャッシュ・フローの見積期間も2年となる。

このとき，156 ＞ 550 × 20％であるため減損損失が認識され，156 ＞ 500 × 20％であることから減損損失が56（156 − 500 × 20％）と測定される。この測定額がのれん未償却残高（36）を超えるため，のれん未償却残高全額（36）が減損処理される。

(借) 持分法による投資損益　　　36　(貸)　Ａ 社 株 式　　　　　　36

なお，のれん未償却残高を超える減損損失測定額20（＝ 56 − 36）は，B事業固定資産時価評価修正のA社当期純利益持分額の計上ですでに計上済みであるため（【A社当期純利益の内訳】の図表参照），改めて計上することにはならない。

Q7-10 連結子会社株式を売却することが予定されている場合ののれんの減損判定

連結子会社株式を売却することが予定され，売却損が計上される見込みである場合，連結財務諸表上ののれんの減損判定はどのようになるのか。

A

連結子会社株式の売却により個別財務諸表上，売却損が計上される見込みであり，売却損の発生要因が連結子会社の超過収益力の著しい低下によるものである場合には，連結財務諸表上，当該子会社に係る投資と資本の消去差額として計上されているのれんの未償却残高について減損の兆候があるものと考えられ，売却の意思決定時点でのれんの減損判定が必要になると考えられる。

解説

1　子会社株式売却損の計上が見込まれている場合ののれんの減損の兆候の判定

　連結子会社株式を売却することにより当該連結子会社に対する支配を喪失する場合，当該連結子会社に対して計上されているのれんの未償却残高に係る売却持分は子会社株式売却損益の修正として処理される。一方，連結子会社株式の一部売却で支配を喪失しない場合には，当該連結子会社に対して計上されているのれんの未償却残高に係る売却持分については減額処理されない（連結基準66-2項）。

　連結子会社に対する支配を喪失する場合でも，支配が継続する場合でも，連結子会社株式の売却により個別財務諸表上，売却損が計上される見込みであり，売却損の発生要因が連結子会社の超過収益力の著しい低下によるものであるときには，のれんについて減損の兆候があるものと考えられ，売却の意思決定時点でのれんの減損判定が必要になると考えられる。

2　子会社株式売却損の計上が見込まれている場合ののれんの一時償却

　個別財務諸表上，売却損が計上されると見込まれる場合は，投資の回収が見込まれない部分が存在することになる。売却損の計上が子会社株式の時価または実質価額の著しい下落または低下に基づくものである場合には，売却方針が決定された事業年度において子会社株式の減損処理を検討することが必要になると考えられる。

　子会社株式の減損処理が行われた結果，連結財務諸表上の子会社投資簿価（子会社の資本の親会社持分額＋のれん未償却残高）が減損処理後の個別財務諸表上の子会社株式の帳簿価額を超過することとなる場合，当該超過額のうち，のれんの未償却残高に達するまでの金額について，のれんを一時償却しなければならない（資本連結指針32項）。この一時償却はのれんの減損処理ではなく，親会社の個別財務諸表上，子会社株式の減損処理が行われたことにより，子会社投資の連結上の簿価に含まれているのれん未償却残高を一時償却し，減損処理後の子会社株式の帳簿価額まで連結財務諸表上の子会社投資簿価を引き下げ

ることにより，のれんの過大計上額を修正するものである。このため，子会社の超過収益力等の低下の有無にかかわらず，一時償却を行うことが必要となる。

第8章

減損損失の配分・減損処理後の会計処理に関する実務論点

Q8-1　減損処理後の減価償却費

減損処理後の減価償却において留意すべき点は何か。

A

　減損処理を行った固定資産については，減損処理後の帳簿価額に基づき減価償却を行う。減損損失を計上した資産グループでは収益性の低下という状況変化が発生していた背景から，残存価額，残存耐用年数の見直しが行われる場合が多い。期中で減損処理を行った場合，減損処理を行った翌日から見直し後の残存耐用年数，残存価額に基づいた減価償却計算が求められる点にも留意が必要である。

解説

1　減損処理後の減価償却費

　各期の減価償却費は，①帳簿価額，②残存価額，③耐用年数に基づき，企業が採用している減価償却の方法に従って，計画的，規則的に計上される。これらの減価償却費の算定基礎は，減損損失を計上した固定資産であっても同様である。ただし，減損処理後の減価償却費の算定基礎たる①帳簿価額は減損損失を控除した帳簿価額となる（減損指針55項）。

　また，②残存価額，③（残存）耐用年数は減損処理後，見直されることがあ

る。特に残存耐用年数については，減損損失を計上した資産グループにおいて，経営環境の変化等によって使用実態が大きく変化し，これまでの耐用年数が実態と乖離している場合がある。このようなケースでは，将来キャッシュ・フローの見積りに用いた経済的残存使用年数に合わせて，従来の耐用年数を見直す必要がある点に留意が必要である。

なお，減損損失の認識の判定は減価償却の見直しに先立って行われることとされている（減損意見書四2(2)①，減損指針86項）。このため，減損の事実がある場合，まずその事実を優先して減損処理を行い，その後，残存価額および残存耐用年数の見直しを行って減価償却を継続することになる。

設例8−1−1　減損処理後の減価償却費

(1) 前提条件
- 第1四半期末において，期首時点の帳簿価額4,000，残存価額400，残存耐用年数10年の固定資産を，1,510減損処理することになった。
- 減損処理にあたり，将来キャッシュ・フローの見積りに用いた経済的残存使用年数は5年，5年経過後の正味売却価額は200であった。
- 固定資産の減価償却方法は定額法である。

(2) 会計処理
① 第1四半期末

| （借）　減価償却費 | (※) 90 | （貸）　固　定　資　産 | 90 |

(※)　（帳簿価額4,000 − 残存価額400）÷ 残存耐用年数10年 × $\frac{1}{4}$ = 90

| （借）　減　損　損　失 | (※) 1,510 | （貸）　固　定　資　産 | 1,510 |

(※)　前提条件参照。

② 第2四半期末

| （借）　減価償却費 | (※) 110 | （貸）　固　定　資　産 | 110 |

(※)　（減損処理前帳簿価額（期首帳簿価額4,000 − 第1四半期減価償却費90）− 減損損失1,510 − 残存価額（見直し後）200）÷ 耐用年数（見直し後）5年 × $\frac{1}{4}$ = 110

2 臨時償却と減損損失

　従来，耐用年数の変更等による影響額を，変更した期に一時に損益として認識する臨時償却という考え方があった。臨時償却は，貸借対照表の残高を決めて帳簿価額を合わせていくアプローチであるという点では減損処理と似ている面がある。なお，過年度遡及基準の適用に伴い，会計上の見積りの変更に伴う残存価額および耐用年数の変更は，当期およびその資産の残存耐用年数にわたる将来の期間の損益で認識することとされたため（過年度遡及指針12項，減価償却取扱16項，20項），平成23年4月1日以後開始する事業年度からは臨時償却は廃止されている（過年度遡及基準57項）。

Q8-2　主要な資産と他の構成資産の耐用年数

　減損処理を行った資産グループにおいて，主要な資産の耐用年数を見直した結果，他の構成資産の残存耐用年数が主要な資産の残存耐用年数を上回ることとなった。この場合，他の構成資産の耐用年数も主要な資産に合わせて短縮すべきか。

A

　必ずしも，主要な資産に合わせて他の構成資産の耐用年数を短縮する必要はないと考えられる。

解説

1　減損指針における取扱い

　「資産又は資産グループ中の主要な資産の経済的残存使用年数と減価償却計算に用いられている残存耐用年数との乖離が明らかになったときには，これまでの取扱いに従って耐用年数を変更しなければならない」こととされている（減損指針100項なお書き）。このため，主要な資産の経済的残存使用年数と減価償却に用いられる残存耐用年数が乖離している場合，主要な資産は経済的残存

使用年数で減価償却する必要がある。

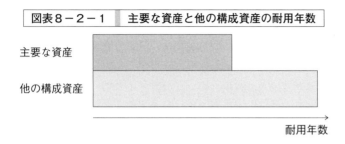

一方，他の構成資産の耐用年数については，図表8－2－1のように，主要な資産の耐用年数より他の構成資産の耐用年数が長いケースでも，必ずしも主要な資産の経済的残存使用年数に一致させる必要はない。

2 主要な資産以外の資産の耐用年数を主要な資産に一致させない例

たとえば，主要な資産の経済的残存使用年数到来後，他の構成資産を使用する計画がなく，処分する予定であるなら，他の構成資産の耐用年数を主要な資産に合わせて見直すことが考えられる。しかし，主要な資産の更新投資が予定されている場合（図表8－2－2参照）や，更新投資が予定されていないが他の資産グループの資産として転用が可能な場合（図表8－2－3参照）には，他の構成資産の耐用年数は，必ずしも主要な資産の経済的残存使用年数に拘束されない。

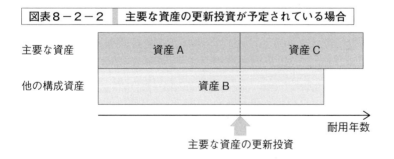

図表8-2-3　他の構成資産を他の資産グループで転用可能な場合

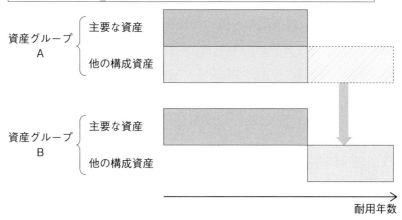

　減損処理後における他の構成資産の耐用年数については，あくまで他の構成資産の経済的使用可能予測期間に基づいて決定されるべきであり，減損処理時の他の構成資産の残存耐用年数と減損処理時の経済的使用可能期間との乖離が明らかになったときに，耐用年数を変更する必要がある（減価償却取扱14項参照）。

Q8-3　帳簿価額が正味売却価額と一致する場合の減価償却

　操業を停止し，処分する予定の工場を減損処理した。操業停止および処分予定を考慮し，減損損失は使用価値（操業停止までの継続的な使用と使用後の処分により生ずると見込まれる将来キャッシュ・フローの現在価値）とした。この場合，操業停止前および操業停止後の減価償却費はどのように計上すべきか。

A

　操業停止前は減価償却費を計上するが，操業停止時点で減損処理および操業停止までの減価償却により帳簿価額が残存価額に一致するため，操業停止後は減価償却を行う必要はない。なお，売却が遅れたことに伴う正味売却価額の低下については，追加の減損損失として処理することが妥当である。

解説

1　操業停止による減価償却計算への影響

　減損処理を行った資産の減損後の減価償却については，①減損損失を控除した帳簿価額，②残存価額，③残存耐用年数に基づき行う（減損指針135項）。操業停止およびその後の処分予定を考慮して減損処理を実施した場合，操業停止までの減価償却費は①減損処理後の帳簿価額，②残存価額（正味売却価額），③残存耐用年数（操業停止までの期間）に基づいて計上されることになる。一方，操業停止後は①帳簿価額と②残存価額が一致するため，操業停止後の減価償却は必要ないと考えられる。

　ただし，実際の処分がなされず遊休状態が継続し，固定資産の正味売却価額が低下した場合は，再度，減損損失の計上を検討する必要がある。

2　設例による検討

設例8－3－1　処分予定の工場の減損処理

(1)　前提条件
- 会社は3月決算である。
- 6月開催の取締役会において，9月末に工場の操業を停止し，その後外部に売却することを決定した。
- 工場の固定資産の帳簿価額は50,000，7月から9月の工場の継続的使用により生ずると見込まれるキャッシュ・フローは5,000である。
- 工場の使用後の処分によって生ずると見込まれるキャッシュ・フローは2,000である。

(2)　会計処理
① 第1四半期末

（借）減損損失	(※)43,000	（貸）固定資産	43,000

(※)　帳簿価額50,000 － 使用価値7,000（9月末までの継続的使用によるキャッシュ・フロー5,000 ＋ 使用後の処分によるキャッシュ・フロー2,000）＝ 43,000

② 第2四半期末

| (借) | 減価償却費 | (※)5,000 | (貸) | 固定資産 | 5,000 |

(※) 減損後帳簿価額7,000－正味売却価額2,000＝5,000（耐用年数を9月末までに短縮している。）

③ 第3四半期末

（仕訳なし）

　第2四半期末の減損処理および第2四半期における減価償却費の計上により，固定資産の帳簿価額は正味売却価額2,000と一致する。このため，第3四半期においては，追加の減価償却は不要である。

Q8-4　減損損失の配分

　資産グループについて認識された減損損失を各資産に配分する方法にはどのようなものがあるか。

A

　資産グループについて認識された減損損失は，帳簿価額に基づいて比例配分する方法のほか，合理的であると認められる方法により，当該資産グループの各構成資産に配分することができる。

解説

1　減損損失の配分方法

　資産グループについて認識された減損損失は，個々の資産に帰属する額を紐付けすることができないため，合理的な方法により，当該資産グループの各構成資産に配分することになる（減損基準二6(2)）。減損損失を配分する方法として，減損指針では，（1）帳簿価額に基づき比例配分する方法と，（2）各構

成資産の時価を考慮した配分等合理的であると認められる方法が示されている（減損指針26項）。

（1） 帳簿価額に基づき比例配分する方法

実務上，最も多く採用されているのがこの方法かと思われる。資産グループ全体で認識された減損損失を，資産グループの構成資産にそれぞれ一定割合負担させる方法である。ただし，この方法を採用した場合には減損後の帳簿価額が正味売却価額を下回るときもあるため，そのようなケースでは調整することが考えられる（「Q8－5　土地に含み益がある場合の減損損失の各構成資産への配分」参照）。

（2） 各構成資産の時価を考慮した方法

各構成資産の正味売却価額を把握できる場合には，当該正味売却価額を考慮した配分を行うことも考えられる。たとえば，各資産の帳簿価額と時価の差額に基づいて減損損失を比例配分する方法が考えられる。この方法は，「（1）帳簿価額に基づき比例配分する方法」の問題点にも配慮した考え方である。

2　設例による検討

設例8－4－1　減損損失の各資産グループへの配分（帳簿価額に基づく比例配分と，各構成資産の時価を考慮した配分）

(1)　前提条件

ある資産グループに対し，使用価値に基づき，350,000の減損損失を計上することになった。減損処理前の帳簿価額および正味売却価額は次のとおりである。

	帳簿価額	正味売却価額
建物	400,000	200,000
構築物	100,000	50,000
土地	500,000	350,000
合計	1,000,000	600,000

(2) 減損損失の配分結果

① 帳簿価額に基づく比例配分をした場合

	帳簿価額 (A)	減損損失 (B)	減損処理後帳簿価額 (A)－(B)
建物	400,000	(※1) 140,000	260,000
構築物	100,000	(※2) 35,000	65,000
土地	500,000	(※3) 175,000	325,000
合計	1,000,000	350,000	650,000

(※1) 減損損失合計 350,000×建物帳簿価額 400,000÷帳簿価額合計 1,000,000 ＝ 140,000
(※2) 減損損失合計 350,000×構築物帳簿価額 100,000÷帳簿価額合計 1,000,000 ＝ 35,000
(※3) 減損損失合計 350,000×土地帳簿価額 500,000÷帳簿価額合計 1,000,000 ＝ 175,000

② 各構成資産の時価を考慮した方法

	帳簿価額 (A)	減損損失 (B)	減損処理後帳簿価額 (A)－(B)
建物	400,000	(※1) 175,000	225,000
構築物	100,000	(※2) 43,750	56,250
土地	500,000	(※3) 131,250	368,750
合計	1,000,000	350,000	650,000

(※1) 減損損失合計 350,000 ×（建物帳簿価額 400,000 － 建物正味売却価額 200,000）÷（帳簿価額合計 1,000,000 － 正味売却価額合計 600,000）＝ 175,000
(※2) 減損損失合計 350,000 ×（構築物帳簿価額 100,000 － 構築物正味売却価額 50,000）÷（帳簿価額合計 1,000,000 － 正味売却価額合計 600,000）＝ 43,750
(※3) 減損損失合計 350,000 ×（土地帳簿価額 500,000 － 土地正味売却価額 350,000）÷（帳簿価額合計 1,000,000 － 正味売却価額合計 600,000）＝ 131,250

3 その他の合理的な配分方法

(1) 帳簿価額が大きな割合を占める複数の資産にのみ配分する方法

資産グループの帳簿価額のほとんどが主要な資産で，帳簿価額に基づく比例

配分を行っても，帳簿価額が大きな割合を占めることとなる複数の資産にのみ比例配分しても，その後の会計処理の結果（残存耐用年数にわたる減価償却費の負担）が大きく相違しないと想定されるときには，実務上，その帳簿価額が大きな割合を占めることとなる複数の資産にのみ帳簿価額に基づく比例配分を行う方法も考えられるとされている（減損指針106項）。この考え方は，資産グループに係る減損処理の目的が主要な資産の減損損失を認識することにあると考えられていることに基づくものである（減損指針［設例3］（ケース2－1）また書き参照）。

(2) 減損損失を計上するに至った経緯を踏まえて特定の資産に配分する方法

減損損失を帳簿価額等に基づき配分するのは，資産グループについて認識された減損損失が個々の資産に帰属する額を紐付けすることができないからである。このため，減損損失を計上した背景を踏まえて特定の資産に帰属することが明確に把握できる場合は，当該資産に配分する処理は可能と考えられる。

たとえば，高い金額で取得した土地の含み損部分に配分することや，特定の製造ラインの採算が悪化したことが減損損失を計上した原因ならば当該製造ラインの資産に配分することなどが考えられる（「Q8－6　減損の原因に応じた減損損失の配分」参照）。

なお，特定の資産に減損損失を配分することで，償却資産のみに減損損失が配分された場合は，その後の減価償却費が少なくなり，非償却資産に減損損失が配分された場合は，その後の減価償却の申告調整が簡便になるというように，特定の資産に減損損失を配分した場合，その後の会計処理等に影響がある。

Q8-5　土地に含み益がある場合の減損損失の各構成資産への配分

ある資産グループに減損損失を認識することになった。当該資産グループの構成資産のうち，土地には含み益がある。この場合，減損損失の配分はどのように行うべきか。

A

　減損後の土地の帳簿価額が正味売却価額を下回る結果とならないように，他の構成資産に減損損失を配分することが考えられる。

解説

1 ┃ 含み益のある固定資産への減損損失の再配分

　減損会計の趣旨は，収益性の低下により投資額の回収が見込めなくなった固定資産の帳簿価額を，一定の条件の下で回収可能性を反映させるように減額することにある。このとき，回収可能価額とは正味売却価額と使用価値のいずれか高いほうの金額であることから（減損基準注解（注1）1），減額させても正味売却価額までと考えるのが理論的である。

　この点について，適用指針では，各構成資産に配分される減損損失について，当該資産グループの構成資産の全部または一部の正味売却価額が容易に把握できる場合には，当該正味売却価額を下回る結果とならないように，合理的な基準により，他の各構成資産に減損損失を配分することができることとされている（減損指針105項）。

　このため，正味売却価額が把握されている土地については，当該正味売却価額を下回る結果とならないように，他の構成資産に減損損失を配分することができる。再配分の方法としては，共用資産と同様，図表8-5-1の方法が考えられる（減損指針48項参照）。

図表8-5-1　減損損失の再配分の方法

ケース	再配分の方法
各資産または資産グループの回収可能価額が容易に把握できる場合	各資産または資産グループの帳簿価額と回収可能価額の差額の比率等により配分
各資産または資産グループの回収可能価額が容易に把握できない場合	各資産または資産グループの帳簿価額の比率等により配分

2 設例による検討

設例8－5－1　減損損失の再配分

(1) 前提条件

ある資産グループに12,000の減損損失を計上することになった。減損処理前の帳簿価額および正味売却価額は次のとおりである。

	帳簿価額	正味売却価額
建物	40,000	10,000
構築物	20,000	10,000
土地	100,000	120,000
合計	160,000	140,000

(2) 減損損失の配分

① 帳簿価額に基づく比例配分をした場合

	帳簿価額 (A)	減損損失 (B)	減損処理後帳簿価額 (A)－(B)
建物	40,000	(※1) 3,000	37,000
構築物	20,000	(※2) 1,500	18,500
土地	100,000	(※3) 7,500	92,500
合計	160,000	12,000	148,000

(※1)　減損損失合計12,000 × 建物帳簿価額40,000 ÷ 帳簿価額合計160,000 = 3,000
(※2)　減損損失合計12,000 × 構築物帳簿価額20,000 ÷ 帳簿価額合計160,000 = 1,500
(※3)　減損損失合計12,000 × 土地帳簿価額100,000 ÷ 帳簿価額合計160,000 = 7,500

土地の減損後帳簿価額92,500が土地の正味売却価額120,000を下回るため，土地には減損損失を配分せず，他の構成資産である建物および構築物に減損損失を配分する。

② 土地に配分された減損損失の再配分

土地に配分された減損損失7,500を建物および構築物に再配分する。ここで

は，各構成資産の帳簿価額の比率に基づき再配分する。

	帳簿価額 (A)	減損損失 (当初配分額) (B)	減損損失 (再配分額) (C)	減損処理後帳簿価額 (A)－(B)－(C)
建物	40,000	3,000	(※1) 5,000	32,000
構築物	20,000	1,500	(※2) 2,500	16,000
土地	100,000	7,500	△7,500	100,000
合計	160,000	12,000	－	148,000

（※1） 再配分される減損損失 7,500×建物帳簿価額 40,000÷（建物帳簿価額 40,000＋構築物帳簿価額 20,000）＝5,000
（※2） 再配分される減損損失 7,500×構築物帳簿価額 20,000÷（建物帳簿価額 40,000＋構築物帳簿価額 20,000）＝2,500

(3) 会計処理

| (借) 減 損 損 失 | 12,000 | (貸) 建　　　　物 | (※1) 8,000 |
| | | 構　築　物 | (※2) 4,000 |

（※1） 減損損失当初配分額 3,000＋減損損失再配分額 5,000＝8,000
（※2） 減損損失当初配分額 1,500＋減損損失再配分額 2,500＝4,000

Q8-6　減損の原因に応じた減損損失の配分

土地を主要な資産とする資産グループにおいて，土地の時価の下落を原因として，減損損失を計上することになった。この場合，減損損失をすべて土地に配分することは可能か。

A ....

減損損失の配分にあたり，主要な資産である土地に優先的に減損損失を配分することは不合理ではないと考えられるが，減損後の土地の帳簿価額が正味売却価額を下回らないか留意する必要がある。

解 説

1 減損の原因に応じた減損損失の配分

　減損損失の配分にあたり，減損損失を計上するに至った経緯を踏まえ，減損損失が主に特定の資産に帰属する場合，当該資産に配分する処理は可能と考えられる。たとえば，資産グループの主要な資産である土地の市場価格が著しく下落したことを原因として減損損失を計上することになった場合，図表８－６－１のように，当該土地に優先的に減損損失を配分することは不合理ではないと考えられる。

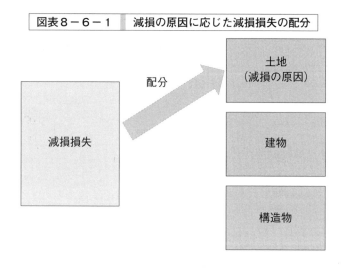

図表８－６－１　減損の原因に応じた減損損失の配分

　ただし，減損損失の配分にあたっては，減損後の帳簿価額が各構成資産の正味売却価額を下回る結果とならないように，合理的な基準により，他の各構成資産に減損損失を配分できるとされている（減損指針105項）。このため，土地の帳簿価額と正味売却価額の差額を超える減損損失については，建物，構築物に帳簿価額等の合理的な基準により配分することが考えられる。

2 設例による検討

設例8−6−1 土地の市場価格下落を原因とする減損損失の配分

(1) 前提条件
- ある資産グループについて，主要な資産である土地（帳簿価額800,000）の市場価格が著しく下落したため，減損の兆候があると判断し，減損損失を認識するかどうかを判定した結果，500,000の減損損失を計上することになった。
- 当該資産グループの減損処理前の帳簿価額および正味売却価額は次のとおりである。

	帳簿価額	正味売却価額
建物	150,000	10,000
構築物	50,000	10,000
土地	800,000	350,000
合計	1,000,000	370,000

(2) 減損損失の配分
① すべての減損損失を土地に配分

	帳簿価額 (A)	減損損失 (B)	減損処理後帳簿価額 (A)−(B)
建物	150,000	−	150,000
構築物	50,000	−	50,000
土地	800,000	500,000	300,000
合計	1,000,000	500,000	500,000

すべての減損損失を土地に配分してしまうと，土地の減損後帳簿価額300,000が土地の正味売却価額350,000を下回る。このため，土地の減損後帳簿価額が正味売却価額を下回る50,000を建物，土地に配分する。

② 減損損失の再配分（帳簿価額を基準とした配分）

	帳簿価額 （A）	減損損失 （当初配分額） （B）	減損損失 （再配分額） （C）	減損処理後帳簿価額 （A）－（B）－（C）
建物	150,000	－	(※1) 37,500	112,500
構築物	50,000	－	(※2) 12,500	37,500
土地	800,000	500,000	△50,000	350,000
合計	1,000,000	500,000	－	500,000

（※1） 再配分される減損損失 50,000 ×建物帳簿価額 150,000 ÷（建物帳簿価額 150,000 ＋構築物帳簿価額 50,000）＝ 37,500
（※2） 再配分される減損損失 50,000 ×構築物帳簿価額 50,000 ÷（建物帳簿価額 150,000 ＋構築物帳簿価額 50,000）＝ 12,500

(3) 会計処理

（借）減 損 損 失	500,000	（貸）建　　　　物	37,500
		構 築 物	12,500
		土　　　　地	450,000

Q8-7　時価を上回る減損処理後の帳簿価額

　建物と土地から構成される資産グループに対して減損損失を配分した。正味売却価額まで減損処理したが，建物に含み益があったため，土地の減損処理後の帳簿価額が時価を上回っている。この場合，帳簿価額を時価に一致させるように，土地について追加で減損損失を計上すべきか。

A
　減損処理により資産グループの帳簿価額が回収可能価額まで減額されているならば，追加的に損失処理して，土地の帳簿価額を時価に一致させる必要はない。

解説

1 ｜ 時価を上回る減損後簿価の取扱い

　固定資産の減損処理は，投資額の回収が見込めなくなった場合に，一定の条件のもとに回収可能性を反映させるように帳簿価額を減額し，将来に損失を繰り延べないために行われるものである。このため，時価評価とは異なり，決算日における資産価値を貸借対照表に表示することを目的とするものではない（減損意見書三1）。

　資産グループについて認識された減損損失は，資産グループの構成資産の正味売却価額を下回る結果とならないように，各構成資産に減損損失を配分することができる（減損指針105項）。したがって，資産グループに係る減損損失の配分において，建物の時価が帳簿価額を上回っている場合，減損損失を土地に配分することは適当である。また，結果として，当該資産グループ（土地および建物）の帳簿価額が回収可能価額まで減額されれば足り，さらに土地の帳簿価額を時価の水準まで追加的に減損処理する必要はない。

2 ｜ 設例による検討

設例8－7－1　減損処理後の帳簿価額が時価を上回る場合

(1) 前提条件
- 賃貸用不動産に減損の兆候があり，80,000の減損損失を認識することになった。
- 減損損失の測定にあたっては，回収可能価額として正味売却価額を採用し，時価は不動産鑑定評価における鑑定評価額を使用する。
- 当該資産グループの減損処理前の帳簿価額および正味売却価額は次のとおりである。

	帳簿価額	正味売却価額
建物	100,000	110,000
土地	100,000	10,000
合計	200,000	120,000

(2) 減損損失の配分の結果

建物には含み益があるため、すべての減損損失を土地に配分する。

	帳簿価額 (A)	減損損失 (B)	減損処理後帳簿価額 (A)−(B)
建物	100,000	−	100,000
土地	100,000	80,000	20,000
合計	200,000	80,000	120,000

土地の減損処理後帳簿価額 20,000 は土地の時価 10,000 を上回っているが、上述のとおり、減損処理は決算日における資産価値を貸借対照表に表示することを目的とするものではないため、土地の帳簿価額を時価に一致させるために、追加的に減損損失を計上する必要はない。

(3) 会計処理

| (借) 減 損 損 失 | 80,000 | (貸) 土　　　地 | 80,000 |

Q8-8　建設仮勘定への減損損失の配分

過年度に資産グループに認識された減損損失をそれぞれの建設仮勘定に配分していなかった場合、当該建設仮勘定に係る固定資産の完成時に、どのように各建設仮勘定に配分することが適当か。

A

　建設仮勘定に係る固定資産が完成した場合，減損損失はそれまでの総支出額等の合理的な方法に基づいて配分することになる。

解 説

1 建設仮勘定への減損損失の配分

　減損損失が建設仮勘定に配分され，当該建設仮勘定が複数の建設仮勘定から構成される場合，減損損失は各建設仮勘定に配分せず，資産グループの帳簿価額から控除することとされている。この場合，当該建設仮勘定に係る固定資産の完成時には，それまでの総支出額等の合理的な基準に基づいて減損損失を配分することとされている（減損指針27項）。

2 設例による検討

設例8－8－1　建設仮勘定に対する減損損失の配分

(1) 前提条件
- 現在，建設中の賃貸用建物について，近隣の賃料相場が下落したことを原因として，X2年3月期に100,000の減損損失を認識することになった。
- 当該建設仮勘定は3棟から構成されるが，減損損失の測定時には減損損失を各建設仮勘定に配分していない。
- X4年4月に当該賃貸用建物が完成したため，減損損失を各建設仮勘定に配分することにした。配分は当該固定資産の完成時までの総支出額に基づき実施する。
- 減損処理時および減損処理後の各建設仮勘定に対する支出額は，次のとおりである。

	X2年3月期 帳簿価額	X3年3月期 支出額	X4年3月期 支出額	合計
建設仮勘定A	200,000	100,000	50,000	350,000
建設仮勘定B	180,000	50,000	20,000	250,000
建設仮勘定C	270,000	120,000	10,000	400,000
建設仮勘定合計	650,000	270,000	80,000	1,000,000

(2) 減損損失の配分の結果

建物の完成に伴い，完成時までの総支出額（帳簿価額）に基づき減損損失を各建設仮勘定に配分する。

	帳簿価額 (A)	減損損失 (B)	減損処理後帳簿価額 (A)－(B)
建設仮勘定A	350,000	(※1) 35,000	315,000
建設仮勘定B	250,000	(※2) 25,000	225,000
建設仮勘定C	400,000	(※3) 40,000	360,000
合計	1,000,000	100,000	900,000

（※1） 減損損失 100,000 ÷ 建設仮勘定支出額合計 1,000,000 × 建設仮勘定A支出額 350,000
　　　 ＝ 35,000
（※2） 減損損失 100,000 ÷ 建設仮勘定支出額合計 1,000,000 × 建設仮勘定B支出額 250,000
　　　 ＝ 25,000
（※3） 減損損失 100,000 ÷ 建設仮勘定支出額合計 1,000,000 × 建設仮勘定C支出額 400,000
　　　 ＝ 40,000

Q8-9　共用資産およびのれんへの減損損失の配分

共用資産およびのれんへの減損損失の配分はどのように行うか。

A

共用資産またはのれんを加えることにより算定される減損損失の増加額は，

原則として、共用資産またはのれんに配分する。ただし、共用資産の減損後の帳簿価額が正味売却価額以下にならないよう、合理的な基準により再配分する。のれんについては、のれんに配分した残額を各資産グループに合理的な基準で配分する。

解説

1 共用資産への配分

共用資産を加えることによって算定される減損損失の増加額は、原則として、共用資産に配分する（減損基準二7）。たとえば、図表8－9－1のように、資産グループA、B、Cに係る共用資産があり、資産グループB、資産グループCの減損損失がそれぞれ20、90、共用資産を含むより大きな単位での減損損失が150である場合、共用資産を加えることによって算定される減損損失の増加額は40（より大きな単位の減損損失150－（資産グループBの減損損失20＋資産グループCの減損損失90））となる。そして、当該増加額40は、全額、共用資産に配分されることになる（図表8－9－2参照）。

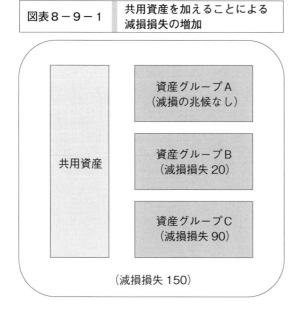

図表8－9－1　共用資産を加えることによる減損損失の増加

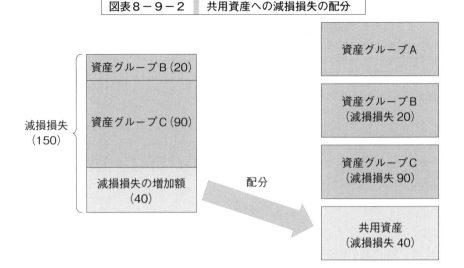

図表8-9-2　共用資産への減損損失の配分

　ただし，共用資産に配分される減損損失が，共用資産の帳簿価額と正味売却価額の差額を超過することが明らかな場合には，当該超過額を各資産または資産グループに合理的な基準により配分する（減損基準注解（注8））。超過額の合理的な配分基準としては，図表8-9-3に示した方法が考えられる（減損指針48項）。

図表8-9-3　超過額の合理的な配分基準

ケース	超過額の合理的な配分基準
各資産または資産グループの回収可能価額が容易に把握できる場合	各資産または資産グループの帳簿価額と回収可能価額の差額の比率等により配分
各資産または資産グループの回収可能価額が容易に把握できない場合	各資産または資産グループの帳簿価額の比率等により配分

2　のれんへの配分

　のれんを加えることによる減損損失の増加額は，原則として，のれんに配分される。なお，残額があれば，各資産グループに合理的な方法で配分することとされている（減損基準二8，減損基準注解（注11），減損指針52項(5)）。

Q8-10 過去に減損処理した資産グループの損益が減損処理時の見込みを下回っている場合の取扱い

前期末において、ある工場の資産グループについて機械装置を主要な資産として減損処理を行ったが、業績が減損処理時の想定を下回り、将来損益計画等が減損処理時の見込みよりも下振れしているため、再度、減損処理の要否を検討している。この場合、いったん減損した資産グループについては、減損損失の認識の判定で割引後将来キャッシュ・フローを用いる等の厳格な対応をする必要があるか。

A

過去に減損処理した資産グループについても、減損損失の認識の判定では減損処理後の帳簿価額と割引前将来キャッシュ・フローを用いることになる。なお、将来キャッシュ・フローの検討にあたっては、より慎重な対応が必要と考えられる。

解説

1 過去に減損処理した資産グループの減損損失の認識の判定

営業損益または営業キャッシュ・フローがマイナスであったとしても、事業の立ち上げ時などあらかじめ合理的な事業計画が策定されており、当該計画で当初より継続してマイナスとなることが予定されている場合は、実際のマイナスの額が当該計画で予定されていた額より著しく下方に乖離していない限り、減損の兆候に該当しないこととされている（減損指針12項(4)）。一方、営業損益または営業キャッシュ・フローがプラスであったとしても、経営環境が著しく悪化したか、悪化する見込みである場合には、減損の兆候となるため（減損指針14項）、減損損失の認識の判定が必要となる。

減損基準二2では、減損損失を認識するかどうかの判定は、割引前将来キャッシュ・フローの総額と帳簿価額の比較により行うとされており、この取扱いは、前期に減損処理を行った固定資産であっても変わることはない。このため、減損処理後も通常の判定基準（減損基準二1）に基づき、減損処理時の事業計画

との乖離状況により減損の兆候の有無を判断する。また，減損損失を認識するかどうかの判定は，減損処理後の帳簿価額と割引前将来キャッシュ・フローとの比較により行われることになると考えられる（減損基準二2(1)）。ただし，将来キャッシュ・フローの見積りにあたっては，実績が計画を下回ることになった原因を踏まえ，慎重な検討が必要になると考えられる。

2 設例による検討

設例8-10-1 過去に減損処理した資産グループの減損損失の認識の判定

(1) 前提条件
- X1期末に，A工場（帳簿価額2,000）について，X6期までの5年間の将来キャッシュ・フロー（毎年200）の割引現在価値866まで減損処理を行った。A工場は減損処理後，耐用年数5年，残存価額ゼロ，定額法により減価償却を行う。
- X2期末に当該工場の事業環境が悪化し，X6期までの毎年の将来キャッシュ・フローが175と見積られたため，再度，減損処理の要否を検討することになった。将来キャッシュ・フローの割引現在価値は621である。
- 割引率は5％とする。

(2) 減損損失の認識の判定
① A工場の帳簿価額の算定
866 －（866÷5年）＝ 693
② A工場の割引前将来キャッシュ・フローの算定
175 × 4年 ＝ 700
③ 減損損失の認識の判定
X2期末帳簿価額693＜割引前将来キャッシュ・フロー700（※）であるため，減損損失の認識は不要である。
> （※） 将来キャッシュ・フローの割引現在価値621は使用しない。ただし，将来キャッシュ・フローの検討にあたっては，実績が計画を下回ることになった原因を踏まえ，より慎重な検討が求められる。

Q8-11 過去に減損処理した遊休土地の正味売却価額が低下した場合の取扱い

> 過去に減損処理した遊休資産について、その後、遊休資産の時価が下落している。この場合、事業用資産から遊休資産になった場合と異なり、資産または資産グループの回収可能価額を著しく低下させる変化が生じているとはいえず、また、市場価格が減損処理後の帳簿価額の50％以上下落していないことから「市場価格の著しい下落」にも該当しないと考え、減損の兆候はないと考えてよいか。

A

遊休資産については、過去に減損損失を計上した場合でも、遊休状態が継続しており、当期においてさらに回収可能価額が低下しているのであれば、再度、減損の兆候の有無を検討する必要がある。

解説

1 土地の市場価格の下落と減損の兆候

減損損失を計上した資産または資産グループに土地が含まれており、減損処理を実施した年度以降に土地の市場価格が下落し続けた場合、下落した部分を減損損失として追加で認識するか否かが問題となる。

減損損失を計上すると、その時点で取得価額が修正され、新たに帳簿価額から著しい下落があった場合に減損損失を認識することになる。このため、環境が変化したこと等の事実から使用範囲または方法について回収可能性を著しく低下させる変化が生じている場合は、翌年以降に減損損失を計上することになるが、通常は下落した部分を翌期に追加で認識することはない。

なお、資産または資産グループの市場価格が著しく下落した場合は、「減損の兆候」に該当し、この「市場価格が著しく下落したこと」には、少なくとも市場価格が帳簿価額から50％程度以上下落した場合が例示されている（減損指針15項）。しかし、減損の兆候は、資産または資産グループに減損が生じている可能性を示す事象であり、その程度を必ずしも画一的に数値化できるものではないとされている（減損指針89項）。この、「市場価格が著しく下落した

こと」に関する判断基準については、過去に減損処理を行っている固定資産であること、および当該固定資産のその後の使用状況等を勘案し、個々の企業において判断すべきものであると考えられる。

2 遊休資産の減損の兆候

遊休資産については、市場価格が帳簿価額に比較して著しく下落していない場合であっても、「現時点で将来の用途が定まっていない」という状態そのものが「使用範囲又は方法について回収可能価額を著しく低下させる変化がある場合」（減損指針13項）に該当するため、減損の兆候があると判断し、減損損失を認識するかどうかの判定を行う必要がある。過去に減損処理を行ったとはいえ、遊休状態が継続しており、当年度においてさらに回収可能価額が低下しているのであれば、その事実を減損の兆候と捉えることになると考えられる（図表8－11－1参照）。

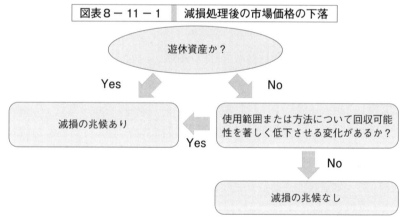

図表8－11－1　減損処理後の市場価格の下落

このため、原則的には、一度、減損処理を行ったとはいえ、遊休状態が継続しており、当年度においてさらに回収可能価額が低下しているのであれば、低下額が僅少である場合を除き、減損損失の計上の検討が求められると考えられる。

Q8-12　過去に遊休資産として減損処理した資産を事業供用した場合の取扱い

過去に遊休資産と判断し、減損処理を行った固定資産を、事業の用に供することになった。この場合、過去に減損処理した金額を再度、資産計上することになるか。

A

減損損失の戻入れは行わないこととされているため、減損処理した帳簿価額を再度、固定資産として計上することはできない。なお、減損処理後の帳簿価額に基づき、その後の減価償却は継続させることになる。

解説

減損意見書では、見積りの修正として当然のこととして減損損失の戻入れを行う必要があるという考え方があるとしながらも、図表8－12－1で示したとおり、減損損失の戻入れは行わないこととしている（減損意見書四3(2)、減損基準三2）。

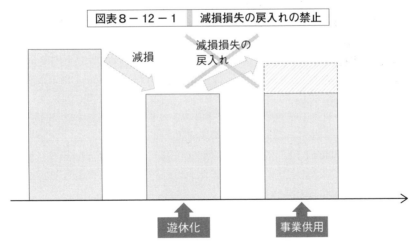

図表8－12－1　減損損失の戻入れの禁止

これは、減損基準では「減損の存在が相当程度確実な場合に限って減損損失を認識及び測定」するとしていることや「事務的負担」を考慮したためとされている。つまり、減損損失の計上にあたっては、減損の兆候がある場合、直ち

に減損損失を計上するわけではなく,帳簿価額と割引前将来キャッシュ・フローを比較することで減損損失を認識すべきかどうかを判定することとなる。そして,減損が相当程度確実なものに限って,減損損失を測定し,減損処理を行うこととされているため,その後の戻入れを行わないこととされているのである。

また,戻入れを行うと,経営環境が変化したとき,過去に減損処理した固定資産について,減損損失の戻入れの要否を検討する必要が生じる点が,実務的に困難である点も考慮したものと考えられる。

このように,減損会計においては減損損失の戻入れは行わないこととされているため,過去に減損処理した遊休資産を事業の用に供することになった場合にも,減損損失の戻入れは行わず,減損処理後の帳簿価額に基づき会計処理することになる。

IFRSにおける減損損失の戻入れと減損損失の認識の判定

　日本基準では減損損失の戻入れは行わないとされているのに対し,IFRSではのれんを除く資産については減損損失の戻入れの兆候の有無を毎期検討し,減価償却分を調整した当初の帳簿価額を超えないように新たに見積った回収可能価額を上限として,減損損失を戻し入れることとされている(国際会計基準(IAS)第36号「資産の減損」(以下「IAS第36号」という。)109項以下)。

　一方,減損損失の認識の判定にあたっては,日本基準では割引前将来キャッシュ・フローを用いて減損損失の認識を判定するが,IFRSでは割引前将来キャッシュ・フローではなく,回収可能価額(割引後キャッシュ・フローを前提)が帳簿価額を下回る場合に減損損失を認識することとしている(IAS第36号59項)。このため,IFRSは日本基準と比較して,早期に減損損失が認識される場合が多いと考えられる。

Q8-13 減損損失を計上するのではなく耐用年数を短縮させる事例

ある資産グループの一部に著しい技術的な進歩があり、旧来型となった設備を当初の予定より早期に新規の設備に更新する。この場合、旧来型の設備について減損損失を計上する必要はあるか。また、旧来型の設備の廃棄に要する除却費用は廃棄の意思決定を行った当期に引当金として計上すべきか。

A ....

当該設備を含む資産グループに減損の事実があるかないかで会計処理が異なる。除却に要する費用は、固定資産の更新に伴う支出であるため、通常は固定資産を撤去した際に計上することになると考えられる。

解 説 ....

1 減損損失の認識の判定

当初の予定より早期に資産の処分や事業の廃止に関する意思決定を行った場合の、減損会計に係る検討は図表8-13-1のように行う。

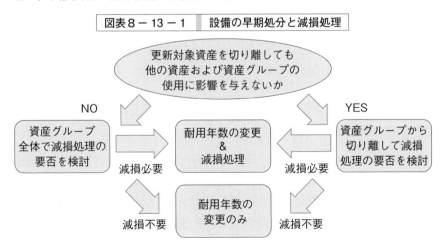

図表8-13-1 設備の早期処分と減損処理

資産の処分や事業の廃止に関する意思決定を行い、その代替的な投資も予定

されていないときなど，これらに係る資産を切り離しても他の資産または資産グループの使用にほとんど影響を与えない場合には，処分の意思決定を行った資産は独立したキャッシュ・フローを生み出す最小の単位として取り扱われることとされている（減損指針8項，71項）。この場合，処分予定の資産を独立した資産グループとして，減損処理の要否を検討することになる。

これに対し，処分予定の資産が独立したキャッシュ・フローを生み出す最小の単位として取り扱われない場合は，旧来型となった設備が資産グループの主要な資産で帳簿価額も大きく，資産グループ全体の収益性の低下が認められるときは，それを減損の兆候として把握し，減損損失の認識を判定することになる。判定の結果，資産グループにおいて収益性の低下が認められない場合は減損損失を認識せず，旧来型設備の耐用年数の短縮のみ行う。

2 旧来型設備の更新の会計処理

設備の更新で旧来型の設備を処分するケースは，代替的な投資が予定されているケースに該当するため，対象資産を独立したキャッシュ・フローを生み出す最小の単位として取り扱うことにはならないと考えられる。このため，当該資産を含む資産グループで減損損失を認識するかどうかの判定を行うことになる。

判定により，減損損失を認識するか否かにかかわらず，旧来設備の更新に伴い耐用年数の短縮を検討する必要がある（「Q8-1　減損処理後の減価償却費」参照）。減損損失を認識しない場合は，更新が見込まれた事実を反映させ，耐用年数の短縮のみを行うことになる。

3 除却費用の計上時期

固定資産の除却時に撤去費用が生じることが見込まれていても，通常は実際に固定資産の除却を行う際に発生する撤去作業等に係る役務の提供を受けたときの費用とすることが原則であると考えられる。このため，固定資産の除却の意思決定がなされた時点では，除却費用を引当金として計上する必要はないと考えられる。

第9章

関連する会計基準との関係

Q9-1　資産除去債務基準との関係①【減損処理の対象】

当社（小売業）は営業用店舗として不動産を賃借しており，退去時に発生する原状回復費用（内部造作等の除去費用）に係る資産除去債務を建物附属設備に計上している。

当該店舗が使用されている営業活動から生ずる損益に関して減損の兆候があり，すぐには退去しないものの，将来キャッシュ・フローの見積りに除去費用部分を含めずに計算した回収可能価額がゼロと算定された。

上記のような資産除去債務を計上している有形固定資産に対して減損損失を計上する場合，有形固定資産本体のみならず資産除去債務に対応する除去費用部分も減損処理の対象になるか。

A

資産除去債務に対応する除去費用部分も減損処理の対象になると考えられる。

解説

1　減損基準における取扱い

減損基準の「一　対象資産」において，「本基準は，固定資産を対象に適用する。ただし，他の基準に減損処理に関する定めがある資産，例えば，『金融商品に係る会計基準』における金融資産や『税効果会計に係る会計基準』にお

ける繰延税金資産については，対象資産から除くこととする。」とされている。

資産除去債務に対応する除去費用（有形固定資産）については資産除去債務基準に「減損会計の対象から除外する」等の定めがないことから，減損基準に従って減損処理の対象になると考えられる。

2 資産除去債務基準における取扱い

資産除去債務は，有形固定資産の取得，建設，開発または通常の使用によって生じるものであり（資産除去債務基準3項），通常の使用によることから，原則として，費用配分は減価償却を通じて関連する有形固定資産の残存耐用年数にわたって行う（資産除去債務基準7項）。

減損基準の適用にあたって，資産除去債務が負債に計上されている場合には，除去費用部分の影響を二重に認識しないようにするため，将来キャッシュ・フローの見積りに除去費用部分を含めないこととなる点に留意が必要である（資産除去債務基準44項）。この減損会計に係る将来キャッシュ・フローの見積りと除去費用の論点の詳細は，「Q9-4　資産除去債務基準との関係④【減損会計に係る将来キャッシュ・フローの見積りと除去費用】」を参照されたい。

なお，資産除去債務が通常の使用によるものではなく，不適切な操業等の異常な原因によって発生した場合には，資産除去債務として使用期間にわたって費用配分すべきものでなく，引当金の計上や減損基準の適用対象とすべきものと考えられる（資産除去債務基準26項）。

Q9-2　資産除去債務基準との関係②【敷金】

建物の賃借契約において，当該賃借建物に係る内部造作等の除去などの原状回復が要求されていることから，資産計上されている敷金の回収が最終的に見込めないと認められる金額を合理的に見積って，そのうち当期の負担に属する金額を費用に計上する方法による会計処理を行っている。

当期に，当該建物を構成する資産グループの収益性が低下し，減損損失を計上することとなった。

資産除去債務に対応する有形固定資産は減損処理の範囲に含まれるものの，資産除去債務について敷金控除方式を採用している場合には，有形固定資産は計上されていない。また，関連する資産（敷金）を金融資産と考えるのであれば，固定資産の減損会計の適用範囲から外れるが，資産除去債務に対応する部分の会計処理はどのように考えればよいか。

A

資産除去債務の計上に代え，資産計上されている敷金の回収が最終的に見込めないと認められる金額を合理的に見積って，そのうち当期の負担に属する金額を費用に計上する方法（以下「敷金控除方式」という。）を採用している場合の敷金に関しては，費用性資産に該当すると考えられるため，固定資産の減損会計の適用対象として取り扱い，減損損失を計上する必要があると考えられる。

解説

1　一般的な敷金の減損基準における取扱い

減損基準は，固定資産（有形固定資産，無形固定資産，投資その他の資産）を対象として適用するものとされている。しかしながら，他の基準に減損処理に関する定めがある資産，たとえば，金融商品基準における金融資産については，その対象から除くこととされている（減損基準一，減損指針6項）。

通常の敷金に関しては，取得原価で貸借対照表に計上することとされ，賃貸人の支払能力から回収不能と見込まれる金額がある場合には貸倒引当金を設定する（金融商品指針133項）。また，その回収可能性がほとんどないと判断された場合には，貸倒損失額を債権から直接減額することになる（金融商品指針123項）。

2 資産除去債務の計上に代えて敷金控除方式を採用している場合の敷金の減損基準における取扱い

資産除去債務指針第9項の定めに従い，敷金控除方式を採用した場合，「契約条項により敷金の回収が最終的に見込めないと認められる」（金融商品指針133項）部分の敷金について，外形的に「敷金」とされている。この場合の敷金が「他の企業から現金若しくはその他の金融資産を受け取る契約上の権利」（金融商品指針4項）とされている金融資産の定義に該当しない場合は，金融商品指針第133項に定められる「将来返還されない差入預託保証金」，「長期前払家賃として計上される差入預託保証金支払額と当初時価との差額」，「返還されない敷金」などと同様に，その性質は金融資産ではなく，費用性資産に該当すると考えられる。このため，当該費用性資産に係る減損処理に関する取扱いは金融商品基準ではなく，減損基準の適用対象になるものと考えられる。

Q9-3 資産除去債務基準との関係③【減損の兆候】

これまで合理的に見積ることができなかった資産除去債務の金額を合理的に見積ることができるようになった場合，必ず減損の兆候として取り扱う必要があるか。

A

減損の兆候に該当するケースと該当しないケースが考えられる。

解説

1　資産除去債務が法令の改正等により新たに発生した場合

　資産除去債務が法令の改正等により新たに発生した場合は、会計処理の対象となる新たな事実の発生であるが、将来キャッシュ・フローの見積りの変更と同様に処理する（資産除去債務基準10項）。この場合、影響が特に重要であれば、重要な法律改正または規制強化などの法律的環境の著しい悪化として、「減損の兆候」に該当することとなる（資産除去債務基準52項、減損指針14項(3)）。

2　資産除去債務の金額を合理的に見積ることができるようになった場合

　これまで合理的に見積ることができなかった資産除去債務の金額を合理的に見積ることができるようになったため、オフバランス処理されてきた資産除去債務が新たに計上される場合についても、将来キャッシュ・フローの見積りの変更と同様に処理する（資産除去債務基準5項参照）。この場合も、資産に係る将来キャッシュ・フローに関する不利な予想が明確になったものであることから、経営環境の著しい悪化に該当する場合には、減損の兆候として取り扱うべきものと考えられる（資産除去債務基準52項、減損指針14項）。なお、同様の考え方から、見積りの変更（将来の支出見積りの増加など）により、資産除去債務の金額が増加した場合にも、減損の兆候に該当するか否かを検討する必要があると考えられる。

　ただし、資産除去債務の金額が少なく、履行時期も残存耐用年数と比較して著しく早期にあたるわけではないなど、資産除去債務の見積りができるようになったとしても、経営環境の著しい悪化に該当しない場合には、減損の兆候として取り扱う必要はないと考えられる。

Q9-4 資産除去債務基準との関係④【減損会計に係る将来キャッシュ・フローの見積りと除去費用】

減損基準に基づいて回収可能価額を算定する場合において、将来キャッシュ・フローを見積るにあたり、除去費用についてはどのように取り扱えばよいか。

A

将来キャッシュ・フローの見積りには除去費用部分を含めないと考えられる。

解説

1 減損会計に係る将来キャッシュ・フローの見積りと除去費用の関係

資産除去債務基準の適用後、減損基準に基づく将来キャッシュ・フローを算出する際、資産除去債務が負債に計上されている場合には、除去費用部分の影響を二重に認識しないようにするため、将来キャッシュ・フローの見積りに除去費用部分を含めないこととなる（資産除去債務基準44項）。

2 回収可能価額として正味売却価額を用いた場合における取扱い

回収可能価額として正味売却価額を用いた場合（減損指針28項）においても、将来キャッシュ・フローの見積りに除去費用部分を含めないという資産除去債務基準第44項の定めに従うと考えられる。

特に、「不動産鑑定評価基準」（国土交通省）に基づいて算定する場合において、社外の不動産鑑定士から入手した鑑定評価額を合理的に算定された価額とする場合には、除去費用部分の影響を二重に認識することにならないよう、資産除去債務の計上の有無を事前に不動産鑑定士に伝える等の調整が必要と考えられる。

3 設例による検討

設例9-4-1 将来キャッシュ・フローを見積る際の除去費用の影響

(1) 前提条件
- X1年度期末の帳簿価額20,000（うち1,600が除去費用の資産計上額）の資産に減損の兆候が生じており、割引前将来キャッシュ・フローが帳簿価額20,000を下回っているため、減損損失の測定を行う。
- 算定された使用価値は14,000であるが、そこからは除去費用相当額4,000が控除されていない。
- 説明の簡便化のため、利息費用については考慮しないこととする。

(2) 資産除去債務基準が適用される場合と、適用されない場合の減損損失の比較

① 資産除去債務基準が適用されない場合の減損損失

除却費用を将来キャッシュ・フローに反映させることから、減損損失は有形固定資産の帳簿価額と除去費用相当額を加味した後の回収可能価額の差額となる。

減損損失＝有形固定資産の帳簿価額 18,400（＝ 20,000 －除去費用相当額 1,600）－回収可能価額 10,000（＝ 14,000 －除去費用相当額 4,000）
　　　　＝ 8,400

② 資産除去債務基準が適用される場合の減損損失

減損損失＝有形固定資産の帳簿価額 20,000 －回収可能価額 14,000
　　　　＝ 6,000

上記の関係を図表にすると、以下のようになる。

【資産除去債務基準が適用される場合の減損損失】[1]

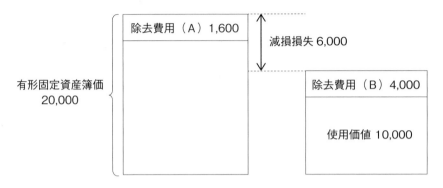

(3) 将来キャッシュ・フローを見積る際の除去費用の影響

　資産除去債務の計上額（除去費用）が，減損損失の見積りにおける除去費用と一致する場合，除去費用以外の資産計上額は同じであることから，資産除去債務の計上の有無にかかわらず，減損損失と除去費用の合計は一致する。以下では，資産除去債務基準が適用されない場合と，資産除去債務基準が適用される場合の関係について解説する。

　資産除去債務基準が適用されない場合は，有形固定資産の帳簿価額が18,400，回収可能価額は10,000となり，減損損失は8,400と算定される。資産除去債務基準が適用された後において，上記図表における（B）4,000を認識すると，資産計上された資産除去債務に対応する除去費用は，減価償却を通じて，当該有形固定資産の残存耐用年数にわたり，各期に費用配分することとなる（資産除去債務基準7項）。このため，すでに減価償却で費用化された部分について，除去費用部分の影響を二重に認識しないようにする必要があり，（B）については将来キャッシュ・フローの見積りに含めないこととしたものである。なお，資産除去債務基準が適用された後の減損損失6,000と資産計上された除去費用の既償却分2,400（＝4,000－1,600）の合計額は，資産除去債務基準が適用されない場合の減損損失8,400と一致する。

---

[1] 『資産除去債務の実務』新日本有限責任監査法人，財団法人日本不動産研究所編（中央経済社）P.204。

Q9-5 資産除去債務基準との関係⑤【資産除去債務に関する割引前将来キャッシュ・フローの見積りの変更】

> 賃借している土地にある建物について、将来の資産除去に係る費用の発生が見込まれたため、過年度において資産除去債務を計上した。
>
> 当該建物は減損処理を実施し、帳簿価額が備忘価額となっている。
>
> 資産除去債務に対応する除去費用の資産計上額についても、将来の回収可能価額がゼロであり、減損処理が必要であると会社が判断したため、会社は資産除去債務の計上時点において帳簿価額の全額を減損損失(特別損失)として処理した。
>
> その後の賃貸人との交渉において、原状回復義務が免除されることが確認されたため、期末時点において、キャッシュ・アウト・フローはゼロと見込まれている。
>
> このように、過年度に減損処理を実施し、帳簿価額が備忘価額となっている固定資産の除去に係る資産除去債務について、キャッシュ・フローの見積りの変更があった場合、どのような処理になるか。

A

減損処理済みで帳簿価額が存在しない固定資産については、原状回復義務の免除による見積りの変更の影響を一括収益計上により処理することになると考えられる。

解説

1 資産除去債務の見積りの変更における会計処理

資産除去債務の見積りの変更については、資産除去債務に係る負債および関連する有形固定資産の帳簿価額に加減して減価償却を通じて残存耐用年数にわたり費用配分を行う方法(プロスペクティブ・アプローチ)により処理することとされる。

また、割引前の将来キャッシュ・フローの見積りの変更による調整額は、資産除去債務に係る負債の帳簿価額および関連する有形固定資産の帳簿価額に加

減して取り扱うこととなる（資産除去債務基準10項, 51項）。このため, 資産除去債務の計上時点に遡って特別損失を修正することは適当ではないと考えられる。

本ケースの場合, 契約書上は原状回復義務があるものの, 賃貸人との交渉により原状回復を行う必要はないことが明らかになったため, 資産除去債務に係る将来キャッシュ・フローがゼロと見込まれることとなったことから, 新たな事実の発生により見積りを現時点で算定し直したものと考えられる。

資産除去債務が法令等の改正等により新たに発生した場合, 会計処理の対象となる新たな事実の発生であるが, 将来キャッシュ・フローの見積りの変更と同様に処理するとされており（資産除去債務基準52項）, 割引前の将来キャッシュ・フローの見積りの変更による調整額は, 資産除去債務に係る負債の帳簿価額および関連する有形固定資産の帳簿価額に加減して取り扱うことが原則と考えられる。

2 ｜ 減損済みで帳簿価額が存在しない場合の会計処理および表示

本ケースの場合は, 資産除去債務の計上時点で資産除去債務に対応する資産の全額を減損損失（特別損失）で処理していることから, 加減する有形固定資産の帳簿価額が存在しない状況にある。この状況において, 原状回復義務の免除による見積りの変更の影響を有形固定資産の帳簿価額をマイナスすることにより処理することは適当ではないと考えられる。

本ケースのように減損処理済みで帳簿価額が存在しない資産については, 原状回復義務の免除による見積りの変更の影響を一括収益計上により処理することになると考えられる。ただし, 当該利益の計上区分については, 異常な原因により多額に生じた場合は特別利益に計上することが考えられるが, 異常な原因により生じたものでなければ, 資産除去債務に関連する有形固定資産の減価償却費と同じ区分に計上することになると考えられる。

Q9-6 資産除去債務基準との関係⑥【資産除去債務の見直しと減損判定の検討順序】

　当社は，建物賃貸借契約により建物を賃借し，店舗を運営しているが，当該賃貸借契約期間の満了前に，運営店舗の閉鎖を決定している。店舗閉鎖にあたり，後に入居するテナントが転用することになり貸主との交渉の結果，店舗設備の原状回復義務が免除されることになった。

　なお，当初は店舗設備の原状回復義務が存在していたため，固定資産（除去費用）と資産除去債務を計上している。

　このような場合，原状回復義務の消滅と店舗閉鎖の決定により，資産除去債務の見直しと減損判定を行うべき事象が同時に発生しているが，資産除去債務の見直しをしてから減損判定を行うか，減損判定をしてから資産除去債務の見直しを行うか，どちらを先に検討すべきか。

A

　資産除去債務の見積りの変更による調整額を固定資産の帳簿価額に加減した上で，見積り変更後の帳簿価額について，減損処理の要否を検討することになると考えられる。

解説

1 減損会計の対象

　減損会計とは，固定資産の収益性が低下したことにより投資額の回収が見込めなくなったとき，その回収可能性を反映させるように帳簿価額を減額する処理をいう。減損処理の要否は減損処理時の固定資産の帳簿価額を対象として検討する必要がある。

2 資産除去債務を負担しないことになった場合の会計処理

　原状回復義務が消滅した場合，資産除去債務の見積りの変更の場合の取扱いに準じて，資産除去債務の帳簿価額および関連する有形固定資産の帳簿価額を

取り崩し，資産と負債の差額については当期の損益として認識する。当該差額は，資産除去債務の履行時に認識される差額に準じて，原則として当該資産除去債務に対応する除去費用に係る費用配分額と同じ区分に含めて計上するが，当該差額が異常な原因により生じたものである場合には，当初の除去予定時期よりも著しく早期に除去することとなった場合に準じて，特別損益として処理することも考えられる（資産除去債務基準10項，15項，57項，58項）。

なお，原状回復義務の消滅は，会計上の見積りの変更ではなく，事実の変更であり，会計上の見積りの変更の注記は必要ないものと考えられ，注記する場合には追加情報として記載することになると考えられる（過年度遡及基準4項(7)，追加情報取扱4項，5項）。

3 資産除去債務の見積りの変更と固定資産の減損の兆候の検討順序

「1 減損会計の対象」に記載のとおり，減損処理の要否は減損処理時の固定資産の帳簿価額を対象として検討する必要があり，減損処理時の固定資産の帳簿価額には資産除去債務の見積りの変更や減価償却などが反映されている必要がある。このため，資産除去債務の見積りの変更（原状回復義務の消滅）と固定資産の減損の兆候（店舗閉鎖の意思決定）が同時に発生した場合，資産除去債務の見積りの変更による調整額を固定資産の帳簿価額に加減した上で，見積り変更後の帳簿価額について，減損処理の要否を検討することになると考えられる。

設例9－6－1 資産除去債務の見積りの変更と固定資産の減損の兆候の検討
（順序の違いによる店舗閉鎖の意思決定に伴う会計処理の違い）

(1) 前提条件
- X1年度期首に，A店舗の賃貸借契約を締結し，店舗設備（耐用年数10年，定額法，残存価額ゼロ）を1,000で取得した。当該賃貸借契約には原状回復義務が付帯されており，除去費用の見積額は100である。このため，除去費用に係る固定資産および資産除去債務について，それぞれ100を計上した。
- X2年度期末にA店舗の閉鎖を決定した。代替投資の計画はなく，固定資

産を減損処理する。除去費用の当初見積額は100であったが，貸主と交渉した結果，原状回復義務が免除された。なお，A店舗に係る固定資産の回収可能価額はゼロとする。
- 説明の簡便化のため，利息費用については考慮しないこととする。

(2) 会計処理（店舗閉鎖の意思決定に伴う会計処理については「(3) 資産除去債務の見積りの変更と固定資産の減損の兆候の検討順序の違いによる会計処理の違い」参照）

① X1年度期首

　i　店舗設備の取得

| （借） | 固定資産（店舗設備） | 1,000 | （貸） | 未　払　金 | 1,000 |

　ii　資産除去債務の計上

| （借） | 固定資産（除去費用） | 100 | （貸） | 資産除去債務 | 100 |

② X1年度期末

　i　減価償却費の計上

| （借） | 費　　用
（減価償却費－店舗設備） | 100 | （貸） | 固定資産（店舗設備） | 100 |
| | 費　　用
（減価償却費－除去費用） | 10 | | 固定資産（除去費用） | 10 |

③ X2年度期末

　i　減価償却費の計上

| （借） | 費　　用
（減価償却費－店舗設備） | 100 | （貸） | 固定資産（店舗設備） | 100 |
| | 費　　用
（減価償却費－除去費用） | 10 | | 固定資産（除去費用） | 10 |

ⅱ　資産除去債務の見直しおよび減損判定の考慮前の，X2年度期末の残高試算表（一部）

科　目	金額	科　目	金額
固定資産（店舗設備）	800	資産除去債務	100
固定資産（除去費用）	80		

(3) 資産除去債務の見積りの変更と固定資産の減損の兆候の検討順序の違いによる会計処理の違い

① 資産除去債務の見積りの変更後に固定資産の減損損失を計上する場合（あるべき検討順序）

ⅰ　資産除去債務の見積りの変更

（借）	資産除去債務	100	（貸）	固定資産（除去費用）	80
				費　　　用	20

ⅱ　減損損失の計上

（借）	減 損 損 失	800	（貸）	固定資産（店舗設備）	800

② 固定資産の減損損失の計上後に，資産除去債務の見積りの変更を行う場合（あるべき検討順序と逆に検討した場合）

ⅰ　減損損失の計上

（借）	減 損 損 失	880	（貸）	固定資産（店舗設備）	800
				固定資産（除去費用）	80

ⅱ　資産除去債務の見積りの変更

（借）	資産除去債務	100	（貸）	費　　　用	100

③ 損益計算書への影響額の違い

　　固定資産の減損損失の計上後に，資産除去債務の見積りの変更を行う場合，資産除去債務の見積りの変更後に固定資産の減損損失を計上する場合に比較し，特別損失（減損損失）が80過大に表示される結果となる。

Q9-7　リース取引に関する会計基準との関係①【主要な資産】

当社はサービス業のみを営んでおり、全社を1つの資産グループとして取り扱っている。当社が使用している資産は本社建物、福利厚生施設および本社備品である。

本社建物はオペレーティング・リース取引により賃借しており、その経済的残存耐用年数は把握可能である。福利厚生施設および本社備品は自社保有資産であり、貸借対照表に計上されている。

福利厚生施設は将来キャッシュ・フロー生成に直接的に寄与せず、また、当社の業態からすると、本社備品に比べ、本社賃借建物のほうが将来キャッシュ・フロー生成にとって重要と考えられる。

上記のように、固定資産の減損会計の適用において、将来キャッシュ・フローの生成をオペレーティング・リース取引により使用する資産に依存している場合、当該資産を減損会計上の「主要な資産」として取り扱い、当該オフバランスのリース資産の経済的残存耐用年数にわたりキャッシュ・フローを見積ることができるか。

A

オペレーティング・リース取引により賃借している資産を減損会計上の「主要な資産」として取り扱うことはできず、その経済的残存耐用年数をもって将来キャッシュ・フローの見積りを行うことは認められないと考えられる。なお、オペレーティング・リース契約に解約不能部分があり、転貸不能等の条件が付されていることにより、将来の営業損失が引当金の要件を満たす場合には、引当金の計上が必要となるケースもあるので、留意が必要である。

解説

1　リース取引により使用している資産の減損基準における取扱い

(1)　ファイナンス・リース取引により使用している資産の取扱い

固定資産の減損会計について、減損意見書三3では「固定資産の減損とは、資産の収益性の低下により投資額の回収が見込めなくなった状態であり、減損

処理とは，そのような場合に，一定の条件の下で回収可能性を反映させるように帳簿価額を減額する会計処理である」としている。また，原則として固定資産を対象とすることが定められている（減損基準一）。

　ファイナンス・リース取引に係る借手側の会計処理方法としては，通常の売買取引に係る方法に準ずる会計処理（売買処理）を行う。なお，リース物件の所有権が借手に移転すると認められるもの以外の取引については，「Q9－9　リース取引に関する会計基準との関係③【減損処理済みのリース資産の売却時の処理】」の「1　所有権移転外ファイナンス・リース取引の借手の会計処理（経過措置）」に記載のとおり，個々のリース資産に重要性が乏しいと認められる一定の場合や，平成19年3月30日の改正前の所有権移転外ファイナンス・リース取引のうち，売買処理に変更していない場合では，通常の賃貸借取引に係る方法に準ずる会計処理（賃貸借処理）が認められている。

　売買処理を採用している場合には，借手側が当該ファイナンス・リース取引により使用している資産（リース資産）は資産計上され，減損基準の対象資産となるが，賃貸借処理を採用している場合であっても，売買処理を採用した場合との均衡上，減損会計と同様の効果をもつ会計処理を行う必要がある。

　このため，賃貸借処理を採用している場合のファイナンス・リース取引に係るリース資産または当該リース資産を含む資産グループの減損処理を検討するにあたっては，当該リース資産の未経過リース料の現在価値を当該リース資産の帳簿価額とみなして減損基準を適用することとなる。この場合，リース資産に配分された減損損失は負債として計上し，リース契約の残存期間にわたり規則的に取り崩すこととなる（減損意見書四4）。

（2）　オペレーティング・リース取引により使用している資産の取扱い

　「（1）ファイナンス・リース取引により使用している資産の取扱い」に記載したように，ファイナンス・リース取引により賃借している資産については，賃貸借処理を採用しているものに関しても売買処理を行っているものとの均衡の観点より，減損基準の対象とすることが明記されているが，オペレーティング・リース取引で使用している資産についてはそのような定めはない（減損指針61項参照）（図表9－7－1参照）。これは，オペレーティング・リース取引においてはレッサーからレッシーへのリスクと経済価値の移転がなく，減損すべき資産の帳簿価額という概念がないことによるものと思われる。

なお，オペレーティング・リース取引により賃借している資産に資本的支出をし，貸借対照表に計上されている場合，当該資本的支出部分に関しては減損会計の対象となると考えられる旨，留意が必要である。

図表９－７－１	リース取引（借手側）により使用している資産と減損基準の適用との関係	
	リース取引の借手側で使用している資産	減損基準の適用
1	ファイナンス・リース取引により使用している資産（売買処理）	対象
2	ファイナンス・リース取引により使用している資産（賃貸借処理）	対象
3	オペレーティング・リース取引により使用している資産	対象外

2 主要な資産の対象

「1　リース取引により使用している資産の減損基準における取扱い」に記載のとおり，減損基準が適用されるのはファイナンス・リース取引により使用している資産である。このため，その経済的残存耐用年数をもって将来キャッシュ・フローの見積りを行う主要な資産として識別されるべきものは，賃貸借処理を採用しているファイナンス・リース取引により使用している資産を含む貸借対照表に計上されている資産に限定され，オペレーティング・リース取引により賃借している資産を減損会計上の主要な資産として取り扱うことはできないと考えられる。

3 本ケースにおける主要な資産

本ケースにおいて本社備品を主要な資産として取り扱うことができるかについては，本社備品が減損指針第22項，第23項に定める定義に該当するものかどうかを検討する必要がある。製造業における工場設備や，運送業における運搬具と異なり，サービス業における主要な資産はその生成能力を明らかに判別しうるケースを除き，実態判断が必要となるものと考えられる。現業部門における備品は，福利厚生施設に比べれば「事業」に近い位置に存在するが，キャッシュ・フローの生成への寄与という観点から，直接的な影響を及ぼすものであ

るかは議論の余地があると思われる。

　また，福利厚生施設は通常「共用資産」として分類されるが，会社では全社を1つの資産グループとしているため，「複数の資産又は資産グループの将来キャッシュ・フローの生成に寄与する資産のうち，のれん以外のもの」（減損意見書四2(7)）と定義されている共用資産には該当しない。このため，減損会計の適用に際しては，資産グループの中で主要な資産を選択することになるが，その選択すべき対象には当該福利厚生施設が含まれる場合もあると考えられる。

　なお，「1　リース取引により使用している資産の減損基準における取扱い」において記載したとおり，オペレーティング・リース取引により賃借している資産を減損会計上の主要な資産として取り扱うことはできないが，オペレーティング・リース契約に解約不能部分があり，転貸不能等の条件が付されていることにより，将来の営業損失が会計原則注解【注18】の要件を満たす場合には，引当金の計上が必要となるケースもあるので，留意が必要である。

Q9-8　リース取引に関する会計基準との関係②【将来キャッシュ・フローの見積りにおける支払リース料の取扱い】

　当社は全社を1つの資産グループとして取り扱っている。資産グループに，所有権移転外ファイナンス・リース取引の借手として，通常の売買取引に係る方法に準じた会計処理を行っている資産が含まれる。

　減損会計において，将来キャッシュ・フローの見積りにあたり，リース資産の減価償却費と支払リース料をどのように取り扱うか。

A

　割引前将来キャッシュ・フローの見積りに，リース資産の減価償却費を反映するが，支払リース料は含まれないと考えられる。

解説

1　リース資産への減損会計の適用

　ファイナンス・リース取引は，経済的にはリース物件の取得および取得のた

めの資金調達と類似の性格を有しており，通常の売買取引に係る方法に準じて会計処理を行うとされている。

これにより計上されたリース資産は，減損基準の対象とされており（減損意見書四4），減損会計の適用において他の資産と特に区別されてはいない。

2 割引前将来キャッシュ・フローの見積り

資産または資産グループの将来キャッシュ・フローの見積りに際しては，現金基準に基づいて見積る方法のほか，発生基準に基づいて見積った金額に当該資産または資産グループの減価償却費などの重要な非資金損益項目を加減した金額を用いることができるとされている（減損指針36項(4)）。

リース資産は，取得した固定資産と同様に，資産計上後，減価償却を通じて投資回収されることになるので，当該リース資産を含む資産グループの割引前将来キャッシュ・フローの見積りは，当該リース資産の減価償却費も反映して行うと考えられる。

一方，支払リース料については，減損指針第61項なお書きにおいて，将来キャッシュ・アウト・フローには支払リース料が含まれない旨が定められており，また，支払リース料は借入金の返済と同様に考えられることから，資産の継続的使用によって生ずると見込まれる将来キャッシュ・アウト・フローには含まれないと考えられる。

この結果，リース資産の償却費は将来キャッシュ・イン・フローに含まれるが，支払リース料は将来キャッシュ・アウト・フローに含まれないことになる。

Q9-9 リース取引に関する会計基準との関係③【減損処理済みのリース資産の売却時の処理】

　小売業を営む当社は，リース契約（所有権移転外ファイナンス・リース取引）による店舗（建物）について通常の賃貸借契約に係る方法に準じて会計処理を行っているが，当期の3月末決算において，リース資産減損勘定を用いて減損損失（5億円）を計上する予定である。
　当該リース物件を条件次第で購入したいという別の業者が出現し，翌期において，賃貸人の譲渡希望価額と買受人の購入希望価額の差額相当額をリース契約の解約金（1億円）として支払うことで合意できる可能性があり，この場合，合意が成立し，リース物件を譲渡した時点で，当社のリース料の支払義務が消滅する。
　このように，リース物件の所有者が当該物件を第三者に売却する場合のリース資産減損勘定の取崩処理はどのようになるか。

A

　リース物件の譲渡時点でリース資産減損勘定（5億円）を取り崩し，解約金（1億円）と相殺後の残額（4億円）を損益として計上すると考えられる。

解説

1 所有権移転外ファイナンス・リース取引の借手の会計処理（経過措置）

　平成19年3月30日に，企業会計基準第13号「リース取引に関する会計基準」および企業会計基準適用指針第16号「リース取引に関する会計基準の適用指針」が企業会計基準委員会より公表され，平成5年6月に旧大蔵省（現在の金融庁）企業会計審議会第一部会から公表された「リース取引に係る会計基準」および平成6年1月に日本公認会計士協会から公表された「リース取引の会計処理及び開示に関する実務指針」が改正されている。
　この改正により，従来，所有権移転外ファイナンス・リース取引において認められていた例外処理である通常の賃貸借取引に係る方法に準じた会計処理

(賃貸借処理)は廃止され，通常の売買取引に係る方法に準じた会計処理(売買処理)に一本化されている(リース基準9項)。

少額リース資産および短期のリース取引に関する簡便的な取扱いとして，個々のリース資産に重要性が乏しいと認められる一定の場合は，オペレーティング・リース取引の会計処理に準じて，賃貸借処理を行うことができる(リース指針34項)。しかしながら，これらを除いては，当該改正前の所有権移転外ファイナンス・リース取引のうち，売買処理に変更していない取引についてのみ，経過的に賃貸借処理が容認されている。

2 リース資産に配分された減損損失の取崩し

リース資産に配分された減損損失は負債として計上され，リース契約の残存期間にわたり定額法によって取り崩される。当該取崩額は，特別利益に計上されるのではなく，各事業年度の支払リース料と相殺することとされている(減損指針143項)。これは，通常の賃貸借取引に係る方法に準じて会計処理を行う場合でも減損処理と同様の効果を有するように定められている以上，減損損失の戻入れは行わない定めに準ずることによるものと考えられる(減損基準三2参照)。

3 譲渡する場合の会計処理

「2 リース資産に配分された減損損失の取崩し」に記載したとおり，リース資産減損勘定の取崩額は支払リース料と相殺することとされていることから，当期に負債計上したリース資産減損勘定は，リース物件の譲渡時点で取り崩し，解約金と相殺後の残額を損益として計上することになると考えられる。

解約により生じた差額は，リース物件の譲渡に伴う解約が異常な原因に該当すると判断される場合には，特別損益として表示する実務も考えられる。

なお，リース物件の所有者が当該リース物件を第三者に売却できる場合，違約金1億円の負担のみになるが，売買は会社との取引ではなく，所有者と第三者の取引のため，当期の3月末決算において，当該売却の実現可能性を見積ることは困難であると考えられ，当該売却が確定した段階でリース資産減損勘定が利益として戻し入れられることになると考えられる。

Q9-10 リース取引に関する会計基準との関係④ 【リース取引の注記】

注記対象としている所有権移転外ファイナンス・リース取引に係るリース資産について減損損失を計上した場合,「未経過リース料残高相当額」の注記の金額から「リース資産減損勘定」の金額を控除するか否か。

A

「未経過リース料残高相当額」の注記金額から「リース資産減損勘定」の金額を控除しないと考えられる。

解説

減損指針では,所有権移転外ファイナンス・リース取引について通常の賃貸借取引に係る方法に準じて会計処理を行う場合(「Q9-9 リース取引に関する会計基準との関係③【減損処理済みのリース資産の売却時の処理】」の「1 所有権移転外ファイナンス・リース取引の借手の会計処理(経過措置)」参照),通常の売買取引に係る方法に準じた原則的な会計処理を行う場合の減損処理と同様の効果を有するように取扱いが定められている(減損指針143項)。具体的には,リース資産に配分された減損損失を負債の部において「リース資産減損勘定」等,適切な科目をもって計上するとされている(減損指針60項)。

一方,財表規則では,平成19年8月15日付の「企業内容等の開示に関する内閣府令等の一部を改正する内閣府令」(平成19年内閣府令第65号)の公布に伴う改正前において,ファイナンス・リース取引に関しての借主側の注記として,「未経過リース料残高相当額」および「リース資産減損勘定」の残高を記載することとされていた(旧(平成19年8月15日改正前)財表規則8条の6第1項1号イ,旧(平成19年8月15日改正前)連結財表規則15条の3)。リース取引に関する注記として「未経過リース料残高相当額」および「リース資産減損勘定」の残高の記載を求めていたのは,売買処理に準じた原則的な会計処理を行った場合のリース債務およびリース資産と同等の情報開示を行う趣旨によるものである。

ここで「未経過リース料残高相当額」と「リース資産減損勘定」の関係につ

いては，以下の2つの考え方がある。

> （1） 前者は貸主に対する支払債務であるのに対し，後者は債務ではないこと，およびリース注記は原則的方法である売買処理を行った場合の金額がわかるような情報であるべきことから，両者は相殺せず総額で表示すべきであるという考え方
> （2） 後者の性格を未払金類似の債務として捉え，前者から控除すべきであるとする考え方

このため，一般的に注記として両者を総額で併記していたのは，注記内容としてすべてを開示し，情報利用者がそれらの情報を組み合わせて使えるようにするためであったと考えられる[2]。

上記の趣旨から，所有権移転外ファイナンス・リース取引に係るリース資産について減損損失を計上した場合，「未経過リース料残高相当額」から「リース資産減損勘定」を控除しないと考えられ，控除して開示する場合には，その旨を付記することが考えられる。

Q9-11 研究開発費およびソフトウェアの会計処理に関する実務指針との関係① 【市場販売目的のソフトウェア】

> 市場販売目的のソフトウェアについて，前期から見込販売数量に基づく償却を開始しているが，当期における他社の競合製品の発売開始に伴い見込販売数量の減少が見込まれることから，今後の販売計画を下方修正する予定である。
> この場合，当期の償却計算および減損の取扱いはどのようになるか。

A ....
市場販売目的のソフトウェアについては，減損基準ではなく，研究開発費指

---

[2] 「減損会計導入に伴う財務諸表等規則及び関連ガイドライン等の改正について」金子裕子著『企業会計』（中央経済社）平成16年4月号。

針に従い，個々に回収可能見込額と比較して会計処理することになるため，当初予見できなかった原因により，見込販売数量の減少が見込まれる場合，変更後の見込販売数量に基づき，当該事業年度および将来の期間の損益で認識する。また，期末の未償却残高が翌期以降の見込販売収益の額を上回った場合には，当該超過額について，一時の費用または損失として処理する。

解説

1 減価償却の方法

　市場販売目的のソフトウェアに関しては，ソフトウェアの性格に応じて最も合理的と考えられる方法により減価償却することが求められており，合理的な償却方法としては，見込販売数量に基づく方法のほか，見込販売収益に基づく償却方法も認められている。

　ただし，毎期の減価償却額は，販売可能期間である残存有効期間に基づく均等配分額を下回らないようにする必要がある。したがって，毎期の減価償却額は，見込販売数量（または見込販売収益）に基づく償却額と残存有効期間に基づく均等配分額とを比較し，いずれか大きい額を計上することになる。

　また，当初における販売可能な有効期間の見積りは，原則として3年以内の年数とし，3年を超える年数とする場合には，合理的な根拠に基づくことが必要である（研究開発費指針18項）。

2 見込販売数量（または見込販売収益）の見直し

　無形固定資産として計上した市場販売目的のソフトウェアの取得原価を見込販売数量（または見込販売収益）に基づき減価償却する場合，適宜行われる見込販売数量（または見込販売収益）の見直しの結果，販売開始時の総見込販売数量（または総見込販売収益）を変更することがある。

　その場合には，過年度遡及基準第17項の会計上の見積りの変更の取扱いに従い，変更後の見込販売数量（または見込販売収益）に基づき，見直しを行った後の償却計算の補正で吸収することになる。

　たとえば，当第2四半期会計期間末において見込販売数量（または見込販売収益）を変更した場合には，以下の計算式により当第2四半期累計期間および

当第3四半期以降の減価償却額を算定する（研究開発費指針19項）。

> - 当第2四半期累計期間の減価償却額
>   ＝当期首における未償却残高×当第2四半期累計期間の実績販売数量（または実績販売収益）÷当期首における変更前の見込販売数量（または見込販売収益）
> - 当第3四半期以降の減価償却額
>   ＝当第3四半期の期首における未償却残高×当第3四半期以降の実績販売数量（または実績販売収益）÷当第3四半期の期首における変更後の見込販売数量（または見込販売収益）

また，販売期間の経過に伴い，期末の未償却残高が翌期以降の見込販売収益の額を上回った場合には，当該超過額について，一時の費用または損失として処理する（研究開発費指針20項）。

3 市場販売目的のソフトウェアの減損

「2 見込販売数量（または見込販売収益）の見直し」に記載したとおり，研究開発費指針第20項において市場販売目的のソフトウェアに係る「減損処理に類似した会計処理」の定めがあるため，市場販売目的のソフトウェアは減損基準の適用範囲から除かれている（減損指針6項(3)，69項）。

このため，市場販売目的のソフトウェアについては，減損基準ではなく，研究開発費指針に従って会計処理することになる。なお，研究開発費指針では，市場販売目的のソフトウェアは個々に回収可能見込額と比較されることから，資産のグルーピングを行った上で減損が検討される減損基準とは取扱いが異なる。

Q9-12 研究開発費およびソフトウェアの会計処理に関する実務指針との関係②【自社利用のソフトウェア】

当社（3月決算）が使用している社内システム（X1年9月取得。取得原価3億円）に対し，自社利用のソフトウェアとして共用資産にグルーピングし，経済的使用可能年数を5年と見積っている。

当該システムは，今年度末（X3年3月期）で使用期間が1.5年になるが，親会社のシステムとの統一や，メンテナンス期間（X4年3月まで）を考慮し，X3年10月からの新システム導入と現在使用中のシステムのX3年10月以降の使用を中止する旨の決定をX2年11月末日の取締役会において行っている。

共用資産である自社利用のソフトウェアの経済的使用可能年数が短縮された場合の会計処理はどのようになるか。

A

耐用年数の変更を決定したX2年11月までの期間については，変更前の残存耐用年数により減価償却を行い，X2年12月以降は変更後の残存耐用年数により減価償却を行う。

解説

1 独立したキャッシュ・フローを生み出す最小の単位

取締役会等において，資産の処分や事業の廃止に関する意思決定を行い，その代替的な投資も予定されていないときなど，これらに係る資産を切り離しても他の資産または資産グループの使用にほとんど影響を与えない場合には，独立したキャッシュ・フローを生み出す最小の単位として取り扱うこととなる（減損指針8項，71項）。

本ケースでは，「親会社のシステムとの統一や，メンテナンス期間（X4年3月まで）を考慮し，X3年10月からの新システム導入と現在使用中のシステムのX3年10月以降の使用を中止する旨の決定をX2年11月末の取締役会において行っている」のであり，X3年10月までは使用を継続し，その後は，

別の新システムに移行するなどの代替的投資が行われる。このため，当該自社利用ソフトウェアを使用している期間は，会社の基幹システムとして業務処理に使用されるものと考えられ，本ケースの自社利用ソフトウェアを独立したキャッシュ・フローを生み出す最小の単位として取り扱うことにはならないと考えられる。

この場合は，当該資産を含む資産グループで減損損失を認識するかどうかを検討し，不要な場合に当該資産の耐用年数の短縮を行うことになる。

2 ｜ 減価償却の方法

自社利用のソフトウェアに関しては，その利用の実態に応じて最も合理的と考えられる方法により減価償却することが求められており，合理的な償却方法として，一般的には，定額法による償却が考えられる。

償却の基礎となる耐用年数としては，当該ソフトウェアの利用可能期間によることが求められているが，原則として5年以内の年数とし，5年を超える年数とするときには，合理的な根拠に基づくことが必要である。

利用可能期間については，適宜見直しを行うこととし，当事業年度末において耐用年数を変更した場合，各事業年度における減価償却額の計算にあたっては，以下の計算式に基づき償却費の補正を行う（研究開発費指針21項）。

- 当事業年度の減価償却額
 ＝当期首における未償却残高×当事業年度の期間÷当期首における変更前の残存耐用年数
- 翌事業年度の減価償却額
 ＝翌期首における未償却残高×翌事業年度の期間÷翌期首における変更後の残存耐用年数

本ケースでは，X2年11月末日の取締役会において耐用年数の短縮が決定されていることから，X2年12月以降は変更後の残存耐用年数により減価償却を行うと考えられる。

- X3年3月期の減価償却額
  = X3年3月期の期首における未償却残高×$\frac{8}{12}$年（X2年4月からX2年11月）÷4.5年（X3年3月期の期首における変更前の残存耐用年数）
  ＋X2年12月の月初における未償却残高×$\frac{4}{12}$年（X2年12月からX3年3月）÷$\frac{10}{12}$年（X2年12月の月初における変更後の残存耐用年数）

ソフトウェア業における固有論点

　ソフトウェア業では，無形固定資産に計上されるソフトウェアの重要性が高い場合が多い。このため，サービス別で資産のグルーピングを行う場合などではソフトウェアが主要な資産として取り扱われることも考えられる。

　自社利用のソフトウェアは減損会計の対象となるが，自社利用のソフトウェアの減価償却は，一般的に定額法による償却が合理的とされ，耐用年数の根拠とした利用可能期間は毎期見直しが求められる点に留意が必要である。新たに入手可能となった情報に基づいて当事業年度末において耐用年数を変更した場合には，翌事業年度以降の減価償却費から変更後の残存耐用年数に基づき，減価償却費を算定することが求められる（研究開発費指針21項）。

　なお，市場販売目的のソフトウェアについては，「Q9－11　研究開発費およびソフトウェアの会計処理に関する実務指針との関係①【市場販売目的のソフトウェア】」の「3　市場販売目的のソフトウェアの減損」に記載のとおり減損基準および減損指針の対象外であり，研究開発費指針に基づく会計処理が求められる（減損指針6項(3)）。販売期間の経過に伴い，減価償却実施後の帳簿価額が翌期以降の見込販売収益の額を上回った場合，当該超過額は一時の費用または損失として処理するとされ（研究開発費指針20項），一時の損失とした場合であっても減損損失として計上されるものではない。

第10章

連結財務諸表における論点

Q10-1 連結財務諸表上で支配獲得時に時価評価した固定資産の減損会計適用上の取扱い

ある子会社が保有する土地（支配獲得時に含み益が存在する。）は，連結財務諸表上，支配獲得時に時価評価している。このようなケースでの減損会計適用上の取扱いを教えてほしい。また，支配獲得時に時価が簿価を下回っていたことにより，「連結上の簿価＜個別上の簿価」となっている場合にはどうなるのか。

A

子会社化（初度連結）の際に時価評価をすることで，連結上の簿価が個別上の簿価を上回っている場合に，個別財務諸表で減損損失が計上されたときには，連結上の簿価と個別上の簿価の差額を追加的に連結財務諸表において減損損失として計上する。

また，含み損を反映させることで，連結上の簿価が個別上の簿価を下回っているような場合にも，同様に連結手続上で減損損失の調整が必要になるが，連結上の簿価と個別上の簿価の差額が減損損失の金額を上回る場合には，減損損失が全額戻し入れられることになる。

解説

1 親会社による支配獲得時の時価評価

　他の会社の株式を購入し，同社に対する支配を獲得した場合，連結財務諸表上，子会社となった会社の資産・負債は支配獲得日の時価により評価される（連結基準 20 項）。なお，実務上は，支配獲得日の前後いずれかの子会社の決算日における時価を用いて評価を行う「みなし取得日」の定め（連結基準（注 5））を用いて時価評価し，そのうえで投資と資本の相殺消去の仕訳を計上しているケースが多いと思われる。

　この評価差額に相当する連結上の簿価と個別上の簿価の差額（以下「連単の簿価差」という。）は，時価評価した資産・負債の償却，売却，除却等によって解消する（資本連結指針 25 項から 29 項）。

2 減損損失に関する連結上の評価差額の調整

　「1　親会社による支配獲得時の時価評価」に記載した時価評価により，固定資産（たとえば，土地や建物）の個別上の簿価と連結上の簿価に差が生じていたものとする。このとき，個別財務諸表上で当該時価評価がなされた資産を減損処理した場合，連結財務諸表において，個別上の簿価と連結上の簿価の差額を調整する必要があると考えられる。

(1) 「連結上の簿価＞個別上の簿価」の場合

　連結上の簿価が個別上の簿価を上回っている場合には，連結上の簿価と個別上の簿価の差額を追加的に連結財務諸表において減損損失として計上する（図表 10 － 1 － 1 参照）。

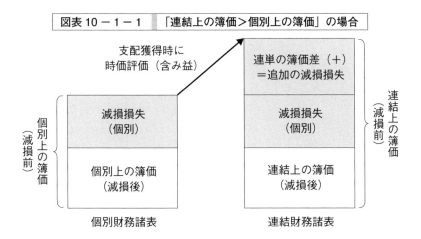

なお，連結上の簿価が個別上の簿価よりも大きいことで，個別財務諸表では認識されなかった減損の兆候が連結財務諸表上で認識されるケースがあるため，この点にもご留意いただきたい。

(2) 「連結上の簿価＜個別上の簿価」の場合

連結上の簿価が個別上の簿価を下回っている場合にも，「(1)『連結上の簿価＞個別上の簿価』の場合」（含み益）のケースと同様，連結手続において，減損損失の額に調整を加える必要がある。ただし，調整が必要となる金額は，連結上の簿価と個別上の簿価との差額と，個別財務諸表における減損損失の額の大小により異なる。

① 「個別財務諸表上の減損損失＞連単の簿価差」の場合

個別財務諸表上の減損損失の額と，連結財務諸表上の時価評価による当該固定資産の連単の簿価差の額を比較し，個別財務諸表上の減損損失の額のほうが多額になっている場合，連単の簿価差の全額について，減損損失を減額する形で調整することになる（図表10－1－2参照）。

図表10－1－2　「連結上の簿価＜個別上の簿価」の場合（その1）

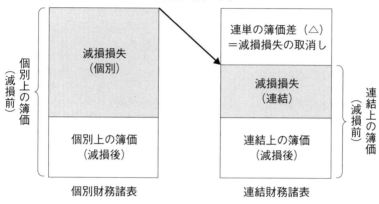

② 「個別財務諸表上の減損損失＜連単の簿価差」の場合

　個別財務諸表上の減損損失の額と，連結財務諸表上の時価評価による当該固定資産の連単の簿価差の額を比較し，個別財務諸表上の減損損失の額のほうが少額な場合，個別財務諸表上で計上された減損損失は連結財務諸表上，全額を取り消す（図表10－1－3参照）。

図表10－1－3　「連結上の簿価＜個別上の簿価」の場合（その2）

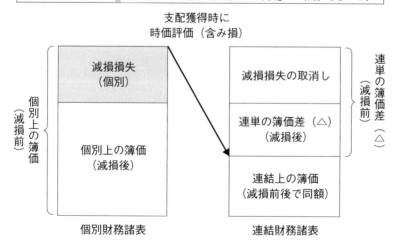

③ 子会社に非支配株主がいる場合の取扱い

①または②のケースのいずれも，個別財務諸表における減損損失が修正された子会社に非支配株主がいる場合，当該修正額を非支配株主にも負担させる点に留意が必要である。

Q10-2 未実現利益を消去している場合の減損会計適用上の取扱い

> 過年度に連結グループ内で土地を売却し，個別財務諸表で生じた売却益を連結財務諸表上で消去している場合に，個別財務諸表において減損損失を計上したときの連結財務諸表上の処理を教えてほしい。

A

連結手続上，未実現利益を消去することで「連結上の簿価＜個別上の簿価」となっている場合に，個別財務諸表で減損損失が計上されたときには，個別財務諸表における減損損失に対して連結財務諸表上の調整が必要になる。この調整に関して，未実現利益の金額（減価償却考慮後の現時点での連結財務諸表と個別財務諸表の帳簿価額の差額）が減損損失の金額を上回る場合には，減損損失が全額戻し入れられることになる。

解説

1 未実現利益の消去

連結会社間取引によって，購入した側の会社の固定資産に含まれる固定資産売却益相当額は，連結財務諸表上，未実現利益としてその全額を消去しなければならない（連結基準36項）。

（1） 非支配株主持分への負担の要否

親会社から子会社へと固定資産を売却する，いわゆるダウンストリームの取引の場合，消去された未実現利益は全額親会社持分に負担させる。一方，子会社が売手となるケース，すなわち，子会社から親会社への売却または子会社か

ら他の子会社への売却という，いわゆるアップストリーム取引の場合に，売手側の子会社に非支配株主が存在するときには，消去された未実現利益のうち，当該非支配株主の持分比率に相当する額を非支配株主持分へと負担させる（連結基準38項）。

（2） 未実現利益の解消（実現）

固定資産の未実現利益は，当該固定資産の減価償却，売却，除却等の事象によって実現していくこととなる。償却性の固定資産の減価償却を例にとると，未実現利益が計上されている固定資産は「連結上の簿価＜個別上の簿価」となっていることから，個別財務諸表上の減価償却に合わせて，未実現利益のうち減価償却に相当する部分を戻し入れ，減価償却費を減額するような修正仕訳を計上する。

【未実現利益の消去】

（借） 固定資産売却益	×××	（貸） 有形固定資産	×××

【減価償却による実現】

（借） 有形固定資産	×××	（貸） 減価償却費	×××

2 未実現利益を消去している固定資産に減損損失が計上された場合

連結財務諸表上で未実現利益を消去している固定資産に対して，個別財務諸表上で減損損失が計上された場合，「1（2）未実現利益の解消（実現）」に記載した減価償却と同様，減損損失に対応する未実現利益相当額を調整する必要がある。

このとき，調整が必要となる金額は，連結上の簿価と個別上の簿価の差額（未実現利益のうち，いまだ償却等で実現していない額）と，個別財務諸表における減損損失の額の大小により異なる。

（1） 「個別財務諸表上の減損損失＞未実現利益」の場合

個別財務諸表上の減損損失の額と未実現利益の額を比較し，個別財務諸表上の減損損失の額のほうが多額になっている場合，未実現利益の全額を個別財務諸表上の減損損失から減額する（「Q 10－1　連結財務諸表上で支配獲得時に

時価評価した固定資産の減損会計適用上の取扱い」の「図表10－1－2『連結上の簿価＜個別上の簿価』の場合（その1）」参照）。

【減損処理による実現】

| （借） | 有形固定資産 | ××× | （貸） | 減損損失 | ××× |

（2）「個別財務諸表上の減損損失＜未実現利益」の場合

個別財務諸表上の減損損失の額と未実現利益の額を比較し，個別財務諸表上の減損損失の額のほうが少額な場合，個別財務諸表上の減損損失を全額取り消す（「Q10－1　連結財務諸表上で支配獲得時に時価評価した固定資産の減損会計適用上の取扱い」の「図表10－1－3　『連結上の簿価＜個別上の簿価』の場合（その2）」参照）。未実現利益と減損損失の額の差額は，引き続き連結財務諸表上は未実現利益として取り扱われることになる。

（3）アップストリーム取引により消去された未実現利益で，かつ，子会社に非支配株主がいる場合の取扱い

「（1）『個別財務諸表上の減損損失＞未実現利益』の場合」または「（2）『個別財務諸表上の減損損失＜未実現利益』の場合」のケースのいずれも，未実現利益がアップストリーム取引により計上されており，かつ，個別財務諸表において減損損失が修正された子会社に非支配株主がいる場合，当該修正額を非支配株主にも負担させることになる。

Q10-3　連結財務諸表における資産のグルーピングの単位の見直しの考え方

連結手続において，個別財務諸表上で行った資産のグルーピングの単位が見直される場合があると聞いたが，具体的にどのようなケースがあるのか。また，そのような場合，個別財務諸表で計上された減損損失は，連結財務諸表においてどうなるのか。

A

　管理会計上の区分や投資の意思決定を行う際の単位の設定などが，複数の連結会社を対象に行われ，独立したキャッシュ・フローを生み出す単位が，各社の個別財務諸表における当該単位と異なる場合に，連結財務諸表上において個別財務諸表における資産のグルーピングの単位が見直されることがある。

　また，連結財務諸表において資産のグルーピングの単位が見直されるような場合，個別財務諸表において計上された減損損失は，連結財務諸表上，修正されることがある。

解説

1　連結財務諸表における資産のグルーピングの単位の見直し

（1）　資産のグルーピングの基本的な考え方

　資産のグルーピングは，他の資産または資産グループのキャッシュ・フローから概ね独立したキャッシュ・フローを生み出す最小の単位で行うこととされている（減損基準二6(1)）。また，各企業の実態を反映したグルーピングの方法を一義的に示すことは困難としつつも，実務上，管理会計上の区分や投資の意思決定を行う際の単位も参考にして，グルーピングの方法を定めることになると考えられるとされている（減損指針7項柱書き）。

（2）　連結ベースの資産のグルーピングの単位の見直し

　「（1）資産のグルーピングの基本的な考え方」の記載を踏まえて，連結財務諸表上で，個別財務諸表における資産のグルーピングが見直されることがあるとしている。

　すなわち，連結財務諸表において，前述した管理会計上の区分や投資の意思決定を行う際の単位が，個別財務諸表と異なり複数の連結会社にまたがっていることにより，他の資産または資産グループのキャッシュ・フローから概ね独立したキャッシュ・フローを生み出す最小の単位が複数の連結会社にまたがるようなときには，連結財務諸表において資産のグルーピングの単位が見直されることがある（減損指針10項）。

　ただし，この場合でも資産のグルーピングの単位が事業セグメントの区分を超えることがないと考えられるという定めに従わなければならないことに留意

が必要である（減損指針73項参照）。

（3） 資産のグルーピングの単位が見直されたときの損益への影響

　連結財務諸表上で資産のグルーピングの単位が見直された場合，個別財務諸表において計上された減損損失が連結財務諸表上は修正されることもありうる。つまり，資産のグルーピングの単位が見直された結果，連結財務諸表において減損損失が増加する場合には，当該増加分が追加計上され，一方，減損損失が減少する場合には，個別財務諸表で計上した減損損失のうち，当該減少分を取り消すことになる（減損指針75項なお書き）。

2 ┃ 実務上の留意点

（1） 連結財務諸表における資産のグルーピングの単位の見直しの要否

　資産のグルーピングは，連結財務諸表において見直しが必須とされるものではない。通常は，他の資産または資産グループのキャッシュ・フローから概ね独立したキャッシュ・フローを生み出す最小の単位が連結財務諸表と個別財務諸表で同一であると考えられ，このような場合にまで見直しを求める趣旨のものではない（減損指針75項参照）。

（2） 持分法適用会社の取扱い

　資産のグルーピングの見直しは，あくまで固定資産が連結貸借対照表に計上される連結会社において認められるものである。したがって，事業上の結びつきが相対的に強く，一体としてキャッシュ・フローを生み出しているような持分法適用会社の固定資産があったとしても，当該固定資産を連結財務諸表上のグルーピングの単位の見直しの対象とすることはできない（減損指針75項第二段落また書き）。

（3） 資産のグルーピングの見直しの例

　資産のグルーピングは，その実態に応じて行われるものであり，連結財務諸表における見直しも同じく実態に応じて行われるべきものであるということができる。具体的な例としては，減損指針の［設例1－4］や［設例1－6］に考え方が示されているため，参考とされたい。また，「Q10－6　連結グルー

プ内での資産の売却により損失が計上される場合の処理」では，同じく連結財務諸表において資産のグルーピングの単位が見直されるケースを検討しているため，ご参照いただきたい。

Q10-4 IFRS適用子会社が減損損失の戻入れを行った場合の連結財務諸表上の会計処理

> 在外子会社であるA社は，連結決算に際し，国際財務報告基準（IFRS）により決算を行い，連結手続上は，在外子会社取扱（実務対応報告第18号）の「当面の取扱い」の定めを用いて，A社の決算に関し一定の事項を修正した上で当社の連結決算に取り込んでいる。このとき，A社が国際会計基準（IAS）第36号「資産の減損」の定めに基づき過年度の減損損失の戻入れを行った場合，当該事項は当社の連結手続上で修正する必要があるのか。

A

国際財務報告基準（IFRS）を用いて決算を行っている在外子会社が減損損失の戻入れを行った場合でも，在外子会社取扱（実務対応報告第18号）における「当面の取扱い」を適用しているのであれば，当該戻入れを修正することなく，親会社の連結決算へと取り込むことが考えられる。

解説

1 在外子会社が適用する会計基準

連結財務諸表の作成に際し，親会社と子会社が適用する会計方針は原則として統一することとされている（連結基準17項）。このため，在外子会社であっても，連結財務諸表へと取り込まれる当該子会社の決算は，わが国の会計基準に従い，親会社と同一の会計方針によって作成される必要がある（在外子会社取扱「原則的な取扱い」）。

一方，国際的な会計基準との相違点が縮小傾向にあることも踏まえ，在外子会社の決算においては，実務上の実行可能性なども考慮し，国際財務報告基準（IFRS）または米国会計基準を用いることができるとされている。ただし，そ

の場合でも，図表10－4－1に記載した事項については，IFRSまたは米国会計基準に基づく子会社の決算を，連結手続上で親会社と同一の会計方針へと適切に修正しなければならないとされている。

なお，図表10－4－1に記載した項目以外でも，明らかに合理的でないと認められる場合には，修正が必要とされる（在外子会社取扱「当面の取扱い」）。

図表10－4－1	在外子会社の決算における修正事項（「修正4項目」）
会計基準	修正項目
IFRSまたは米国会計基準	・のれんの償却
IFRS	・退職給付会計における数理計算上の差異の費用処理 ・研究開発費の支出時費用処理 ・投資不動産の時価評価および固定資産の再評価

2 | 在外子会社が減損損失の戻入れを行った場合

在外子会社がIFRSを適用した決算を行い，当該決算に図表10－4－1に記載した修正を施し，親会社の連結決算へ取り込んでいるものとする。そして，当該在外子会社が国際会計基準（IAS）第36号「資産の減損」第109項以下の定めに従い，「減損損失の戻入れ」を行ったものとする[1]。このとき，在外子会社取扱の定めにより，当該減損損失の戻入れを親会社の連結手続上で修正すべきかどうかが論点となる。

図表10－4－1に記載した修正項目は，図表10－4－2に記載したわが国の会計基準に共通する考え方と乖離する重要な差異があるものであり，減損損失の戻入れは，必ずしもこれらと同様の性格を有するとは考えられない。なぜなら，わが国の会計基準とIFRSにおける減損会計の考え方には若干の相違があり，IFRSにおける考え方は，わが国の減損会計のコンセプトのように相当程度確実な収益性の低下を反映する，という取扱いにはなっていないためである。

---

[1] IFRSでは，過去に計上した固定資産の減損損失を，一定の要件が満たされた場合に戻し入れなければならないとする定めがある。一方，わが国の会計基準では，減損損失の戻入れは認められていない（減損基準三2）。

また，当該修正項目以外にも明らかに合理的でないものは修正が必要とされるが，一方，修正4項目が一般的には限定的に例示されたものと理解されている点も考慮すれば，減損損失の戻入れは連結手続上で修正する必要はないと考えられる。

図表10－4－2	わが国の会計基準に共通する考え方と修正4項目の関係
共通する考え方	対応する修正項目
当期純利益を測定する上での費用配分	・のれんの償却 ・研究開発費の支出時費用処理
当期純利益と株主資本との連繋	・退職給付会計における数理計算上の差異の費用処理
投資の性格に応じた資産および負債の評価	・投資不動産の時価評価および固定資産の再評価

3 減損損失の戻入れの修正の可否

減損損失の戻入れは，「2　在外子会社が減損損失の戻入れを行った場合」に記載したとおり，連結手続上での修正は必須ではないと考えられる。一方，親会社が任意に修正することができるかどうかが論点となる。

この点，在外子会社取扱における「当面の取扱い」の脚注1において，いわゆる修正4項目以外についても継続的に適用することを要件に，修正を行うことができるとされている。すなわち，IFRSにおける減損損失の戻入れについて修正することが適切と判断し，この脚注1の定めを用いる場合，継続適用を要件として，IFRSを適用する子会社において計上された減損損失の戻入れを，連結財務諸表上は修正することができるものと考えられる。

Q10-5　持分法適用会社における減損損失の取扱い

持分法適用会社の個別財務諸表で多額の減損損失が計上された。持分法の適用に際し、当該減損損失に持分比率を乗じた額を特別損失として表示することができるか。

A

持分法適用会社の個別財務諸表において特別損失に計上された減損損失であっても、投資会社の連結財務諸表では、原則どおり、持分法による投資損益として営業外収益または営業外費用に表示する必要があり、特別損失に表示することはできない。

解説

1　持分法による投資損益の表示区分

関連会社または非連結子会社に対して持分法を適用し、同社の損益を持分法による投資損益として連結財務諸表へと取り込む場合、連結損益計算書上、当該損益は営業外収益または営業外費用に一括して表示することが明示されている（持分法基準16項）。なお、当該損益には、持分法適用上ののれんの減損処理額や負ののれん発生益相当額が含まれ、これらも同様に営業外収益または営業外費用に表示することが求められる（持分法基準27項なお書き）。

2　持分法適用会社で計上された減損損失の連結財務諸表での表示区分

「1　持分法による投資損益の表示区分」に記載したのれんの減損処理額のうち投資会社持分を乗じた持分法による投資損益と異なり、持分法適用会社の個別財務諸表で計上された固定資産の減損損失に係る投資会社持分額の表示については、会計基準上で明確な定めがない。

しかしながら、持分法の適用に際して連結財務諸表上の当期純利益に含めら

れる被投資会社の損益のうち投資会社の持分等に見合う額（持分法基準12項）は，営業外収益または営業外費用の区分に一括して表示するものと明確に定められており（持分法基準16項），例外的な定めは設けられていない。

「1 持分法による投資損益の表示区分」で記載したとおり，のれんの減損処理額のような臨時かつ多額になる可能性がある項目も，通常の損益と区分することなく営業外収益または営業外費用に表示することとされており（持分法基準27項なお書き），投資の成果を営業外区分で表示するという点は持分法基準の定めにおいて明確であるため（持分法基準27項本文），持分法適用会社の個別財務諸表で計上された固定資産の減損損失に係る投資会社持分額は，原則どおり，営業外収益または営業外費用の区分に表示されることになる。

Q10-6 連結グループ内での資産の売却により損失が計上される場合の処理

子会社において，その保有する土地を時価で親会社に売却する意思決定が当期末になされた。引渡しは翌期となるが，当期末で当該土地の時価が簿価を下回っており，売却時には売却損が計上される可能性が高い。この場合，当期の決算における会計処理はどのようになるのか。

A

子会社の個別財務諸表においては，子会社での売却に係る意思決定時点で，正味売却価額を基礎として減損損失が計上されることになる。

一方，親会社の連結財務諸表上は，その実態に応じた会計処理を行う必要があるものと考えられる。

解説

1 帳簿価額および使用価値を下回る価額での売却の意思決定

子会社から親会社に対して，固定資産を帳簿価額および使用価値を下回る価額で売却することを意思決定した場合，子会社の個別財務諸表においては，当該資産の回収可能価額を著しく低下させる変化が生じることなどから，減損の

兆候が存在していると考えられる（減損基準二1②など）。固定資産の回収可能価額は，資産または資産グループの正味売却価額と使用価値のいずれか高いほうの金額をいうとされているが（減損基準注解（注1）1），本ケースにおいて，子会社ではすでに当該資産の売却による処分を決定していることから，回収可能価額の見積りにおいて使用価値を用いることは必ずしも合理的ではなく，正味売却価額をもって回収可能価額とするものと考えられる。

このため，売却までに稼得するキャッシュ・フロー部分を除いて，固定資産売却損にほぼ相当する金額が，子会社の個別財務諸表上で減損損失として計上されることになる。

2 連結財務諸表上の取扱い

(1) 未実現損失に係る定め

連結会社間で固定資産を売却し，売却損が計上されたようなときには，売手側の帳簿価額のうち回収不能と認められる部分に関しては，当該未実現損失を消去せず，連結財務諸表上も個別財務諸表における売却損を生かす定めとなっている（連結基準36項ただし書き）。

ただし，本ケースにおいては，売却損ではなく，意思決定時点において減損損失が計上されることになるため，この未実現損失に係る定めは適用されない。

たとえば，意思決定直後に売却したケースのように，減損損失ではなく売却損が計上されるようなときには，未実現損失を消去することになるかどうか，慎重な判断が求められる。

(2) 連結財務諸表におけるグルーピングの単位の見直し

本ケースのように，連結グループ内の売却により生じる個別財務諸表上の減損損失が，連結財務諸表におけるグルーピングの単位の見直しによって戻し入れられるようなことも考えられる。たとえば，以下のような状況においては，減損損失の戻入れが行われることも考えられる。

- 子会社で行っていた事業を親会社へと移管する前提として，固定資産を時価（鑑定評価額）により売却するようなケース

- 親会社の工場の底地を子会社が保有していたが，子会社を清算することとなり，当該土地を時価（鑑定評価額）により親会社へ譲渡するようなケース

いずれにせよ，当該資産の使用状況も含めた実態判断によるものと考えられるが，減損損失の戻入れが必要となるかどうかについては慎重に検討することが求められる。

Q10-7 子会社株式の売買契約が締結され，個別財務諸表上で売却損見合いの評価損が計上された場合の連結財務諸表上の取扱い

業績不振が続く100％子会社（子会社株式の取得原価4億円（過年度に一度減損処理済み），純資産価額3億円）について，翌期に全株式を2.5億円で売却することになった。当期の個別決算において，子会社株式評価損を1.5億円計上する予定だが，連結手続では当該評価損を単純に戻し入れる処理を行うのみでよいのか。

なお，子会社の個別財務諸表上では，固定資産に減損の兆候はないものとする。

A

連結手続上，投資と資本の相殺消去に先立ち，まず個別財務諸表上で計上された子会社株式評価損は戻し入れられる。そのうえで，売却契約（連結財務諸表上の売却損，本ケースでは0.5億円）に対応して，連結財務諸表においても同額の損失を計上するかどうかは，それぞれの資産の評価を定めた会計基準に従うとともに，その実態を考慮した判断が必要になるものと考えられる。

具体的には，個別財務諸表上で計上された子会社株式評価損（将来の売却損）の原因が，固定資産の収益性の低下に対応するものである場合には，連結財務諸表上で固定資産の減損損失が計上されることになると考えられる。

解説

1 子会社株式の減損処理に係る定め

時価を把握することが極めて困難と認められる株式について、発行会社の財政状態の悪化により実質価額が著しく低下（50％程度以上低下）したときは、相当の減額をなし、評価差額は当期の損失として処理する（金融商品基準21項、金融商品指針92項）。

この株式の減損処理に係る定めは、固定資産の減損会計と同様、収益性の低下に伴い資産の帳簿価額を切り下げ、損失を計上するというわが国の会計基準に共通する考え方であり（「棚卸資産の評価基準に関する論点の整理」20項参照）、仮に実質価額の著しい低下がないとしても、売却契約により個別財務諸表上の売却損の金額が確定しているのであれば、当該株式に係る投資は回収されないことが確実であると判断されることから、個別財務諸表において当該子会社株式に係る評価損が計上されると考えられる。

2 個別財務諸表上の評価損の連結財務諸表における取扱い

（1） 個別財務諸表上の株式評価損の戻入れ

「1 子会社株式の減損処理に係る定め」に記載した子会社株式評価損に関して、連結手続上は戻入れが行われることになる（連結税効果指針28項参照）。投資と資本の相殺消去仕訳においては、親会社の投資と子会社の資本が相殺されることになるが（連結基準23項）、親会社側での子会社投資に対して計上された評価損はいったん戻し入れられたうえで、投資と資本の相殺消去が行われることになる。

（2） 連結財務諸表上の売却損の減損処理等の関係

さらに、連結財務諸表上も売却時に計上される株式売却損に見合う損失を計上すべきかどうかが論点になる（図表10－7－1参照）。

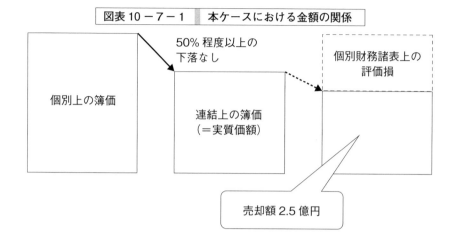

図表10-7-1　本ケースにおける金額の関係

　この点，基本的にはそれぞれの会計基準に従うことになると考えられる。たとえば，当該子会社において計上されている固定資産は減損基準に照らし，棚卸資産は棚卸資産基準に照らして，減損・評価損の計上の要否が検討されることになる。その他，金融資産，繰延税金資産等の評価に関しても，適用すべきそれぞれの会計基準に照らして，検討が行われることになると考えられる。

　換言すると，固定資産，棚卸資産などの収益性の低下が個別財務諸表上の売却損の原因になっていると考えられる場合に，連結財務諸表において，個別財務諸表上の評価損に対応する損失を，固定資産の減損損失，棚卸資産の評価損などとして計上することになる。

　さらに，資産の帳簿価額を切り下げてもなお，連結財務諸表上で売却損が計上されるようなケースでは，引当金の計上を検討する必要があるものと考えられる（会計原則注解【注18】）。たとえば，リストラに伴う将来の一定の支払が株式売却契約の条件等になっているとき，すなわち，株式の売却価額に当該一定の支払が反映されていると考えられるようなときには，当該支払が引当金の要件を満たしているかどうか，検討が必要となる。

　減損損失を計上してもなお，売却損を引当計上すべきかどうかに関しては，契約の内容も勘案し，以下に記載する引当金の四要件のうち，その発生が当期以前の事象に起因していること（下線部分）の要件を満たしているかどうかについて，慎重に判断することが求められる。

- 将来の特定の費用または損失に関するものであること
- その発生が当期以前の事象に起因していること
- 発生の可能性が高いこと
- 金額を合理的に見積りうること

Q10-8 支配獲得時や持分法適用時に識別された無形資産の減損の取扱い

持分の取得による支配の獲得時には，当該子会社の資産・負債を時価で評価するとともに，識別可能とされる無形資産に対して取得原価を配分することになる。このとき，識別された無形資産に係る減損会計の適用に際しては，のれんと同様の取扱いになると理解してよいか。また，新たに関連会社となった場合の持分法適用時に識別可能とされた無形資産についてはどうか。

A

子会社に対する支配の獲得や，関連会社化による持分法の適用に際し，識別可能資産への取得原価の配分手続において，個別財務諸表上で認識されていない無形資産が認識された場合，当該無形資産は固定資産の減損会計を適用するにあたって，のれんではなく通常の無形固定資産に準じて減損の要否を判断する必要がある。

解説

1 識別可能資産への取得原価の配分手続

（1） 取得原価の配分と無形資産

子会社に対する支配を獲得した場合，支配獲得日において，子会社の資産および負債は時価により評価（全面時価評価法）する必要がある（連結基準20項）。合併等の組織再編行為により企業結合を行った場合も同様であり，取得原価を識別可能資産・負債に対して企業結合日の時価で配分するという手続がとられ

る（企業結合基準28項）。

　この時価評価・取得原価の配分手続においては，受け入れた資産（子会社の資産）に法律上の権利など，分離して譲渡可能な無形資産が含まれる場合には，当該無形資産は識別可能なものとして取り扱われなければならないとされている（企業結合基準29項）。

　したがって，前述の要件を満たす場合には，当該無形資産はのれんではなく無形資産として計上することが求められ，会計上の取扱いは図表10－8－1のように相違してくる（減損会計上の取扱いについては後述）。

図表10－8－1	株式の購入における無形資産とのれんの取扱いの相違（減損を除く。）	
	無形資産	のれん
税効果会計上の取扱い	税効果の対象となり，原則として繰延税金負債が計上される	税効果の対象とならない
償却年数	法的年限など，その経済的使用可能期間にわたって償却される	20年以内のその効果の及ぶ期間にわたって償却される

（2）持分法適用会社における時価評価

　他社の株式を購入し，同社を関連会社とした場合，投資会社（株式を購入した会社）の連結財務諸表において，当該関連会社に対する投資について持分法を適用することになる（持分法基準6項）。

　この場合でも，前述の子会社のケースと同様，関連会社の資産の時価評価を行わなければならないとされており（部分時価評価法。持分法基準8項，26－2項），関連会社の個別財務諸表で計上されていない無形資産であっても，法律上の権利など，分離して譲渡可能なものについては，持分法の適用上は資産として考慮しなければならない（持分法指針2項参照）。

2　減損会計上の取扱い

　取得原価の配分手続において識別された無形資産は，減損会計の適用上は通常の資産と同様に取り扱われる。すなわち，のれんのような特別な定めを用い

ることなく，子会社（ないし関連会社）の個別財務諸表で計上されている法律上の権利等の無形資産と同様の減損手続を踏むことになる[2]。

なお，減損指針第94項では，持分法適用会社に関するのれんを持分法適用会社の各事業へ分割する必要はないとされているが，これは一般に各事業に分割することが困難であるのれんを対象として定められた特別な取扱いであるため，持分法適用時に識別可能とされた無形資産にまで拡大して適用することは適当ではない。このため，当該無形資産が含まれる資産グループにその帳簿価額を合算したうえで，連結財務諸表上は減損会計を適用する必要がある。

Q10-9 連結財務諸表上で負ののれんが計上され，規則的償却を行っている場合の取扱い

企業結合基準の改正前に子会社A社に対する支配を獲得したことにより連結財務諸表上認識された負ののれん（負債）について，支配獲得時より規則的償却を行っているが，当連結会計年度末で未償却残高が存在している。子会社A社の個別財務諸表上で減損損失が計上された場合，連結財務諸表上は負ののれんを一時に償却する必要があるのか。

A ....

負債に計上されている負ののれんについては，規則的な償却が必須であり，子会社で計上された減損損失に対応させて一時に利益計上することは適切ではないものと考えられる。

---

[2] 連結時に時価評価している場合の減損会計適用上の取扱いについては「Q10-1 連結財務諸表上で支配獲得時に時価評価した固定資産の減損会計適用上の取扱い」を参照されたい。

解説

1 負債に計上される負ののれん

平成22年4月1日より前に行われた企業結合により発生した負ののれんについては，原則として負債に計上し，20年以内の取得の実態に基づいた適切な期間で規則的に償却することとされている（「企業結合に係る会計基準」三2(3), (5), 企業結合基準58項）。

減損会計との関係では，資産計上されたのれんと負債計上された負ののれんについて，関連する複数の資産グループに対して生じたものを相殺し，当該相殺後の純借方残高のみが減損処理の対象となることとされ，負ののれんについて減損処理されることはない（減損指針93項）。

2 負ののれん（負債）と減損損失との関係

ある資産グループについて，負ののれんが計上されている場合に，当該資産グループ（有形固定資産等）について減損損失を認識した場合，対応して負ののれんに関し何らかの会計処理をすべきかどうかについては，会計基準等において特に明示されていない。

（正の）のれんの効果の発現が認められなくなった場合などには，減損会計の枠組みなどの中で，一定の減損処理が行われることになる（減損基準二8，減損指針51項から54項，131項から133項，資本連結指針32項，33項）。一方，負ののれんの一括処理（利益計上）については，原則処理である規則的償却の特例が会計基準等において特に設けられていないことから，その効果が認められないと考えられるような状況になったとしても，一括処理（利益計上）できないものと考えられる。

第11章

税務上の論点と税効果会計

Q11-1　減損損失の税務上の取扱い

固定資産の減損損失を計上した場合，税務上はすべて損金不算入になるのか。

A

法人税法上，固定資産の評価損については，原則として損金算入を認めていない。しかし，極めて限定的ではあるが，一定の場合に，法人税法上も評価損の無税処理が認められる場合がある。

解 説

1　税務上の評価損の取扱い

（1）損金の額に算入できる固定資産評価損

法人税法においては，固定資産の評価損を，原則として損金として認めていない。すなわち，法人が保有する資産の評価換えをしてその帳簿価額を減額した場合には，その減額した部分の金額は，各事業年度の所得の金額の計算上，損金の額に算入しないこととされている（法法33条1項）。これは，租税政策上，期間計算の平準化と租税回避の防止を目的とする規定であると考えられる。

しかしながら，以下の一定の事実がある場合には，例外的に，損金経理を要件として，固定資産の評価損を損金の額に算入することができる（法法33条

2項，3項，法令68条1項3号）。税務上の損金経理要件に関しては，会計上，減損損失を計上した場合には満たされると考えられる。これは，法基通7－5－1(5)注において，減価償却資産について計上した減損損失のうち損金の額に算入されなかった金額は，償却費として損金経理をした金額に含まれるものとされているためである。

> ① 固定資産が災害により著しく損傷したこと
> ② 固定資産が1年以上にわたり遊休状態にあること
> ③ 固定資産が本来の用途に使用することができないため他の用途に使用されたこと
> ④ 固定資産の所在する場所の状況が著しく変化したこと
> ⑤ ①～④に準ずる特別の事実が生じたこと
> ⑥ 内国法人について更生計画認可の決定があったことにより会社更生法，または金融機関等の再生手続の特例等に関する法律の規定による評価換えをする場合

このうち，⑤の特別の事実には，たとえば，法人の有する固定資産がやむを得ない事情によりその取得の時から1年以上事業の用に供されないため，当該固定資産の価額が低下したと認められることが含まれるものとされている（法基通9－1－16）。

なお，固定資産の価額の低下が次のような事実に基づく場合には，固定資産の評価損は損金の額には算入されないことに留意されたい（法基通9－1－17，法法33条2項）。

> ① 過度の使用または修理の不十分等により当該固定資産が著しく消耗されていること
> ② その固定資産について償却を行わなかったため償却不足額が生じていること
> ③ その固定資産の取得価額がその取得の時における事情等により同種の資産の価額に比して高いこと
> ④ 機械および装置が製造方法の急速な進歩等により旧式化していること

（2） 税務上の評価損の判定の単位

法人税法上，評価損の判定単位については，以下のように規定されている。

【法基通 9 － 1 － 1　評価損の判定の単位】

　法人がその有する資産について法第33条第2項《資産の評価換えによる評価損の損金算入》の規定による評価損を計上した場合において，その評価損の額の是否認の額を計算する単位は，次に掲げる資産についてはおおむね次の区分によるものとし，その他の資産についてはこれらに準ずる合理的な基準によるものとする。
　(1)　土地等（土地の上に存する権利を含む。）
　　　一筆（一体として事業の用に供される一団の土地等にあっては，その一団の土地等）ごと
　(2)　建物
　　　一棟（建物の区分所有等に関する法律第1条の規定に該当する建物にあっては，同法第2条第1項に規定する建物の部分）ごと
　(3)　電話加入権（特殊な番号に係る電話加入権を除く。）
　　　電話局の異なるものごと
　(4)　棚卸資産
　　　種類等の異なるものごと，かつ，法令第68条第1項《資産の評価損の計上ができる事実》に規定する事実の異なるものごと
　(5)　有価証券
　　　銘柄ごと

　このように，税務上は，土地一筆や建物一棟といった単位で評価損を計上することになるが，固定資産の減損会計では，他の資産または資産グループのキャッシュ・フローから概ね独立したキャッシュ・フローを生み出す最小の単位に資産をグルーピングしたうえで，減損損失を計上する（減損基準6(1)）。このため，減損会計と税務上の評価損はそもそも判定の単位が異なることが多く，当該単位に相違がある場合には，会計上の減損損失を税務上損金に算入することはできないものと考えられる。

2 減損会計と税務との関係

　固定資産の減損処理は、資産の収益性の低下により投資額の回収が見込めなくなった場合に、回収可能性を反映させるように帳簿価額を減額する処理である（減損意見書三3）。その回収可能価額は、正味売却価額と使用価値のうちいずれか高い額となるが、税務上の時価とは異なるケースがほとんどであるものと想定される。税務上は、固定資産の評価損の計上は原則として認められていないことから、会計上で減損損失を計上した場合には、法人所得税計算上、加算調整されることが多い。

　しかし、極めて限定的であると考えられるが、減損損失が前述「1（1）損金の額に算入できる固定資産評価損」にある要件に該当する場合には、税務上の評価損として認められるため、留意されたい。

3 有姿除却の取扱い

　固定資産（または資産グループ）が遊休状態になり、将来の用途が定まっていない場合、減損の兆候があるものとされ、割引前将来キャッシュ・フローの総額が帳簿価額を下回る場合には、減損損失を認識し、帳簿価額を回収可能価額まで減額することとなる。

　遊休状態にある固定資産については、その後の使用可能性がないケースが考えられるが、この場合には、税務上の有姿除却に該当するかについて検討する必要があるものと考える。法人税法上、有姿除却については、法基通7－7－2において以下のように規定されている。

【法基通7－7－2（有姿除却）】
　次に掲げるような固定資産については、たとえ当該資産につき解撤、破砕、廃棄等をしていない場合であっても、当該資産の帳簿価額からその処分見込価額を控除した金額を除却損として損金の額に算入することができるものとする。
(1) その使用を廃止し、今後通常の方法により事業の用に供する可能性がないと認められる固定資産
(2) 特定の製品の生産のために専用されていた金型等で、当該製品の生産を中止したことにより将来使用される可能性のほとんどないことがその後の状況等からみて明らかなもの

Q11-2　償却資産から生じた税効果に関する考え方

　部品Aを製造しているX工場について，収益性が低下したため，減損会計を適用した結果，建物700百万円（残存償却年数7年），土地1,000百万円の減損損失が計上された。

　X工場の廃止や売却の予定はない。また，当社は回収可能性指針における（分類3）に該当し，5年間のスケジューリングの結果，回収可能性があるものにつき繰延税金資産を計上している。

　廃止や売却予定等がないことから，減損損失についてはスケジューリング不能な一時差異となり，繰延税金資産の回収可能性はないと考えるのか。

A

　償却資産である建物の減損損失に係る将来減算一時差異については，スケジューリング可能な将来減算一時差異として取り扱うため，（分類3）に係る定めに応じて原則として概ね5年内に解消される繰延税金資産を計上する。非償却資産である土地の減損損失に係る将来減算一時差異は，売却等による意思決定がないため，スケジューリング不能なものとして取り扱うことから，繰延税金資産を計上しない。

解説

1　固定資産の減損損失に係る将来減算一時差異の回収可能性指針における取扱い

　固定資産の減損損失に係る将来減算一時差異については，減損損失が建物や機械装置等の償却資産に関するものと，土地等の非償却資産に関するものとでは，その性質が異なることから取扱いが異なっている。

（1）　償却資産

　償却資産の減損損失に係る将来減算一時差異は，次年度以降における減価償却を通して解消されることから，スケジューリング可能な将来減算一時差異と

して取り扱われる。この回収可能性については，回収可能性指針において，建物の減価償却超過額に係る将来減算一時差異と同様な取扱いは適用しないとされている（回収可能性指針36項(1)）。

すなわち，建物の減価償却超過額に係る将来減算一時差異は，解消見込年度が長期にわたる将来減算一時差異として取り扱い，改正前の繰延税金資産取扱と同様に（分類3）に該当する企業では，将来の合理的な見積期間（概ね5年）を超えた期間においても，期末における当該一時差異の最終解消年度までに解消されると見込まれる将来減算一時差異に係る繰延税金資産については，回収可能性があると判断できるものとされている（回収可能性指針35項(2)，(3)，103項から105項）。

建物以外の償却資産の減損損失に係る将来減算一時差異についても，減価償却を通じて解消されるため，上記における建物の減価償却超過額に係る将来減算一時差異と会計基準間の整合性を図る観点からは，同様の取扱いとすることも考えられる。

しかしながら，将来解消見込年度が長期にわたる将来減算一時差異としての取扱いをするのは，退職給付引当金と建物の減価償却超過額に係るもののみであって，限定列挙であるものと解されており，減損損失に係る将来減算一時差異が含まれないことは従前の繰延税金資産取扱により実務に定着しているところである。

また，もともと，評価差額・減損税効果取扱において，減損損失はその本質が減価償却とは異なる性質のものであり，臨時性が極めて高く，かつ，金額も巨額になる可能性が高いことから，建物の減価償却超過額と同様の取扱いはしないものと整理されていた。

これらを勘案し，減損損失については業績の悪化に伴い生じたものであって，将来の収益力に影響を及ぼす要因があることから，従来と同様に，解消見込年度が長期にわたる将来減算一時差異の取扱いは適用しないものとされている。

（2） 非償却資産

土地等の非償却資産の減損損失に係る将来減算一時差異は，売却等に係る意思決定または実施計画等がない場合，スケジューリング不能な一時差異として取り扱うものとされている（回収可能性指針36項(2)）。

2 本ケースでの検討

このケースにおいて、X工場の廃止や売却の予定はないことから、非償却資産である土地の減損損失に係る将来減算一時差異についてはスケジューリング不能な一時差異となる。一方、建物の減損損失に係る将来減算一時差異については、減価償却を通じて、残存償却年数の7年間で100百万円ずつ解消されていく。（分類3）の企業であり、将来の合理的な見積可能期間（概ね5年）の一時差異等のスケジューリングの結果、たとえば500百万円（＝100百万円×5年）の将来減算一時差異が解消見込みであるとする場合には、回収可能とされる繰延税金資産は150百万円（＝500百万円×30％）となる。

Q11-3 四半期においてスケジューリング可能となった場合の四半期特有の会計処理における税効果の計算

当社では、前期末において土地Bに係る減損損失を計上したが、当該減損損失については、スケジューリング不能な将来減算一時差異として繰延税金資産を計上していなかった。当第2四半期になって、土地Bを翌期に第三者に売却することが決定したため、当該将来減算一時差異についてスケジューリングが可能となった。四半期における税金費用の計算は、四半期特有の会計処理を採用しているが、この場合の四半期決算における税金費用に係る会計処理はどのようになるか。

A

四半期特有の会計処理を採用している場合、土地の売却が決定した四半期において、年間見積実効税率の見直しを行い、見直し後の年間見積実効税率を用いて期首からの累計期間における税金費用を算定し、直前の四半期累計期間における税金費用の額を差し引いて法人税等を計算することになる。

解 説

1 四半期における税金計算等の取扱い

(1) 四半期における税金費用の計算

　四半期基準においては，実績主義を基本としており，法人税等については四半期会計期間を含む年度の法人税等の計算に適用される税率に基づき，原則として年度決算と同様の方法により計算する。また，繰延税金資産および繰延税金負債については，回収可能性等を検討したうえで，四半期貸借対照表に計上するものとされている。ただし，税金費用については，四半期会計期間を含む年度の税引前当期純利益に対する税効果会計適用後の実効税率を合理的に見積り，税引前四半期純利益に当該見積実効税率を乗じて計算することとする，四半期特有の会計処理を採用することが認められている。

　四半期特有の会計処理による場合，四半期貸借対照表計上額は未払法人税等その他適当な科目により，流動負債または流動資産として表示し，前年度末の繰延税金資産および繰延税金負債については，回収可能性等を検討したうえで，四半期貸借対照表に計上することとされている（四半期基準14項）。

(2) 四半期における繰延税金資産の回収可能性

　四半期特有の会計処理による場合，前年度末に計上された繰延税金資産および繰延税金負債については，繰延税金資産の回収見込額を各四半期決算日時点で見直したうえで四半期貸借対照表に計上することになるが，当該見直しにあたっては，財務諸表利用者の判断を誤らせない限り，図表11－3－1で示した簡便的な方法によることも認められる（四半期指針18項）。

第11章 税務上の論点と税効果会計　259

図表11－3－1　四半期における繰延税金資産の回収可能性の判断の取扱い

① 経営環境等に著しい変化が生じておらず，かつ，一時差異等の発生状況について前年度末から大幅な変動がないと認められる場合
　前年度末の検討において使用した将来の業績予測やタックス・プランニングを利用可（四半期指針16項）
② 経営環境等に著しい変化が生じ，または，一時差異等の発生状況について前年度末から大幅な変動があると認められる場合
　財務諸表利用者の判断を誤らせない範囲において，前年度末の検討において使用した将来の業績予測やタックス・プランニングに，当該著しい変化または大幅な変動による影響を加味したものを使用可（四半期指針17項）

2　四半期中に売却等が決定し，減損損失に係る将来減算一時差異のスケジューリングが可能となった場合の四半期特有の会計処理における税効果の計算

　減損損失に係る将来減算一時差異は，減損処理の対象となった資産について売却等による処分予定がない場合には，償却資産に係るものはスケジューリング可能な一時差異として，非償却資産に係るものはスケジューリング不能な一時差異として取り扱う（「Q11－2　償却資産から生じた税効果に関する考え方」参照）。

　しかしながら，前期末までに生じた減損損失について，当期の四半期において売却することが決定し，すべてスケジューリング可能な一時差異となった場合には，四半期決算において，税効果の計算をどのように行うのかを検討する必要がある。以下では，「(1) 原則法による場合」と「(2) 四半期特有の会計処理による場合」を説明する。

(1) 原則法による場合

　原則法による場合，四半期会計期間を含む年度の法人税等の計算に適用される税率に基づき，原則として年度決算と同様の方法により計算し，繰延税金資産については，回収可能性等を検討したうえで四半期貸借対照表に計上することとされている。したがって，売却等の意思決定が行われた四半期会計期間においては，スケジューリング可能な将来減算一時差異に該当することから，年度決算と同様に課税所得を見積り，繰延税金資産の回収可能性を検討する。そ

の結果,繰延税金資産の回収可能性が認められるのであれば,法人税等調整額を相手勘定として繰延税金資産を計上するものになると考えられる。

なお,課税所得の見積りにおいては,加味する加減算項目や税額控除項目を重要なものに限定する簡便的な取扱いが認められている(四半期指針15項)。また,繰延税金資産の回収可能性の判断における簡便的な取扱いとして,経営環境等に著しい変化が生じていない場合には,前述の四半期指針第16項の取扱いがあるため,減損損失の金額に重要性がない場合には,四半期においては繰延税金資産の回収可能性の判断にあたり,前年度末の検討において使用した将来の業績予測やタックス・プランニングを利用することも考えられる。

(2) 四半期特有の会計処理による場合

年度の税引前当期純利益に対する税効果会計適用後の実効税率を見積る際に,予想年間課税所得に加算していた減損損失の金額を除外することにより,予想年間税金費用を再計算し,年間見積実効税率を見直すこととなる。これは,四半期特有の会計処理で見積実効税率を求める場合に,当期首において繰延税金資産を計上していなかった重要な一時差異等がある場合で,当期または将来に繰延税金資産が回収可能となったときには,その回収見込額を予想年間税金費用から控除することとされているためである(四半期指針19項,中間税効果指針9項)。

> 見積実効税率=予想年間税金費用[*]÷予想年間税引前当期純利益
> (*) 予想年間税金費用=(予想年間税引前当期純利益±一時差異等に該当しない差異)×法定実効税率

当該見直し後の年間見積実効税率を用いて,期首からの累計期間における税金費用を算定し,直前の四半期会計期間の末日までの期首からの累計期間における税金費用の額を差し引いて計算する。

原則法による場合には,スケジューリング可能となったことによる繰延税金資産の計上を,全額当該四半期会計期間において行うこととなる。一方,四半期特有の会計処理による場合には,スケジューリング可能となった四半期以降の各四半期において,繰延税金資産が利益に対して比例的に計上されることとなる。したがって,四半期特有の会計処理による場合のほうが,損益影響額は

各四半期で平準的になる傾向がある。

3 設例による検討

設例11－3－1 四半期中に過年度で減損処理した固定資産の売却が決定した場合の税効果

(1) **前提条件**
- X1年3月末（決算日）に土地B（取得価額400）について収益性の低下がみられたため，減損会計を適用した結果，減損損失が300計上され，土地Bの帳簿価額は100となった。X1年3月末においては，減損損失は全額損金不算入とし，また，土地Bの売却等の予定はなかったため，当該将来減算一時差異についてはスケジューリング不能としていた。なお，会社は，繰延税金資産の回収可能性の判断に際し，回収可能性指針第22項に定める（分類3）の企業であり，将来5年間の一時差異等加減算前課税所得の見積額に基づいて，当該見積可能期間の一時差異等のスケジューリングの結果，回収可能性があるものについて繰延税金資産を計上している。
- X1年8月開催の取締役会で，土地BをX2年10月に売却価額100で売却することが意思決定された。これにより，前期に処理した土地Bの減損損失に係る将来減算一時差異に係る繰延税金資産について回収可能性は認められるものとする。
- 会社は，四半期特有の会計処理により四半期の税金費用の計算を行っており，減損損失の減額調整前における年間の見積実効税率の計算における前提は以下のとおりであった。
    ① 法定実効税率は30％とする。
    ② X2年3月期の予想年間税引前当期純利益は1,600（各四半期で均等に400が計上される）である。また，交際費が年間で200（各四半期において50）が発生する。
- X2年3月期の税引前当期純利益（実績）も1,600であり，各四半期で均等に400が計上された。
- 会社は減損損失の金額に重要性があると考えている。
- 減損損失以外には一時差異はない。

(2) 原則法による税金費用の計算
① X2年3月期(第2四半期の税金費用の計算)

税引前四半期純利益(第2四半期会計期間)	400
交際費損金不算入	50
課税所得	450
法定実効税率	30%
法人税,住民税及び事業税	135

② X2年3月期(第2四半期の繰延税金資産の計算)

減損損失300について,第2四半期で繰延税金資産の回収可能性があるものと判断されたため,繰延税金資産を計上する。

将来減算一時差異(第2四半期)	300
法定実効税率	30%
繰延税金資産	90

③ 第2四半期における仕訳

(借) 法人税,住民税及び事業税	135	(貸) 未払法人税等	135
(借) 繰延税金資産	90	(貸) 法人税等調整額	90

④ 年間の税引前当期純利益と税金費用の関係

原則法の場合,その他の四半期において,税引前四半期純利益400,交際費損金不算入額が50の場合,法人税,住民税及び事業税が135(=(400+50)×30%)計上される。このため,年間での税引前利益と税金費用の関係は以下のとおりとなる。

(借方+,貸方△)

	1Q	2Q	3Q	4Q	年間計
税引前当期(四半期)純利益	400	400	400	400	1,600
法人税,住民税及び事業税	135	135	135	135	540
法人税等調整額	―	△90	―	―	△90
税金費用計	135	45	135	135	450

(3) 四半期特有の会計処理による税金費用の計算
① 見積実効税率の計算

	1 Q	2 Qおよび3 Q
X2年3月期の予想年間税引前当期純利益（A）	1,600	1,600
交際費損金不算入（年間）	200	200
減損損失 （※）	―	△300
補正後税引前当期純利益	1,800	1,500
法定実効税率	30%	30%
予想年間税金費用（B）	540	450
見積実効税率 （B）÷（A）	33.75%	28.125%

（※） 減損損失300百万円は，第1四半期ではスケジューリング不能な将来減算一時差異であったが，第2四半期においてスケジューリング可能となったため，予想年間税金費用の計算において減額調整する。

② X2年3月期 第2四半期の税金費用の計算

税引前四半期純利益（実績累計）	800
見積実効税率	28.125%
税金費用（累計）	225
第1四半期までの税金費用 （※）	135
差引税金費用（第2四半期会計期間）	90

（※） 400 × 33.75% = 135

③ 第2四半期における仕訳

(借) 法人税，住民税及び事業税 90 (貸) 未払法人税等 90

④ 年間の税引前当期純利益と税金費用の関係

(借方＋, 貸方△)

	1Q	2Q	3Q	4Q	年間計
税引前当期（四半期）純利益（実績）	400	400	400	400	1,600
法人税，住民税及び事業税	135	90	(※1)112.5	(※2)112.5	450
税金費用計	135	90	112.5	112.5	450

(※1) 3Qまでの税引前四半期純利益（実績累計）1,200 × 28.125％ － 直前四半期までの税金費用（135 ＋ 90）＝ 112.5
(※2) 年間の税引前四半期純利益(実績)1,600 × 28.125％ － 直前四半期までの税金費用(135 ＋ 90 ＋ 112.5) ＝ 112.5

　原則法と比較した場合，年間での税金費用合計は450で変わりないが，減損損失に係る繰延税金資産90の計上に伴う税金費用の減額を，原則法では第2四半期に全額行うのに対し，四半期特有の会計処理では，第2四半期に45（＝135 － 90），第3四半期および第4四半期に22.5（＝135 － 112.5）ずつ計上している結果となる。

Q11-4 減損損失を計上した資産をグループ内で売却した場合の未実現利益に係る税効果

　過年度に減損損失を計上した土地を，連結グループ内の会社（グループ法人税制の対象ではない）に売却し，個別財務諸表上売却益を計上した。税務上の売却益は過年度の減損損失分だけ個別財務諸表上の売却益を下回っているが，連結財務諸表上の未実現利益消去において，この過年度の減損損失部分について繰延税金資産を計上できるのはどのような場合か。

A

　過年度に減損損失を計上しており，個別財務諸表上で減損損失に係る一時差異について繰延税金資産を計上していた場合には，連結財務諸表上の未実現利益消去に際し，繰延税金資産を計上することになるとされている。

解説

1　過年度に減損損失を計上した固定資産を連結グループ内の会社に売却した場合

　連結グループ内の会社に固定資産を売却し，個別財務諸表上で売却益が計上された場合，連結財務諸表上は未実現利益の消去が行われる。未実現損益の消去に係る将来減算一時差異の額は，①売却元が実際に支払った金額または支払税金が軽減された金額と，②未実現損益に関連する一時差異の解消に係る税効果との合計額または差引額を限度とすることとされている（連結税効果指針15項，47項）。

　未実現利益については，売却元で生じるが，通常は，税務上の売却益と個別財務諸表上の売却益が同額であり課税関係は終了しているため，税額を将来減額する効果はないものと考えられる。一方，購入側においては，会計上の取得原価と税務上の取得原価は一致しており，一時差異は認識されない。

　したがって，連結財務諸表上の未実現利益の消去については，連結財務諸表固有の一時差異に該当し，売却元が実際に支払った金額または支払税金が軽減された金額については，すでに課税関係の終了した税額の調整となるため，繰延法に基づく税効果計算が行われる。

　一方，売却元において過年度に減損損失を計上し，当該減損損失に係る繰延税金資産を計上している場合には，売却年度に繰延税金資産が取り崩され，借方に法人税等調整額が計上される。この借方計上された法人税等調整額は，未実現損益に関連する一時差異の解消に係る税効果として，未実現損益の消去に係る一時差異に含められることになる（連結税効果指針47項，49項）。

2 設例による検討

設例11－4－1　過去に減損損失を計上した資産をグループ内で売却した場合の未実現利益消去に係る税効果

(1) 前提条件
- P社の土地Aの個別上の簿価は600（取得価額800の土地を，過去に200減損している。）。
- P社は，土地Aを子会社のS社に売却価額1,200で売却することとなった。
- グループ法人税制の対象ではない。
- 繰延税金資産は回収可能性があるものとする。
- 法定実効税率は35％であったが，土地売却の年度末に，その翌年度以降の法定実効税率が30％へと変更された。

(2) 売却前のP社の税効果に関する仕訳

過年度計上した減損損失200は，税務上損金算入されず，個別財務諸表上将来減算一時差異となる。当該土地を売却する予定であるため，P社の個別財務諸表では，減損損失200に係る将来減算一時差異について，繰延税金資産70（＝200×35％）を計上する。

| （借） | 繰延税金資産 | 70 | （貸） | 法人税等調整額 | 70 |

(3) 売却時のP社の税効果に関する仕訳

土地を売却したことにより，将来減算一時差異200が解消したことから，P社個別財務諸表上，繰延税金資産70（200×35％）を取り崩す。

| （借） | 法人税等調整額 | 70 | （貸） | 繰延税金資産 | 70 |

(4) 売却時の未実現利益消去に係る連結財務諸表上の税効果仕訳

P社で土地売却益が600計上され，連結財務諸表上，未実現利益として消去される。当該将来減算一時差異600に対しては以下のように検討し，繰延税金資産を計上する。

① 過年度の減損損失部分200

個別財務諸表上で過年度に繰延税金資産を計上しており，売却に伴い当該繰延税金資産を取り崩した場合，(3)で取り崩された税効果額について，繰延税金

資産を計上する。

| (借) 繰延税金資産 | 70 | (貸) 法人税等調整額 | 70 |

※ 税率変更されているものの，解消見込年度の法定実効税率ではなく，売却年度の法定実効税率を用いることとなる。

② 税務上の売却益400（売却元が実際に支払った金額）

売却額1,200と税務上の簿価800の差額400は，税務上の売却益に対しては売却元で実際に課税されているため，売却時の売却元の法定実効税率35％に基づき，繰延税金資産140（＝400×35％）を計上する。

| (借) 繰延税金資産 | 140 | (貸) 法人税等調整額 | 140 |

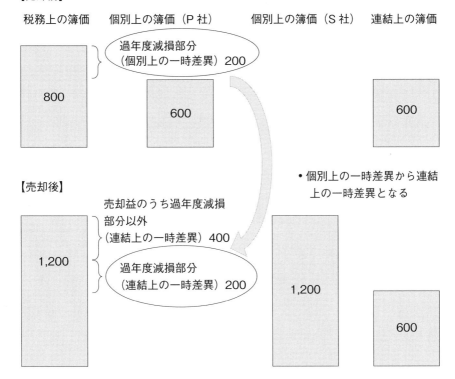

第12章

開示上の論点

Q12-1 売却の意思決定をした固定資産に係る損益計算書における表示

当社は当第1四半期において、事業Aで使用する倉庫X（土地および建物）を売却する意思決定を行った。売却見込額は倉庫Xの帳簿価額を下回っているため、売却により損失が発生する見込みである。

当第1四半期末までに倉庫Xの引渡しが完了した場合、損益計算書において減損損失として計上することになるのか、それとも固定資産売却損として計上することになるのか。

なお、事業Aの事業環境は良好であり、事業Aの資産グループ全体としては減損の兆候はない。また、倉庫Xは主要な資産ではない。

A

代替投資の予定がなく、倉庫Xの売却の意思決定が減損の兆候に該当する場合は、その意思決定の段階で売却損相当額を減損損失として計上することが原則と考えられる。しかし、売却の意思決定後、同一四半期内に倉庫Xの引渡しを行い、かつ、固定資産売却損として計上するほうが財務諸表利用者の意思決定に資する場合には、当該四半期において固定資産売却損として計上することも考えられる。

解説

1 売却意思決定後の倉庫Xのグルーピング

(1) 代替投資の予定がなく, 独立のグルーピング単位となる場合

売却の意思決定を行った倉庫Xについて, その代替的な投資が予定されていないときなど, 倉庫Xを切り離しても事業Aの他の資産または資産グループの使用にほとんど影響を与えない場合, 倉庫Xは, 他の資産または資産グループのキャッシュ・フローから概ね独立したキャッシュ・フローを生み出す最小の単位として取り扱う (減損指針8項)。

独立のグルーピングの単位となった倉庫Xについて, 当初の予定よりも著しく早期に売却の意思決定がなされることは, 一般的に減損の兆候に該当すると考えられる (減損指針13項(2))。減損の兆候がある場合, 倉庫Xの売却見込額は帳簿価額を下回っているため, 原則として減損損失が計上される。

(2) 代替投資の予定があり, 事業Aの資産グループに含めて取り扱う場合

売却の意思決定を行った倉庫Xについて, 代替投資が予定されているときは, 倉庫Xを独立のグルーピングの単位として取り扱うことにはならず, 従前の事業Aの資産グループに含めて取り扱うことになると考えられる。また, 事業Aの資産グループに減損の兆候はないため, 減損損失は認識されない。

ただし, 倉庫Xの売却の意思決定により, 倉庫Xの耐用年数の短縮を検討する必要がある。売却の意思決定時における倉庫Xの残存簿価は, 売却見込み時までの期間を新たな耐用年数として償却されることになると考えられ, 原則として, 倉庫Xの残存簿価は, 売却時までの減価償却により費用配分されると考えられる (この場合, 固定資産売却損は計上されない。)。

2 意思決定のタイミングと倉庫Xの引渡しのタイミングの関係

(1) 意思決定後, 同一四半期内で倉庫Xを引き渡す場合

① 代替投資が予定されていないケース

「1 (1) 代替投資の予定がなく, 独立のグルーピング単位となる場合」のとおり, 倉庫Xの売却の意思決定が減損の兆候に該当する場合は, 意思決定を

行った段階で売却損相当額を減損損失として計上することが原則と考えられる。

しかし，従来想定していなかった臨時的な理由によって急遽売却の意思決定を行い，同一四半期内で資産の引渡しを行うような状況においては，収益性の低下を意味する減損損失として計上するよりも，固定資産売却損として計上するほうが，実態に即しており，財務諸表利用者の意思決定に資する場合もあると考えられ，そのような場合には，実務上，固定資産売却損として計上することも考えられる[1]。

② 代替投資が予定されているケース

「1（2）代替投資の予定があり，事業Aの資産グループに含めて取り扱う場合」のとおり，原則として倉庫Xの耐用年数を短縮し，倉庫Xの残存簿価は，売却時までの減価償却により費用配分され，固定資産売却損は計上されないと考えられる。

しかし，従来想定していなかった臨時的な理由によって急遽売却の意思決定を行い，同一四半期内で資産の引渡しを行うような状況においては，残存簿価の全額を当四半期に減価償却費として計上するよりも，売却取引の事実を重視して固定資産売却損として計上するほうが実態に即しており，財務諸表利用者の意思決定に資する場合もあると考えられる。そのような場合には，実務上，売却時に固定資産売却損として計上することもありうると考えられる。

（2） 意思決定後，翌四半期以降に倉庫Xを引き渡す場合
① 代替投資が予定されていないケース

「1（1）代替投資の予定がなく，独立のグルーピング単位となる場合」のとおり，倉庫Xの売却の意思決定が減損の兆候に該当する場合は，意思決定を行った段階で売却損相当額を減損損失として計上することが原則であり，また，

---

[1] たとえば，会社が事業Aの収益性向上を目指して在庫の回転期間の短縮を計画し，倉庫面積の縮小が可能と見込まれるときに，時宜を得て第三者から倉庫Xの買取提案があった場合には，仮に倉庫Xの帳簿価額を下回る売却価額であったとしても，事業Aに係る資産効率化の観点から，会社が倉庫Xの売却の意思決定をすることは考えられる。このような場合，倉庫Xに係る損失が発生した理由は，倉庫Xの収益性の低下というよりは，事業Aの収益性向上を目指した倉庫Xの売却行為にあるものと考えられ，減損損失として計上するよりも，固定資産売却損として計上するほうが，財務諸表利用者の意思決定に資することも考えられる。

意思決定を行った四半期末において倉庫Xの引渡しが行われていないことから，当四半期では固定資産売却損として計上することはできず，原則として減損損失を計上することになると考えられる。

② 代替投資が予定されているケース

「1（2）代替投資の予定があり，事業Aの資産グループに含めて取り扱う場合」のとおり，原則として倉庫Xの耐用年数を短縮し，倉庫Xの残存簿価は，売却時までの減価償却により費用配分されると考えられる（この場合，固定資産売却損は計上されない。）。

以上をまとめると，図表12－1－1のとおりとなる。

図表12－1－1	売却の意思決定をした固定資産に係る損益計算書における表示	

	意思決定後， 同一四半期内に引渡し	意思決定後， 翌四半期以降に引渡し
代替投資の予定なし （独立のグルーピング）	［原則］減損損失 ［例外］固定資産売却損	減損損失
代替投資の予定あり （従前のグルーピング）	［原則］減価償却費で調整 ［例外］固定資産売却損	減価償却費で調整

Q12-2 国際財務報告基準に準拠して財務諸表を作成している在外子会社が営業費用に計上した減損損失の連結財務諸表上の表示

在外子会社X社は，国際財務報告基準（IFRS）に準拠して財務諸表を作成している。当社は，日本基準に準拠した連結財務諸表を作成しており，連結財務諸表を作成するにあたっては，在外子会社取扱の「当面の取扱い」を適用している。

当連結会計年度において，在外子会社X社が個別財務諸表上で減損損失を営業費用としている場合，連結財務諸表上は当該減損損失を営業費用として表示するか，それとも特別損失に組み替えるべきか。

A

　原則として，連結財務諸表上は特別損失に組み替えて表示することになると考えられる。ただし，減損損失を営業費用に計上しても財務諸表利用者の意思決定を誤らせるおそれがないと考えられる場合には，実務上，営業費用のままとすることも考えられる。

解説

1　在外子会社取扱の「当面の取扱い」と開示の考え方

　在外子会社取扱の「当面の取扱い」は，国際財務報告基準（IFRS）または米国会計基準（以下「IFRS等」という。）に準拠して作成された在外子会社の財務諸表の会計処理について，連結財務諸表作成における当面の取扱いを定めているものであり，表示については特段の定めはなく，表示方法については，在外子会社取扱は適用されないと考えられる。このため，原則として在外子会社X社の減損損失は，営業費用から特別損失に組み替えて表示することになる（連結財表規則63条，減損基準四2参照）。

　ただし，日本基準に準拠した連結財務諸表を作成するにあたり，財務諸表利用者の意思決定を誤らせないと判断できる場合には，実務上，IFRS等に準拠した在外子会社X社の財務諸表の表示をそのまま取り込むことも考えられる。

2　開示事例

　IFRS等に準拠して財務諸表を作成する在外子会社の減損損失を特別損失に計上し，減損損失に関する注記を行っている事例を以下に紹介する。なお，減損損失を営業費用に計上し，減損損失に関する注記を行っている事例は，調査した範囲[2]では見当たらなかった。

2　調査は平成25年3月期から平成27年3月期までの有価証券報告書を範囲として実施した。

(1) IFRSに準拠して財務諸表を作成する在外子会社が減損損失を計上した事例

※7　減損損失

場　所	用　途	種　類	減損損失（百万円）
～略～			
A社（B国）	C事業の無形固定資産	その他無形固定資産	1,003

～略～

　A社のC事業に関するその他無形固定資産については，国際財務報告基準に基づく減損テストを実施した結果，当初想定していた収益が見込めず公正価値が帳簿価額を下回ることとなったため，帳簿価額と公正価値との差額を減額し，当該減少額を減損損失として計上しております。なお，公正価値は，国際財務報告基準に基づき主としてインカム・アプローチにより測定しており，割引率は9.08％であります。

((＊)　事例を一部変更している)

(2) 米国会計基準に準拠して財務諸表を作成する在外子会社が減損損失を計上した事例

※5　減損損失
　減損損失は，海外の固定資産に係る減損損失です。

用　途	種　類	場　所
事業用資産	その他無形固定資産	米国
～略～		

　当社グループは事業用資産において，事業区分をもとに，概ね独立したキャッシュ・フローを生み出す最小の単位ごとに，遊休資産等においては，個別物件単位で資産のグルーピングを行っています。
　その結果，事業用資産のうち，D事業におけるE社の顧客関連無形資産について，売上が計画を下回って推移している状況を踏まえ総合的に勘案し，米国会計基準に基づき減損テストを実施した結果，回収可能価額まで減額し，特別損失に計上（2,377百万円）しています。なお，回収可能価額は割引率を11.5％として算出した使用価値により測定しています。
～略～

((＊)　事例を一部変更している)

Q12-3 土地再評価差額金を計上している土地を減損した場合の連結包括利益計算書における表示

当社は，土地再評価差額金を計上している土地について，当連結会計年度に減損損失を計上した。当該減損処理に伴う土地再評価差額金の取崩額について，連結包括利益計算書上にどのように表示すべきか。

A

減損処理に伴う土地再評価差額金の取崩額について，連結包括利益計算書上は何ら表示されない。

解説

1 土地再評価差額金の取崩額についての連結包括利益計算書上の取扱い

包括利益とは，ある企業の特定期間の財務諸表において認識された純資産の変動額のうち，当該企業の純資産に対する持分所有者との直接的な取引によらない部分をいう（包括利益基準4項）。

土地再評価差額金は，その他の包括利益累計額に含まれる（包括利益基準16項，連結財表規則43条の2）。土地再評価差額金以外のその他の包括利益累計額となる項目の1つとしてその他有価証券評価差額金があるが，その取崩額である投資有価証券売却損益や減損処理による投資有価証券評価損は当期純損益に含められ，組替調整の対象となる。これに対して，土地の売却や減損処理等に伴う土地再評価差額金の取崩額は当期純損益に計上されないため[3]組替調整額に該当せず，連結株主資本等変動計算書において利益剰余金への振替として表示される（包括利益基準31項）。

このように，土地再評価差額金の取崩しは，利益剰余金への振替であるため純資産の変動はなく，また当期純損益に計上されずに連結株主資本等変動計算書における利益剰余金に直接計上されるため（土地再評価差額金Q&A Q3），

---

[3] 土地再評価差額金を計上している場合は，再評価後の金額が土地の取得原価とされることから，売却損益および減損損失等に相当する金額が当期純損益に計上されない取扱いになっている（包括利益基準31項）。

包括利益には該当せず，連結包括利益計算書における表示は不要と考えられる。

2 設例による検討

以下では，土地再評価差額金を計上している土地の減損処理を行った場合における土地再評価差額金の取扱いについて，具体的数値を用いて検討する（相違を示すために，その他有価証券について減損処理を行った場合のその他有価証券評価差額金の取扱いも示す。）。

設例 12－3－1　土地再評価差額金を計上している土地の減損処理

(1) **前提条件**
- Z社は，過年度に土地（取得原価100）について再評価を行っており，再評価後の帳簿価額は180である。当期末において，当該土地について減損損失を認識すべきと判定され，回収可能価額は40であった。
- また，Z社は，その他有価証券（取得原価100）を保有しており，期首の時価は180であった。当期末において，当該その他有価証券の時価が40であったため，減損処理を行った。
- Z社の連結子会社や持分法適用関連会社は，その他有価証券を保有しておらず，また土地再評価差額金の計上はないものとする。
- 法定実効税率は30％とする。
- 土地の減損損失およびその他有価証券の評価損に係る将来減算一時差異について，当該一時差異に関する繰延税金資産の回収可能性には問題がないものとする。

土地の帳簿価額			減損処理額	土地再評価差額金(税効果控除後)	
取得原価	再評価後	減損処理後	(※)	期首	期末
100	180	40	140	56	−

有価証券の取得原価または時価			減損処理額	その他有価証券評価差額金(税効果控除後)	
取得原価	期首時価	期末時価		期首	期末
100	180	40	60	56	−

(※) 再評価後の帳簿価額(180)に基づいて減損処理額(140 = 180 − 40)を算定する。

(2) 会計処理

① 土地の減損処理に係る仕訳

```
(借) 減 損 損 失           140   (貸) 土        地         140
(借) 再評価に係る繰延税金負債  (※1) 24   (貸) 法人税等調整額        42
     繰延税金資産            18
(借) 土地再評価差額金 (B/S)    56   (貸) 土地再評価差額金   (※2) 56
                                        取崩額 (S/S)
```

(※1) 減損処理額に対応する再評価に係る繰延税金負債の戻入額は,法人税等調整額として処理することになると考えられる(土地再評価差額金Q&A Q3)。
(※2) 減損処理後の土地の帳簿価額が,再評価の直前の帳簿価額に満たない場合,土地再評価差額金の全額(税効果控除後の56 = 80 ×(1 − 30%))を利益剰余金を通じて繰越利益剰余金に繰り入れる。

② その他有価証券に係る仕訳

ⅰ 前期末の評価差額金の洗替え

```
(借) その他有価証券評価差額金   80   (貸) 投資有価証券        80
(借) 繰延税金負債            24   (貸) その他有価証券評価差額金  24
```

ⅱ 期末における減損処理

```
(借) 投資有価証券評価損       60   (貸) 投資有価証券        60
(借) 繰延税金資産            18   (貸) 法人税等調整額       18
```

(3) Ｚ社の連結貸借対照表，連結株主資本等変動計算書の抜粋
① 連結貸借対照表（抜粋）

	前期末	当期末
その他の包括利益累計額		
その他有価証券評価差額金	56	－
土地再評価差額金	56	－
その他の包括利益累計額合計	112	－

② 連結株主資本等変動計算書（抜粋）

	株主資本		その他の包括利益累計額		純資産合計
	資本金	利益剰余金	その他有価証券評価差額金	土地再評価差額金	
当期首残高	×××	×××	56	56	×××
親会社株主に帰属する当期純利益		×××			×××
土地再評価差額金の取崩し		56			56
株主資本以外の項目の当期変動額（純額）			△56	△56	△112
当期末残高	×××	×××	－	－	×××

　土地の減損処理に伴って取り崩された土地再評価差額金（税効果控除後の56）は，当期純利益には反映されず，利益剰余金に直接計上される。
【土地の減損処理に係る仕訳】の（※2）を参照。

(4) Ｚ社の連結包括利益計算書（抜粋），その他の包括利益の内訳の注記
　土地の減損処理に伴う土地再評価差額金の取崩額については，連結包括利益計算書上の表示は不要であるが，その他有価証券の減損処理に伴うその他有価証券評価差額金の取崩額は，当期純利益に含まれた投資有価証券評価損60が組替調整額になる。

① 連結包括利益計算書（抜粋）

当期純利益	×××
その他の包括利益：	
その他有価証券評価差額金	△56
包括利益	×××

② その他の包括利益の内訳の注記

その他有価証券評価差額金：		
当期発生額	（※3）	△140
組替調整額	（※1）	60
税効果調整前	（※2）	△80
税効果額		24
その他の包括利益合計		△56

（※1）　投資有価証券評価損 60
（※2）　その他有価証券評価差額金（税効果控除前）の当期増減 △80
（※3）　（※2）と（※1）の差額

Q12-4　減損損失を認識した資産または資産グループに係る注記

減損損失を認識した資産または資産グループについては，「その用途，種類，場所などの概要」を注記することが減損指針等で定められているが，具体的にどのような事項を注記するのか。

A

減損指針では重要な減損損失を認識した場合の注記事項が定められており，その1つとして，「(1)減損損失を認識した資産又は資産グループについては，その用途，種類，場所などの概要」と定められている。

減損指針の設例等において注記例の記載はないため，有価証券報告書における実際の注記事例をもとに調査を行った結果を紹介する。

解説

1 調査結果

調査は，平成27年3月期の有価証券報告書において，連結損益計算書に10億円以上の減損損失を計上している203社を対象とした[4,5]。

(1) 用途の記載

用途の記載についての調査結果は，図表12－4－1のとおりであった。

図表12－4－1　用途の記載

用途の記載の分類	会社数
具体的用途（＊）	117
事業用資産，遊休資産，賃貸用資産等	69
事業名，セグメント名	13
その他	4
計	203

（＊）減損損失を計上した資産または資産グループのうち，主要な一部について具体的用途が記載されている事例は「具体的用途」として分類した。なお，「具体的用途」には，以下のようなものを分類している。

> （例）製造設備，生産設備，研究施設，社員寮，厚生施設，店舗，倉庫，物流センター等。「××用製造設備」，「○○用店舗」というように，より具体的な用途を注記している事例もある。

たとえば，製造設備であれば，単一事業の会社の場合は，「製造設備」と記載すれば具体的用途を記載していると考えられるが，複数の事業を営む会社であれば，「××用製造設備」と記載しなければ「具体的用途」とはいえないとも考えられる[6]。

4　減損損失の注記に係る定めとしては，減損指針第58項のほか，連結財表規則第63条の2，財表規則第95条の3の2，減損基準四3がある。
5　調査対象とした203社については，検索範囲の網羅性が必ずしも確保されていない。また，注記の記載方法は各社各様であり，集計（どの区分に分類するか等）は筆者の判断によっている。

会社の事業形態や事業数等により，用途の注記に求められる情報の種類や程度が異なると考えられ，実務上は，自社の事業等の実態に応じて，記載方法を検討することになる。

（2） 種類の記載

種類については，調査対象203社のほぼすべてが連結貸借対照表上の固定資産に係る科目名で記載していた。

（3） 場所の記載

場所の記載方法は各社多様であった。国内の場合に最も多い記載方法は，「都道府県名＋市区町村名」の記載であった。国外の場合は，「国名」の場合と「国名＋州名（または市名等）」が多い。また，場所の記載にあわせて，連結会社名を併記している事例もあった。

会社の規模やグローバル化の程度により，場所の注記に求められる情報の程度が異なると考えられるため，企業規模やグローバル化等の実態に応じて，記載方法を検討することになる。

2 減損損失を認識した資産または資産グループの内容（用途，種類，場所などの概要）の注記に関する留意点

金融庁の「平成25年度有価証券報告書レビュー」および「平成26年度有価証券報告書レビュー」において，固定資産の減損が重点テーマ審査対象に取り上げられたが，平成25年度のレビューの結果，減損損失等の開示に関して，「減損損失等を認識した固定資産（のれんを含む）の内容が不明瞭な事例」が確認され，「減損損失の内容を明瞭に注記する必要があることに留意されたい。」との指摘がされている。また，平成26年度のレビュー結果においては，「昨年度においても確認された事例」として「減損損失を認識した固定資産の内容（用途，種類，場所など）をはじめ，会計基準に定められた注記の一部について記

---

6 203社を分類するうえで，各社の業種等の実態を考慮して分類することは困難であり，図表12－4－1（＊）のようにおおまかに分類しているため，図表12－4－1では「具体的用途」が117社と多くなっているが，117社のすべてが各社の実態に応じた十分な具体性をもった注記となっていたわけではない点に留意されたい。

載を行っていない事例」が確認されたことが触れられており，平成25年度と同様，「減損損失の内容を明瞭に注記する必要がある」旨の指摘がなされている。

当該金融庁の指摘を鑑み，減損損失を認識した資産または資産グループの内容に係る注記の明瞭性には留意が必要である。

3 事業整理損失や事業構造改善費用等の抽象的な科目名で計上している損失の中に減損損失を含んでいる場合の留意点

上記の金融庁の平成25年度および平成26年度の「有価証券報告書レビュー」における特別損失の開示に関する指摘で，事業整理損失や事業構造改善費用といった抽象的な科目名によって計上している損失の中に減損損失が含まれているにもかかわらず，減損損失に係る注記を行っていない事例が確認され，注記の要否は当該損失の実質的な内容に応じて判断する必要がある点が触れられており，留意が必要である。

なお，減損損失に係る注記において，事業構造改善費用に計上した損失も含めて記載している開示事例を「Q12－7 のれんに係る減損損失に係る注記」の「4 開示事例（2）」に紹介している。

Q12-5 回収可能価額に係る注記

減損指針では，「回収可能価額が正味売却価額の場合には，その旨及び時価の算定方法，回収可能価額が使用価値の場合には，その旨及び割引率」を注記することが定められているが，具体的にはどのようなものを注記すればよいか。

A

回収可能価額とは，資産または資産グループの正味売却価額と使用価値のいずれか高いほうの金額をいい，減損指針の定めに基づき求められる注記は，このいずれを採用したか（その旨），および金額の算定根拠（時価の算定方法，

割引率)となっている。回収可能価額として正味売却価額を採用した場合は，時価の算定方法として不動産鑑定評価基準に基づいて算定している旨等を注記し，使用価値を採用した場合は，使用価値の算定に用いた割引率を注記することになる。

解説

1 ┃ 減損指針の定め

　減損指針第58項の注記は，原則として資産グループごとに注記することとされているため（減損指針59項），減損損失を認識した資産または資産グループごとに，正味売却価額と使用価値のいずれを採用したか（その旨）を注記したうえで，正味売却価額を採用した場合には時価の算定方法，使用価値を採用した場合には割引率を注記することになると考えられる。ただし，多数の資産グループにおいて重要な減損損失が発生している場合には，資産の用途や場所等に基づいて，まとめて注記することも認められている。

(1) 正味売却価額の時価の算定方法

　正味売却価額は，資産または資産グループの時価から処分費用見込額を控除して算定され，その時価の算定方法は，減損指針第28項の定め（図表12－5－1参照）を参考に記載することが考えられる。

図表12－5－1　正味売却価額算定に係る時価と処分費用見込額

時価 (公正な 評価額)	観察可能な市場価格がある場合には，原則として市場価格に基づく価額を時価とする。			
	市場価格が観察できない場合には，市場価格に準ずるものとして，右記のような方法で合理的に算定された価額を算定	不動産	原則法	「不動産鑑定評価基準」に基づいて自社で算定する。
			簡便法①	自社における合理的な見積りが困難な場合は，不動産鑑定士の鑑定評価額を合理的に算定された価額とすることができる。
			簡便法②	重要性が乏しい不動産については，一定の評価額や適切に市場価格を反映していると考えられる指標（いわゆる実勢価格や査定価格などの評価額や，土地の公示価格や路線価等）を合理的に算定された価額とみなすことができる。
		その他の固定資産	原則法	コスト・アプローチやマーケット・アプローチ，インカム・アプローチを併用または選択して自社で算定する。
			簡便法①	自社における合理的な見積りが困難な場合は，適切な第三者が原則法に基づき算定した価格を合理的に算定された価額とすることができる。
			簡便法②	重要性が乏しいその他の固定資産については，一定の評価額や適切に市場価格を反映していると考えられる指標（いわゆる実勢価格や査定価格などの評価額等）を合理的に算定された価額とみなすことができる。
処分費用 見込額	企業が，類似の資産に関する過去の実績や処分を行う業者からの情報などを参考に，現在価値として見積る。			

（2） 使用価値の割引率

使用価値の算定に際して用いられた割引率は，企業固有の事情を反映して見積られ，また翌期以降，当該資産または資産グループの収益性を反映する情報であることから注記事項とされており，財務諸表利用者によって有用な情報と考えられる。ただし，対外競争上の企業秘密の開示につながるおそれがあるため，割引率の算定方法の開示までは求められないと考えられる（減損指針141項）。

2　注記事例の調査結果

有価証券報告書における実際の注記事例をもとに，回収可能価額に係る注記の調査を行った結果を図表12－5－2，図表12－5－3，図表12－5－4にて紹介する。

調査は，平成27年3月期の有価証券報告書において，連結損益計算書に10億円以上の減損損失を計上している203社を対象とした[7]。

（1） 採用している回収可能価額の記載

図表12－5－2　採用している回収可能価額の調査結果

採用している回収可能価額の区分	会社数
「正味売却価額」	63
「正味売却価額または使用価値」（＊1）	50
「正味売却価額」および「使用価値」（＊2）	43
「使用価値」	39
その他（＊3）	2
明示なし（＊4）	6
計	203

（＊1）「正味売却価額または使用価値」と記載しており，資産グループ別にいずれを採用

7　調査対象とした203社については，検索範囲の網羅性が必ずしも確保されていない。また，注記の記載方法は各社各様であり，集計（どの区分に分類するか等）は筆者の判断によっている。

しているかの明示はない場合。
(＊2) 資産グループ別に異なる回収可能価額を採用しており，資産グループ別にいずれを採用したかを明示している場合。
(＊3) 対象の2社とも国際財務報告基準（IFRS）の公正価値による評価（IFRS適用の連結子会社の資産の減損）である。
(＊4) いずれを採用したか明示はないが，備忘価額等やゼロで評価した旨の記載がある。

（2） 調査対象203社のうち，採用している回収可能価額の注記で「正味売却価額」に関する記載がある156社の時価の算定方法

図表12－5－3　時価の算定方法の記載事例の調査結果

正味売却価額の時価の算定方法の区分	会社数
鑑定評価額等に基づいて算定	90
売却見込額または処分見込額等	28
固定資産税評価額に基づいて算定	10
ゼロまたは備忘価額（＊2）	9
市場価格等に基づいて算定（＊3）	4
路線価に基づいて算定	4
公示価格に基づいて算定	2
その他	4
明示なし	5
計	156

(＊1) 複数の時価の算定方法を採用している会社については，「市場価格等」，「鑑定評価額等」，「減損指針第90項に列挙された各種指標（公示価格，固定資産税評価額等）」の順（＝より厳密な算定方法と考えられる順）で，より厳密な算定方法の記載があれば，当該区分でカウントした。
(＊2) 売却見込がなく廃棄予定等と思われる（その旨が明示されている場合を含む。）。
(＊3) どのような市場価格等かは明示されていない。うち1件は船舶の減損事例のため，市場価格が存在する可能性が高いと考えられる。

(3) 調査対象203社のうち，採用している回収可能価額の注記で「使用価値」に関する記載がある132社の割引率

図表12－5－4　使用価値の割引率の記載事例の調査結果

使用価値の割引率の区分	会社数
3％未満	8
3～4％未満	15
4～5％未満	12
5～6％未満	21
6～7％未満	11
7～10％未満	10
10％以上	17
ゼロまたは備忘価額評価のため割引率注記なし（＊1）	19
その他（＊2）	13
明示なし（＊3）	6
計	132

（＊1）　将来キャッシュ・フローが見込めないため，使用価値をゼロまたは備忘価額で評価している会社。割引計算をしていないため，割引率の注記をしていないと考えられる。
（＊2）　幅のある割引率（たとえば，4.4％～5.6％等）あるいは複数の割引率を採用しており，上表の割引率の区分に当てはめられない会社（幅のある割引率や複数の割引率を採用していても，上表の区分に当てはめられる会社は各区分に含めてカウントしている。）。
（＊3）　「正味売却価額または使用価値」を採用している旨の注記がされており，正味売却価額の時価の算定方法の記載はあっても，使用価値の割引率に関する記載はないケース。

(4) 回収可能価額に係る注記の留意点
① 減損指針の定めの内容
減損指針第58項(5)で求められる回収可能価額に係る注記の内容は，下記のとおりである。

> ⅰ　採用した回収可能価額
> ⅱ　正味売却価額を採用した場合の時価の算定方法
> ⅲ　使用価値を採用した場合の割引率

② 資産グループごとの注記の検討

「① 減損損失の定めの内容」のⅰ～ⅲは，原則として資産グループごとに注記することとされているが（減損指針59項本文），多数の資産グループにおいて重要な減損損失が発生している場合には，資産の用途や場所等に基づいて，まとめて記載することも認められている（減損指針59項ただし書き）。

減損指針第59項ただし書きの趣旨は，多数の資産グループに重要な減損損失が発生している場合にすべての資産グループごとに注記をすると，記載が膨大になることで注記内容が不明瞭になる場合が考えられること等を考慮しての容認規定と考えられる。このため，そのような場合を除いては，原則として資産グループごとに注記する必要があると考えられる。

今回の調査対象会社では，「多数」の資産グループにおいて重要な減損損失が発生している場合には該当しないと思われる事例でも，回収可能価額に係る注記が資産グループごとに注記されていないものが見受けられた。

③ 記載内容の網羅性

「① 減損指針の定めの内容」のⅰ～ⅲの注記において，「明示なし」の会社があった（図表12－5－2～12－5－4参照）。重要性の観点から注記を省略したとも考えられるが，そもそも減損損失の注記は，重要な減損損失を認識した場合に求められる注記であるため，本来は明示する必要がある事例が含まれると考えられる。

過去の訂正報告書において，訂正前の注記では上記「① 減損指針の定めの内容」のⅰ～ⅲのいずれか（または複数）が明示されておらず，訂正後の注記で明示されている事例があるので留意する必要がある。

④ 時価の算定方法についての具体的記述

「① 減損指針の定めの内容」ⅱの時価の算定方法の注記において，「売却見込額」あるいは「処分見込額」等と注記している事例があるが（図表12－5－3参照），このような記載は，時価の算定方法を定めている減損指針第28項に照らすと必ずしも十分な注記といえない場合があると考えられる。この点，すでに売却が決定していて契約等で売却額が確定している旨の追加説明を記載している事例もあり，重要性が乏しい場合を除き，このような記載をすることが望ましいと考えられる。

⑤ 金融庁の有価証券報告書レビュー結果

「Q12－4 減損損失を認識した資産または資産グループに係る注記」で既述の金融庁の平成25年度と平成26年度の「有価証券報告書レビュー」の結果，「回収可能価額(正味売却価額又は使用価値)の算定方法の記載が十分でなく，計上した減損損失の金額の根拠が読み取れない事例」が確認された旨の指摘があった。この点からも，上記「② 資産グループごとの注記の検討」～「④ 時価の算定方法についての具体的記述」について留意することが望ましい。

(5) 参考事例

以下の事例は，資産グループごとに正味売却価額と使用価値のいずれを採用したかが注記されており，また，正味売却価額の時価の算定方法，使用価値の割引率についても注記されている事例である。

※5 減損損失
当社グループは以下の資産グループについて減損損失を計上しました。
～略～
当連結会計年度(自 平成X0年4月1日 至 平成X1年3月31日)

用途	種類	場所	金額(百万円)
A関連生産設備	機械装置，構築物他	C国D市	1,763
A関連生産設備	機械装置，工具器具他	E県F郡	68
B関連生産設備	機械装置，建物他	G国H市	48
遊休資産	構築物他	C国D市	16
合計			1,897

(減損損失を認識するに至った経緯)
A関連生産設備およびB関連生産設備については，事業環境および今後の見通しを勘案し，回収可能性を検討した結果，帳簿価額を回収可能価額まで減額しました。
遊休資産については，今後の使用見込みがないため，帳簿価額を回収可能価額まで減額しました。

(減損損失の金額および主な固定資産の種類ごとの当該金額の内訳)

種類	金額(百万円)
機械装置及び運搬具	1,033
建物及び構築物	430

工具,器具及び備品	389
その他	43
合計	1,897

(資産のグルーピングの方法)

　当社グループは,損益管理を合理的に行える管理会計上の区分によって資産のグルーピングを行っております。また,遊休資産については,物件単位によって資産のグルーピングを行っております。

(回収可能価額の算出方法)

　A関連生産設備およびB関連生産設備の回収可能価額は,使用価値により測定しており,将来キャッシュ・フローを8.1％で割り引いて算定しております。また,遊休資産の回収可能価額は,正味売却価額により測定しており,主に固定資産税評価額を基に評価しております。

((＊)　事例を一部変更している)

Q12-6　資産のグルーピングの方法の注記

> 資産のグルーピングは,他の資産または資産グループのキャッシュ・フローから概ね独立したキャッシュ・フローを生み出す最小の単位で行うこととされている。グルーピングの方法の注記事例を教えてほしい。

A

　資産のグルーピング方法は,実務的には,管理会計上の区分や投資の意思決定を行う際の単位等を考慮して決めることになると考えられる。したがって,同一の業種・業態の企業であっても,各社の管理会計上の状況(事業別管理,製品別管理,地域別管理等)等により,資産のグルーピング方法は異なる場合がある。

　比較可能性の観点から,資産のグルーピング方法は明瞭に注記する必要があると考えられる。

解説

　グルーピングの方法について,注記事例を調査した結果は図表12-6-1

のとおりである。

調査は、平成27年3月期の有価証券報告書において、連結損益計算書に10億円以上の減損損失を計上している203社を対象とした[8]。

図表12－6－1　グルーピングの方法の記載の調査結果

グルーピングの方法の区分	会社数
事業部，事業の種類等	40
営業所・事業所・店舗・支店等	39
「管理会計上の区分」	34
「独立したキャッシュ・フローを生み出す最小の単位」	17
セグメント	13
事業または物件・拠点ごと等（＊1）	10
連結会社別	6
製品種類等	5
地域	2
その他（＊2）	37
計	203

（＊1）「事業または物件ごと」，「事業または物件・店舗ごと」のように事業と拠点を併用している事例をカウントした。
（＊2）複数のグルーピング方法を併用（（＊1）以外）しているものが多い。

調査の結果、「管理会計上の区分」、「独立したキャッシュ・フローを生み出す最小の単位」と注記している事例が散見されたが、このような記載は、具体的にどのような方法で資産をグルーピングしているのか不明瞭であり、注記として十分であるとはいえない可能性があると考えられる。

なお、遊休資産や賃貸用資産のグルーピング方法について、事業用資産と別に記載されている事例については、ほぼすべての事例において、遊休資産や賃貸用資産は個々の資産単位でグルーピングされていた。

---

[8] 調査対象とした203社については、検索範囲の網羅性が必ずしも確保されていない。また、注記の記載方法は各社各様であり、集計（どの区分に分類するか等）は筆者の判断によっている。

【記載例】
　当社グループは，営業店舗は各店舗単位とし，賃貸用資産及び遊休資産はそれぞれ個別の物件ごとにグルーピングを行っております。

Q12-7　のれんの減損損失に係る注記

　のれんについて減損損失を認識した場合の注記の留意点を教えてほしい。また，開示事例を教えてほしい。

A

　減損指針の定めに基づいて，図表12－7－1の事項を注記することになる。「用途」の注記等で記載方法に苦慮する場合等も考えられるが，その場合には，減損指針が求める注記の趣旨を鑑み，減損対象となったのれんに係る情報を注記すればよいと考えられる。

解説

1　のれんに係る減損損失の注記の考え方

　のれんは無形固定資産の1つであり，のれんについて減損損失を認識した場合には，他の固定資産または資産グループと同様に，減損指針第58項[9]に基づいて注記することになる（図表12－7－1参照）。

図表12－7－1	減損指針第58項で求められる注記
(1)	減損損失を認識した資産または資産グループについて，その用途，種類，場所などの概要
(2)	減損損失の認識に至った経緯

9　連結財表規則第63条の2，財表規則第95条の3の2，減損基準四3にも減損損失の注記に係る定めがある。

(3)	減損損失の金額について，特別損失に計上した金額と主な固定資産の種類ごとの減損損失の内訳
(4)	資産グループについて減損損失を認識した場合には，当該資産グループの概要と資産をグルーピングした方法
(5)	回収可能価額が正味売却価額の場合には，その旨および時価の算定方法，回収可能価額が使用価値の場合にはその旨および割引率

　のれんの場合は，他の固定資産と異なり，減損指針第58項(1)の「用途」に係る注記に苦慮する場合等が考えられるが，たとえば，何の事業に係るのれんであるかを記載することで，「用途」の注記に代えられるのではないかと考えられる。また，減損指針第58項(2)の「減損損失の認識に至った経緯」には，のれん計上時に見込んだ収益性が低下した事実等を記載することになると考えられる。

　なお，連結子会社株式の減損に伴うのれんの一括償却（資本連結指針32項）であっても，実質的にその内容が減損と同様の内容であれば，減損損失を認識した場合と同様の注記が必要になると考えられるため，留意が必要である。

2 ▍ 開示事例の調査結果

　のれんについて減損損失を計上している注記事例を調査[10]したところ，図表12-7-1(1)～(5)の注記事項のうち，(3)～(5)の注記については，のれん以外の固定資産または資産グループについて減損損失を認識した場合の注記事例と比べて，記載内容に大きな相違は見受けられなかった。

　(1)の用途，種類，場所の注記は，表形式で記載されている事例が多いが，「用途」欄については，当該のれんが帰属する事業の内容が記載されている事例のほか，「種類」欄に「のれん」のみが記載されている事例（のれん単独で減損損失を認識している事例）では，「用途」欄に「その他」や「－」と記載されている事例があった。「種類」欄については，のれん以外の固定資産または資産グループについて減損損失を認識した場合と同様に（「Q12-4　減損損失を認識した資産または資産グループに係る注記」の「1(2)種類の記載」参照），ほとんどの事例で貸借対照表上の科目名である「のれん」と記載されていた。「場

10　調査は，平成27年3月期の有価証券報告書（比較情報を含む。）を対象とした。

所」欄については，当該のれんが帰属する事業を行っている場所を記載している事例が多かったが，「－」と記載されている事例もあった。「－」の事例は，のれんが帰属する事業を複数の地域で展開している等，場所を特定できないためと思われる。

また，(2)の減損損失の認識に至った経緯の注記は，買収時に想定していた収益が見込めなくなった旨等を記載している事例が多かった。

【記載例】
- 株式買収時に想定していた収益が見込めなくなった。
- 事業取得時に計上したのれんについての超過収益力が見込めなくなった。
- 連結子会社において当初想定した収益が見込めなくなった。
- 利益が買収時の計画を下回った。
- 株式取得時に検討した事業計画において想定した利益が見込めなくなった。
- 取得時に検討した事業計画において当初想定した収益が見込めなくなった。
- 連結子会社の業績が株式の追加取得時の想定を下回る状況となった。

3 のれんの減損損失に係る注記の留意点

(1) 減損損失を認識したのれんの内容について

のれんの減損が注記されている事例の中には，何の事業に係るのれんであるのかが不明瞭な注記も見受けられた。たとえば，「用途」欄に具体的な記載がなく（「その他」や「－」の記載），「減損損失の認識に至った経緯」についても「のれんについては，取得時に検討した事業計画において，当初想定した収益が見込めなくなったため，残存帳簿価額の全額を減額し，××百万円を減損損失として特別損失に計上した。」といったことしか記載されていない事例である。減損損失を認識した資産グループの概要は注記することとされており（減損指針58項，図表12－7－1(1)参照），何の事業に係るのれんであるかを明確に記載することが望ましいと考えられる。

この点，金融庁の平成24年度と平成25年度の「有価証券報告書レビュー」において，減損損失の注記に関して，減損損失等を認識したのれん等の内容が不明瞭な事例がある旨の指摘がされており，留意が必要である。

（2） 連結子会社株式の減損に伴うのれんの一括償却（資本連結指針32項）を実施した場合で，その内容が実質的に減損である場合

金融庁の平成 24 年度と平成 25 年度の「有価証券報告書レビュー」において，減損損失の注記に関して，連結子会社株式の減損に伴うのれんの一括償却について，当該損失の内容を注記していない事例があるが，実質的にその内容が減損と同様であれば，減損損失を認識した場合と同様の開示が必要であると判断されることがある旨の指摘があり，留意が必要である。

4 開示事例

以下にのれんについて減損損失を計上した注記事例を紹介する。

（1） のれんについて減損損失を計上した事例

※6 固定資産の減損損失

当連結会計年度（自 平成 X0 年 4 月 1 日 至 平成 X1 年 3 月 31 日）

当社グループは連結子会社の A 社および B 社に関連し，下記の減損損失を計上しております。

当社グループは原則として管理会計上の区分を考慮し，報告セグメントを基礎として資産のグルーピングをしており，事業の用に供していない遊休資産等については，個別資産ごとにグルーピングをしております。

① A 社
　〜略〜

② B 社

場　所	用　途	種　類	減損損失
C 国 D 省	E 事業および F 事業	建物 機械装置 のれん	740 百万円 3,051 百万円 245 百万円
		合計	4,038 百万円

建物および機械装置は当初想定されていた収益が見込めなくなったため，のれんについては株式の追加取得時に予定していた超過収益力が見込めなくなったため，帳簿価額を回収可能価額まで減額し，当該減少額を減損損失として計上しております。なお，回収可能価額は使用価値により測定しており，割引率は 10% であります。

((＊) 事例を一部変更している)

(2) 連結子会社株式の減損に伴うのれんの一括償却を減損損失の注記に記載している事例(かつ,減損損失注記において,事業構造改善費用に計上したものを含めて記載している事例(「Q12-4 減損損失を認識した資産または資産グループに係る注記」の「3 事業整理損失や事業構造改善費用等の抽象的な科目名で計上している損失の中に減損損失を含んでいる場合の留意点」参照))

【連結損益計算書(抜粋)】

(単位:百万円)

当連結会計年度
(自 平成X0年4月1日
至 平成X1年3月31日)

特別損失
　減損損失　　　　　　　　　　　※6　　7,926
　事業構造改善費用　　　　　　　※7　 16,944

※6 減損損失
当連結会計年度(自 平成X0年4月1日 至 平成X1年3月31日)
当社グループは以下の資産グループについて減損損失を計上しました。

場　所	用　途	種　類	減損損失 (百万円)
−	その他	のれん	5,903
A県B市他	研究開発設備等	機械装置等	2,172
C国D県, E国F省G市他	O製造設備等	機械装置,建物等	1,558
H国I州他	P製造設備等, Q製造設備等	建物,機械装置, 土地等	1,174
J国K市	R製造設備等	機械装置等	702
L製作所(M市N区) 他	製造設備等	機械装置等	2,125
		合計	13,634

上記のうち,減損損失として表示したもの　　　　　　　　　　　7,926
上記のうち,事業構造改善費用として表示したもの(※7参照)　 5,708

当社グループは，主として事業部別にグルーピングを行っており，合計13,634百万円を特別損失（うち5,708百万円は事業構造改善費用として表示しております。※7参照）に計上しました。

その内訳は，のれん5,903百万円，機械装置及び運搬具5,240百万円，建物及び構築物1,329百万円，土地466百万円，工具，器具及び備品他696百万円であります。

上記ののれんの減損損失は，欧州のS事業を買収した際に計上したのれんについて，欧州の市場低迷や南米の市場環境の大幅な悪化を受けて事業計画を見直した結果，投資の全額を回収するには長期間を要すると判断し，「連結財務諸表における資本連結手続に関する実務指針」（日本公認会計士協会　会計制度委員会報告第7号　最終改正平成26年11月28日）第32項の規定に基づき，当該のれんを減損処理したものであります。

上記の研究開発設備等，O製造設備等，P製造設備等及びQ製造設備等は，事業環境の急激な悪化に対応した生産体制の効率化と新製品開発力の強化のため，事業拠点の再編と研究開発体制の見直しを行ったことに伴い将来遊休化する見込みである資産について，帳簿価額を回収可能価額まで減額しております。

上記のR製造設備等は，収益性の低下に伴い帳簿価額を回収可能価額まで減額しております。

上記のほか，遊休状態にあり将来の用途が定まっていない又は将来遊休化する見込みである製造設備等についても帳簿価額を回収可能価額まで減額しております。

なお，回収可能価額は主として正味売却価額により測定しており，売却可能価額等に基づいた時価で評価しております。

※7　事業構造改善費用
当連結会計年度（自　平成X0年4月1日　至　平成X1年3月31日）
当社及び一部の連結子会社において，事業環境の急激な悪化に対応した生産体制の効率化と新製品開発力の強化のため，事業拠点の再編と研究開発体制の見直しを行ったことに伴うものであり，主な内容は減損損失5,708百万円及び特別退職金4,003百万円であります。

((＊)　事例を一部変更している)

減損損失に係る注記事例で見る業種別の特徴

　減損会計は固定資産を保有するすべての企業に共通して適用することが求められるが，減損損失に係る注記事例から，業種によりいくつかの特徴がみられたため，以下で紹介する。

1．資産のグルーピングに関する特徴

　小売業（商業）ではグルーピングを店舗単位としていることが多いため，多店舗展開している企業で毎期，減損損失が計上されている事例がみられた。小売業のほか，外食業やガソリンスタンド業を営んでいる企業でも同様に店舗ごとにグルーピングしている事例がみられた。

　製造業におけるグルーピングの単位はさまざまな状況であると観察される。事業別または製品種類別，原料加工・製品製造・販売等の機能別のほか，グローバルに展開している会社では地域別ないし在外子会社別としている事例もみられる。

　その他，賃貸用資産や遊休資産を物件単位でグルーピングしていることを記載している企業が多いが，この点については業種別の特徴はなく，キャッシュ・フロー生成の最小単位としての取扱いとして一般的な記載内容であると考えられる。

2．減損損失を計上することになった理由に関する特徴

　建設業や不動産業では，販売目的に保有目的を変更した資産について減損損失を認識している事例がみられる。これは賃貸事業目的あるいは自社使用目的で保有していた不動産を，合理的な理由に基づき販売目的で保有する場合は，保有目的の変更自体が当該固定資産の減損の兆候に該当する可能性があるとしている販売用不動産評価取扱の定めによるものであると考えられる。

　石油・ガス等の資源開発業では原油や金属等資源価格の下落等で，将来キャッシュ・フロー見積額が大きく変わったことを理由に，減損損失を計上するに至る場合が見受けられた。

3．減損損失を計上した固定資産の種類に関する特徴

　サービス業（受注制作ソフトウェア業等）の事例として，ソフトウェアそ

れのみを減損している場合がみられた。当該業種においてはその事業運営上，無形固定資産に計上されている自社利用のソフトウェアの重要性が高く，主要な資産として取り扱うことがあり，また一般的に正味売却価額が存在しない性質の資産であるため，自社利用のソフトウェア単独で減損損失が計上されるケースもあると考えられる。

　また，特定の資産だけを減損するという点では，のれんを減損している事例が挙げられるが，のれんの減損については業種別の特徴は特段見受けられなかった。

第13章

四半期における論点

Q13-1　四半期における減損の取扱い

> 四半期における減損の兆候の検討では、年度における減損の兆候の検討と同じ手続を行う必要があるのか。また、減損の兆候が把握された場合に、簡便的に会計処理を行うことは認められるか。

A

　四半期における減損の兆候の検討では、営業活動から生ずる損益などの検討は必ずしも求められておらず、四半期において利用可能な情報に基づいて検討を行うこととなる。一方、四半期において減損の兆候が把握された場合に、減損損失の認識の判定や減損損失の測定において簡便的な会計処理は認められない。

解　説

1　減損の兆候の検討

　減損の兆候の検討にあたっては、通常の企業活動において実務的に入手可能なタイミングにおいて利用可能な情報に基づき、減損の兆候がある資産または資産グループを識別することとされており（減損指針11項）、実務的に利用困難な情報に基づいて減損の兆候を検討することまでは想定されていない。
　上記の趣旨を踏まえ、四半期における減損の兆候の検討では、使用範囲また

は方法について当該資産または資産グループの回収可能価額を著しく低下させる変化を生じさせるような意思決定や，経営環境の著しい悪化に該当する事象が発生したかどうかについて留意することとされており（四半期指針14項），四半期ごとに資産または資産グループに関連する営業損益，営業キャッシュ・フローあるいはその市場価格を算定または入手することは，必ずしも求められていない（四半期指針92項）。

このため，四半期において資産または資産グループに関連する営業損益，営業キャッシュ・フローあるいはその市場価格に基づき減損の兆候を検討することは，当該情報が実務的に算定または入手困難である場合には求められていないと考えられる。

ただし，当該情報が利用可能な場合は，四半期においても当該情報に基づき減損の兆候を検討する必要があると考えられる。たとえば，四半期で資産グループに関連する営業損益等の管理資料を作成している会社においては，当該資料に基づき減損の兆候の検討を行うことになると考えられる。

また，減損の兆候を把握するための市場価格として一定の指標を使用している場合で，期中に当該指標の改定が行われる場合は，指標が改定された四半期において市場価格に基づく減損の兆候の検討を行うことになると考えられる。

2 減損損失の認識の判定，減損損失の測定

固定資産の減損は，資産の収益性の低下により投資額の回収が見込めなくなった状態であり，当該状態が相当程度に確実になった場合に回収可能性を反映させるように帳簿価額の減額（減損処理）が行われる（減損意見書三3，減損指針134項）。資産の収益性が低下するタイミングは期末に限定されないため，減損の兆候が把握された時点において減損損失の認識の判定，減損損失の測定を行うこととなり，発生時期にかかわらず同一の会計処理を適用する必要がある。

なお，減損の兆候の検討については四半期指針で別段の定めが設けられているが，これは実務的に利用可能な情報に基づき当該検討を行うことが想定されているためであり，減損損失の認識の判定，減損損失の測定については別段の定めはない。

したがって，四半期において減損の兆候が把握された場合に，減損損失の認

識の判定，減損損失の測定を簡便的に行うことは認められないと考えられる。

IFRSにおける減損会計と四半期決算（期中財務報告）

　IFRSでは，期中会計期間においても，会計年度末時点と同じ減損テスト，認識および戻入要件を適用することとされている（国際会計基準（IAS）第34号「期中財務報告」（以下「IAS第34号」という。）B36項）。ただし，期中会計期間の末日では詳細な減損損失額の計算を行う必要はないとされており，企業は，直前の会計年度以降の重要な減損の兆候を検討し，詳細な計算が必要かどうかを判断しなければならないこととされている（IAS第34号B36項）。

　また，IFRSでは測定は年初からの累計を基準とすることが規定されており（IAS第34号28項），第1四半期において減損損失が認識され，第2四半期において見積りが変更された場合は，第2四半期において減損損失の追加計上または戻入れが行われる（IAS第34号30項）。

　一方で，のれんについて認識された減損損失については戻入れが禁止されており（IAS第36号「資産の減損」124項），第1四半期に減損損失が認識されたのれんについて，その後同一会計年度内で見積りの変更によって減損損失の減少が把握された場合に，測定は年初からの累計を基準とする定めは適用されない。のれんについて認識された減損損失については戻入れの禁止が優先されており（IFRIC解釈指針第10号「期中財務報告と減損」8項），第1四半期に計上されたのれんの減損損失について戻入れは行われない。

Q13-2 四半期で事業計画の未達が生じている場合の取扱い

当社のA製品事業については，過去に継続して営業損失を計上しており，前期末において減損の兆候を把握したが，減損損失の認識には至らなかった。当期は，A製品の販売数量増加によって営業損益が明らかにプラスになる見込みであり，当期の第1四半期において減損の兆候はないと判断した。なお，当社では，年度末に事業計画を作成しており四半期では作成していない。

当期の第2四半期において，A製品の販売数量が販売計画を達成しない見込みであるが，この場合には当期の事業計画を策定し直して減損の兆候を判断する必要があるか。

A

当期の第2四半期において事業計画を策定し直して営業損益の検討を行うことは求められていないが，販売数量の計画未達に関して，経営環境の著しい悪化などに該当するかどうか留意が必要である。経営環境の著しい悪化が認められる場合には減損の兆候があると判断される。

解説

1 四半期における減損の兆候の検討

四半期においては，減損の兆候の検討にあたって資産グループの営業損益に関する情報の入手は必ずしも求められておらず，使用範囲または方法について当該資産または資産グループの回収可能価額を著しく低下させる変化を生じさせるような意思決定や，経営環境の著しい悪化に該当する事象が発生したかどうかについて留意することとされている（四半期指針14項，92項）。

2 本ケースにおける検討

本ケースは第2四半期における検討であり，前提として四半期ごとに事業計

画は作成されていないことから，事業計画を策定し直して減損の兆候を判断する必要はないと考えられる。しかしながら，販売数量が販売計画を達成していない点に関して，営業損益以外の減損の兆候に該当しているかどうか留意が必要である。

販売数量が販売計画を大きく下回っているような場合には，過去に継続して営業損失を計上していることからも，経営環境の著しい悪化が生じていると考えられる。販売数量が販売計画を下回っている度合いが限定的な場合には，減損の兆候はないと判断されることも考えられる。

ただし，減損は資産の収益性の低下により投資額の回収が見込めなくなった状態であること（減損意見書三3），減損指針に示されている減損の兆候の事象はあくまで例示であることを踏まえ（「Q3-1　減損の兆候を示す事象や状況①」参照），減損が生じている可能性を示す事象の有無について，慎重に検討を行う必要がある。

Q13-3　期中に減損した資産の売却

当社は当期の第1四半期に減損処理した固定資産を第4四半期に売却している。この場合，年度決算では，第1四半期の減損処理額を売却損益に含めて計上すべきか。また，減損後の帳簿価額を売却額が上回っている場合は，減損損失と売却益を相殺して表示してよいか。

さらに，上場会社の子会社（非公開企業，年度決算のみ）が第1四半期に減損した固定資産を第4四半期に売却した場合の計上方法もあわせて教えてほしい。

A

減損処理額を売却損益に含めて計上することは認められず，減損損失と売却損益をそれぞれ総額で計上する必要があり，減損損失と固定資産売却益を相殺して表示することは認められない。また，上場会社の子会社（非公開企業，年度決算のみ）においても，同様の取扱いとなる。

解説

1 減損損失と固定資産売却損益の総額表示

　固定資産の減損処理は，資産の収益性の低下により投資額の回収額が見込めなくなった状態が相当程度に確実な場合に限って行われる，取得原価基準のもとで帳簿価額を臨時的に減額する処理である（減損意見書三1，四2(2)①）。このため，資産の収益性の低下に基づいて期中に減損処理が行われた場合，減損処理の時点において帳簿価額が減額され，その後の会計処理は減額後の帳簿価額を基準に行うこととなる。

　本ケースでは，第1四半期の減損処理によって固定資産の帳簿価額が減額されており，売却損益は減額後の帳簿価額を基準として計上するため，減損損失を売却損益に含めて計上することは認められない。

　減損損失の戻入れについては，減損の存在が相当程度確実な場合に限って減損処理が行われることや，事務処理の負担を考慮して，行わないこととされている（減損意見書四3(2)，減損基準三2）。減損損失を売却損益に含めて計上すると，減損損失の戻入れを行っていることと同様の会計処理となり，その点においても認められないと考えられる。

2 上場会社の子会社における取扱い

　上場会社の子会社（非公開企業，年度決算のみ）においては，通常，親会社の四半期連結財務諸表作成のために，四半期ごとに親会社へ決算報告を行っていると考えられ，子会社の当該決算報告において減損損失が計上されることも考えられる。一方，子会社の個別財務諸表作成目的では年度の決算のみを行う必要があり，期中に減損および売却を行った資産について年度決算における取扱いが論点となる。

　この点，減損処理は期末に限定されず，四半期決算がない場合も，期中に減損の兆候を把握した場合には減損処理を検討しなければならない。このため，四半期決算を行わない会社においても，同一会計期間内に固定資産を減損処理した上で当該固定資産を売却した場合には，減損処理額と売却損益はそれぞれ総額で計上する必要があり，上記「1　減損損失と固定資産売却損益の総額表示」と同様の取扱いとなる。

Q13-4　期中に減損した資産の減損検討

当社ではA事業を1つの資産グループとして定めているが，A事業は過去から営業損失を計上しており，当年度の第3四半期において減損損失の計上を行っている。その後の年度決算においてA事業が引き続き営業損失を計上している場合には，改めて減損損失を計上する必要があるか。

また，翌年度にA事業が引き続き営業損失を計上している場合はどのように取り扱えばよいかもあわせて教えてほしい。

A

減損処理後に新たな減損の兆候が生じていないのであれば，営業損失が計上されている場合も減損損失を計上する必要はないと考えられる。また，翌年度においても，新たな減損の兆候が生じていないのであれば，減損損失を計上する必要はないと考えられるが，新たな減損の兆候の有無についてより慎重な検討が求められる。

解説

1　第3四半期を含む年度決算における取扱い

減損損失の認識にあたっては，成果の不確定な事業用資産の減損は測定が主観的にならざるを得ないことから，減損の存在が相当程度に確実な場合に限って減損損失を認識することとされている（減損意見書四2(2)①）。

また，減損処理は，棚卸資産の評価基準と異なり，直接的に貸借対照表価額を求めるものではないことから，「中間会計期間において減損処理を行った場合でも，年度決算までに資産又は資産グループに新たな減損の兆候があり追加的に減損損失を認識すべきであると判定されるときを除いて，年度決算において，中間会計期間を含む事業年度全体を対象として改めて会計処理を行わない」こととされている（減損指針63項，145項参照）。

第3四半期において減損損失を計上した場合においても上記と同様に取り扱うものと考えられることから，減損損失を計上した四半期において認識されて

いた継続的な営業損失という減損の兆候のほかに新たな減損の兆候が生じていない場合には，年度決算において改めて減損損失の計上は不要と考えられる。なお，減損処理時点の計画を超える営業損失が第4四半期に計上されている場合や，新たな事象を原因とした営業損失が計上されている場合は，新たに資産の収益性が低下していることが考えられるため，減損の兆候に該当するかを検討する必要がある。

2 翌年度の年度決算における取扱い

翌年度において引き続き営業損失が計上されている場合は，前期と当期が営業損失であるため，通常，減損の兆候があると判断される（減損指針12項）。ただし，減損損失を計上した期の事業計画において，翌年度の営業損失の計上が見込まれている場合は，減損処理後に資産の収益性の低下が新たに生じていないことが考えられる。減損処理時点における資産の収益性の低下は，減損処理によって当該資産の帳簿価額に反映されているため，減損処理後においては新たな資産の収益性の低下が生じているかどうかを検討することになる。このため，翌年度の営業損失が，減損処理時点において見込まれていたものであり新たな資産の収益性の低下を示すものでない場合には，減損の兆候には該当しないものと考えられる。

しかしながら，当該事業計画を上回る営業損失が計上された場合や，新たな事象を原因とした営業損失が計上された場合には，新たに資産の収益性が低下していることが考えられるため，減損の兆候に該当するかを検討する必要がある。なお，翌年度においては，減損処理時点から時間が経過しており営業損益に影響を及ぼす新たな事象が生じていることも考えられるため，より慎重に検討を行う必要がある。

＜参考文献＞

『逐条解説　減損会計基準（第2版）』辻山栄子編著　中央経済社
『詳解　減損会計適用指針』企業会計基準委員会事務局・（財）財務会計基準機構編　中央経済社
『連結財務諸表の会計実務（第2版）』新日本有限責任監査法人編　中央経済社
『固定資産の会計実務ハンドブック』新日本有限責任監査法人編　中央経済社
『図解でざっくり会計シリーズ4　減損会計のしくみ』新日本有限責任監査法人編　中央経済社
『会計実務アドバンストQ&A』新日本有限責任監査法人編　中央経済社
『資産除去債務の実務』新日本有限責任監査法人・財団法人日本不動産研究所編　中央経済社
『不動産取引の会計・税務Q&A（第2版）』新日本有限責任監査法人，新日本アーンスト　アンド　ヤング税理士法人，アーンスト　アンド　ヤング・トランザクション・アドバイザリー・サービス株式会社編　中央経済社
『Q&A ソフトウェア業の会計実務―工事進行基準対応』新日本有限責任監査法人編　清文社
『業種別会計実務ガイドブック』新日本有限責任監査法人編　税務研究会出版局
『完全比較　国際会計基準と日本基準（第2版）』新日本有限責任監査法人編　清文社
『IFRS国際会計の実務 International GAAP 2015 中巻』アーンスト・アンド・ヤング LLP著　レクシスネクシス・ジャパン
『IFRS国際会計の実務 International GAAP 2015 下巻』アーンスト・アンド・ヤング LLP著　レクシスネクシス・ジャパン
『減損会計実務のすべて（第3版）』太田達也著　税務経理協会

【編集総責任者】
中條　恵美

【執筆】（五十音順）
浅井　哲史　　第5章
江村　羊奈子　第11章
大関　康広　　第4章
武澤　玲子　　第8章
西野　恵子　　第9章
野村　奈穂　　第12章
村田　貴広　　第3章
安原　明弘　　第7章
山澤　伸吾　　第2章
吉田　剛　　　第1章，第10章
渡邊　翔　　　第6章，第13章

【レビュー】（五十音順）
浅井　哲史　　井澤　依子　　江村　羊奈子　　大関　康広　　武澤　玲子
中條　恵美　　西野　恵子　　村田　貴広　　安原　明弘　　山岸　聡
吉田　剛

【編集】（五十音順）
浅井　哲史　　吉田　剛

【編者紹介】

EY | Assurance | Tax | Transactions | Advisory

EYについて

EYは，アシュアランス，税務，トランザクション及びアドバイザリーなどの分野における世界的なリーダーです。私たちの深い洞察と高品質なサービスは，世界中の資本市場や経済活動に信頼をもたらします。私たちはさまざまなステークホルダーの期待に応えるチームを率いるリーダーを生み出していきます。そうすることで，構成員，クライアント，そして地域社会のために，より良い社会の構築に貢献します。

EYとは，アーンスト・アンド・ヤング・グローバル・リミテッドのグローバルネットワークであり，単体，又は複数のメンバーファームを指し，各メンバーファームは法的に独立した組織です。アーンスト・アンド・ヤング・グローバル・リミテッドは，英国の保証有限責任会社であり，顧客サービスは提供していません。詳しくは，ey.com をご覧ください。

新日本有限責任監査法人について

新日本有限責任監査法人は，EYの日本におけるメンバーファームです。監査及び保証業務をはじめ，各種財務アドバイザリーサービスを提供しています。詳しくは，www.shinnihon.or.jp をご覧ください。

本書は一般的な参考情報の提供のみを目的に作成されており，会計，税務及びその他の専門的なアドバイスを行うものではありません。新日本有限責任監査法人及び他のEYメンバーファームは，皆様が本書を利用したことにより被ったいかなる損害についても，一切の責任を負いません。具体的なアドバイスが必要な場合は，個別に専門家にご相談ください。

こんなときどうする？
減損会計の実務詳解Q&A

2016年8月5日　第1版第1刷発行
2025年4月5日　第1版第15刷発行

編　者　新日本有限責任監査法人
発行者　山　本　　　継
発行所　㈱中央経済社
発売元　㈱中央経済グループ
　　　　パブリッシング

〒101-0051　東京都千代田区神田神保町1-35
電話　03 (3293) 3371 (編集代表)
　　　03 (3293) 3381 (営業代表)
https://www.chuokeizai.co.jp
印刷・製本／文唱堂印刷㈱

© 2016 Ernst & Young ShinNihon LLC.
All Rights Reserved.
Printed in Japan

＊頁の「欠落」や「順序違い」などがありましたらお取り替えいたしますので発売元までご送付ください。(送料小社負担)
ISBN978-4-502-17491-9　C3034

JCOPY〈出版者著作権管理機構委託出版物〉本書を無断で複写複製 (コピー) することは、著作権法上の例外を除き、禁じられています。本書をコピーされる場合は事前に出版者著作権管理機構 (JCOPY) の許諾を受けてください。
JCOPY 〈https://www.jcopy.or.jp　eメール：info@jcopy.or.jp〉

■おすすめします■

学生・ビジネスマンに好評
■最新の会計諸法規を収録■

新版 会計法規集

中央経済社編

会計学の学習・受験や経理実務に役立つことを目的に，最新の会計諸法規と企業会計基準委員会等が公表した会計基準を完全収録した法規集です。

《主要内容》

会計諸基準編＝企業会計原則／外貨建取引等会計基準／研究開発費等会計基準／税効果会計基準／減損会計基準／自己株式会計基準／1株当たり当期純利益会計基準／役員賞与会計基準／純資産会計基準／株主資本等変動計算書会計基準／事業分離等会計基準／ストック・オプション会計基準／棚卸資産会計基準／金融商品会計基準／関連当事者会計基準／四半期会計基準／リース会計基準／工事契約会計基準／持分法会計基準／セグメント開示会計基準／資産除去債務会計基準／賃貸等不動産会計基準／企業結合会計基準／連結財務諸表会計基準／研究開発費等会計基準の一部改正／変更・誤謬の訂正会計基準／包括利益会計基準／退職給付会計基準／修正国際基準／原価計算基準／監査基準　他

会　社　法　編＝会社法・施行令・施行規則／会社計算規則

金融商品取引法編＝金融商品取引法・施行令／企業内容等開示府令／財務諸表等規則・ガイドライン／連結財務諸表規則・ガイドライン　他

関 連 法 規 編＝税理士法／討議資料・財務会計の概念フレームワーク　他

■中央経済社■